马克思的现代性批判理论与中国式现代化新道路

Karl Heinrich Marx

刘日明 著

商务印书馆
The Commercial Press

商务印书馆（上海）有限公司 出品
The Commercial Press (Shanghai) Co. Ltd.

作者简介

刘日明，哲学博士，现为同济大学人文学院哲学系教授、博士生导师，兼任同济大学人文学院院长。主要从事马克思主义哲学、政治哲学、西方马克思主义、现代性批判与未来文明新类型研究。近年来出版《近代法哲学与马克思的社会存在理论》等学术专著4部，译著1部；在《哲学研究》《哲学动态》《马克思主义与现实》《学术月刊》等核心期刊上发表学术论文数十篇；主持完成国家社会科学基金项目2项；获得上海市哲学社会科学优秀成果奖、2020年上海市社联十大论文推介奖、2022年上海市优秀教学成果奖。

目录

导　论　当代人类的生存境况与马克思的现代性批判理论　　// 001
　　一、问题的提出　　// 001
　　二、研究的主要内容　　// 014
　　三、研究的基本思路和创新点　　// 019

第一章　作为批判形态的马克思现代性理论　　// 025
　　一、"现代性"概念与西方现代性的出场　　// 025
　　二、马克思视域中的"现代性"　　// 042
　　三、马克思的现代性批判理论的实质　　// 074

第二章　"本质的矛盾"的发现与马克思的现代性批判的思想起点　　// 083
　　一、"自我意识"与马克思"新理性批判的现代性意识"　　// 084
　　二、"苦恼的疑问"的产生与马克思的"现代性意识"的动摇　　// 094

三、"本质的矛盾"的发现与马克思的现代性批判的
开启　　　　　　　　　　　　　　　　　　// 101

四、"政治解放"与"人类解放"：马克思的现代性批判的
思想起点　　　　　　　　　　　　　　　　// 118

第三章　历史唯物主义的创立与马克思的现代性批判　　// 135

一、《1844年经济学哲学手稿》与马克思的现代性批判
　　　　　　　　　　　　　　　　　　　　// 136

二、"粗糙的物质生产"与马克思的现代性批判的推进　// 151

三、"感性的活动"与马克思的现代性批判的社会存在
论根据　　　　　　　　　　　　　　　　　// 156

四、历史唯物主义与马克思对现代性的全面批判　　// 175

第四章　马克思的资本现代性批判　　// 209

一、资本：现代社会的本质规定和基本建制　　// 210

二、资本与现代人的存在方式和生存状态　　// 224

三、资本与现代性的抽象原则　　// 233

四、资本生产与现代性的流动性　　// 241

第五章　马克思的技术现代性批判　　// 253

一、技术现代性与现代技术的社会历史性质　　// 253

二、现代技术的文明作用及其限度　　// 272

三、未来社会对现代技术时代的超越：从"技术使用人"
到"人使用技术" //291

第六章　马克思的现代性批判理论与中国式现代化新道路 //303

一、资本现代性的历史前提和限度与马克思的现代性批判
理论的辩证法 //305

二、作为"科学的抽象"的马克思的现代性批判理论及其
当代意义 //325

三、"社会现实"的发现与中国式现代化新道路 //334

四、中国式现代化新道路与文明新类型可能性的生成 //340

主要参考文献 //345

导 论
当代人类的生存境况
与马克思的现代性批判理论

一、问题的提出

自从 20 世纪的两次世界大战尤其是第二次世界大战以来,人们关于西方现代性问题的讨论就从未停止过。近年来,由于人类的生存处境越发复杂,现代性话语大行其道,后现代语境日益流行,包括中国在内的发展中国家的现代化道路得到快速发展。因此,现代性问题以及马克思与现代性理论的关系问题再度课题化。马克思是我们时代的同路人,对现代性话语的探讨和深入展开不可能绕过马克思。诚如伊格尔顿所言:"很难看出马克思主义竟然会在现代性不死的情况下'死亡',这只是后现代主义期望发生的事情。如果后现代主义是正确的,也就是说,如果现代性确实已经结束,那么马克思主义也就非常可能随之而被放弃了。但是,如果我们仍然在现代矛盾里挣扎,如果在这些矛盾得到解决之前现代性不会结束,如果定期发布的关于现代性的讣告是夸大不实之词,那么马克思主义就一如既往地是相关的。"① 对此德里达曾直言:"不能没有马克思,没有马克思,没有对马克思的记忆,没有马克思的遗产,也

---

① 伊格尔顿:《历史中的政治、哲学、爱欲》,马海良译,中国社会科学出版社,1999 年,第 118—119 页。

就没有将来。"① 可以说，伊格尔顿与德里达的判断十分精准：一是，马克思具有深刻的关于现代社会的思想，并且马克思的现代性批判思想是富有当代意义的，因为一旦涉及人类的现代处境和现代性问题，以马克思思想作为出发点及最终归宿，几乎是学者在思考路径上的不二选择；二是，马克思的思想可以为当代世界的历史性实践提供很好的思考立足点，这让我们可以获得面对历史性实情的基本线索，在现代性语境中去关注和思考中国式现代化的未来和人类的未来。

众所周知，就西方思想家系列和范围来说，马克思、尼采、海德格尔无疑是影响现当代人类最大的思想家。因此，结合当代人类的生存境况和历史性实情来深入讨论现代性问题，毫无疑问不能离开马克思这一维度的重要思想资源。

诚然，我们说马克思是现代性问题以及中国式现代化建设和发展的重要思想资源，这一点从来都不是现成的。相反，它取决于我们在一种原则高度上对马克思的深度解读，并通过这种解读使马克思的思想能够深入现代社会的历史性本质的维度，能够切中社会现实和历史性实情，并由此彰显马克思的现代性批判理论的当代意义。要达至上述目标，我们必然要发问，马克思是现代性理论家还是现代性批判理论家？如果是前者，那么，马克思的现代性理论与其他各种西方现代性理论有何本质区别？如果是后者，那么，马克思的现代性批判理论的依据是什么？他的现代性批判理论与西方其他类型的相关理论，比如现代主义、空想主义或浪漫主义的批判理论和后现代主义批判理论，有何本质区别？此外，马克思的现代性批判理论究竟留下了什么历史性成果？这种成果对于中

---

① 德里达：《马克思的幽灵——债务国家、哀悼活动和新国际》，何一译，中国人民大学出版社，1999年，第21页。

国式现代化的建设以及人类新的文明类型可能性的开启有何重要意义？如此等等。这些都是重要的哲学理论问题。

归纳起来看，哲学理论界尤其是国外思想界，在马克思与现代性理论的关系问题上的研究，主要持以下几类观点。

第一类观点认为，虽然马克思批判了现代社会，但是他的理论实质上与西方现代性理论一样，追求的是一种本质主义、普遍主义，本质上仍然是现代性理论。其主要代表人物如海德格尔、科莱蒂。在海德格尔看来，虽然相较于其他类型的历史学说而言，马克思的历史唯物主义有许多优越之处（究其原因则在于，马克思不但从历史表象出发，而且也深入一种本质性的探索维度之中，此外也洞悉到现代社会独特的双重性现实——经济的发展与这种发展所需要的上层性架构[①]），但就本质而言，它仍然可以被看作一种"当今之思想"，即现代性意识形态，因为马克思思想以之作为主要特征的"生产性"——社会之社会性生产与人作为社会存在体的自身生产——就是现代社会的意识形态。同时，海德格尔还认为，和费尔巴哈及尼采一样，马克思也仅仅是在对黑格尔哲学进行一种简单的倒转。这样一来，他便也同样被置于距离形而上学最远之对立面，从"向着存在而思"的视角看，"马克思达到了虚无主义的极致"。[②]科莱蒂认为，从理论实质上看，马克思都是"重复了卢梭早已发现的主题……没有在卢梭的思想上增添任何东西"[③]。

第二类观点是把马克思的现代性批判理论局限在这样一种视野之中，即认为它仅仅是一种对现代资本主义社会的意识形态批判和伦理主义批

[①] 参见海德格尔：《路标》，孙周兴译，商务印书馆，2000年，第401页；费迪耶等辑录：《晚期海德格尔的三天讨论班纪要》，丁耘摘译，载《哲学译丛》2001年第3期。

[②] 参见费迪耶等辑录：《晚期海德格尔的三天讨论班纪要》。

[③] L. Colletti, "A Political and Philosophical Interview", *New Left Review* 1974(86).

判。它主要表现在中后期西方马克思主义的各流派中。毫无疑问，马克思的现代性批判理论在西方马克思主义各流派中得到了主要阐释和发展，这是解读马克思的现代性批判理论的一道亮丽的学术风景线。在早期西方马克思主义开创者卢卡奇、葛兰西、科尔施、布洛赫等人那里，马克思的现代性批判理论还是得到了较好的阐释和深化，主要表现为：发掘和阐释了马克思的现代性批判理论中的黑格尔传承关系与相关的辩证法传统，使得马克思的现代性批判理论摆脱了以第二国际理论家为代表的教条主义解释模式；对马克思的现代性批判理论的存在论基础有较好的澄清和发展，并保持了马克思的现代性批判理论的实践性和批判性本质，从而避免了把马克思的现代性批判理论实证主义化的倾向；保持了马克思的现代性批判理论的原则高度和"人类解放"的主题，即保持了马克思的现代性批判理论中超越现代资本主义社会的未来性向度。在西方马克思主义中后期的一些主要流派那里，他们在处理马克思的现代性批判理论的问题上是复杂和矛盾的。一方面，诸如以霍克海默、阿多诺为主要代表的法兰克福学派，以马尔库塞为主要代表的弗洛伊德的马克思主义，以列斐伏尔为代表的存在主义的马克思主义等，把马克思的现代性异化状况的批判主题与当代资本主义社会的境况结合起来，把当代资本主义社会的异化状况与启蒙理性和西方的文明源头结合起来，从工具理性批判、人的"单向度"和科学技术的意识形态化批判、日常生活批判等视角，对当代资本主义的现代性问题展开了深入细致的批判；这种种批判对于深化和发展马克思的现代性批判理论（特别是在当今的科技时代对于阐明马克思的现代性批判理论的当代意义）具有重要意义。另一方面，中后期的西方马克思主义主要流派又存在着明显的理论缺陷：对马克思的哲学存在论革命及其现代性批判的根据和意义阐释得不充分，导致离开历史唯物主义的基础而仅限于对现代性进行观念论的批判，把马克思的现代性批判仅仅当作意识形态的批判；使马克思的现代性批判理论的总体性批判流于无批判的实证主义，或者流于伦理主义或浪漫化的批判；放弃了马克思的现代性批判理论的原则高度与基本原则，使马克思的现代性批判理论沦为一种与现代资本主义社会相妥协的改良主义理论。

第三类观点认为马克思对现代性仅仅是批判，没有注意到建构或建设问题，认为马克思的现代性批判仍然受到了他在哲学视域上的宏大叙事的制约，最终陷于一种经济主义和还原主义。因此，他们认为在晚期资本主义时代，马克思主义基本失去了效力，即认为马克思没有为代替资本主义现代性文明而建构出一种新的文明出路的方案。这类观点的主要代表人物是吉登斯、哈贝马斯等。在吉登斯看来，马克思的现代性批判只是从现代社会的经济层面揭示现代性，忽视了现代社会的制度性原则，从而必然成为一种经济还原主义的单一批判；因此，作为马克思批判现代性的主要基础和依据的历史唯物主义是有缺陷的。吉登斯说："我仅仅想在这样的意义上接受'唯物主义的历史'，即强调构成人类社会生活的实践的重要性。我将要阐明，对于这样的'唯物主义的历史'观，即是认为经济生产或'经济'在作为整体的历史变化中具有决定性地位的观点，我持强烈的保留态度。"[1] 哈贝马斯认为，尽管马克思看到了启蒙现代性的限度，并通过对资本主义的批判来拯救现代性理想，但是马克思仍然是在主体性哲学原则而不是交往理性即主体间性原则的基础上批判现代性。哈贝马斯说："在这里，马克思和黑格尔一样陷入了基本概念的困境当中，因为实践哲学不能提供把僵化劳动当作中介化和偏颇化的主体间性加以思考的手段。实践哲学依然

---

[1] 吉登斯、皮尔森：《现代性：吉登斯访谈录》，尹宏毅译，新华出版社，2001年，第70页。

是主体哲学的一个变种，它虽然没有把理性安置于认知主体的反思当中，但把理性安置在了行为主体的目的合理性当中。在行为者和可以感知、可以掌控的对象世界的关系之中，只能出现一种认知——工具合理性。理性的一体化力量，即现在所说的解放实践，是不可能进入这种目的合理性的。"① 基于此，哈贝马斯认为，马克思以之作为批判现代性的基本范式的"劳动"只是工具理性活动，而不是交往活动，是一种劳动还原论，从而将人类的解放理解为劳动的解放，最终导致了一种实证主义的倾向和"劳动的乌托邦"；因此，必须"重建历史唯物主义"。同时，哈贝马斯还认为，在晚期资本主义社会，由于出现了两种值得注意的发展趋势（国家干预性活动的增长与科学技术逐渐成为社会的第一生产力），因此，将马克思从自由资本主义社会的前提出发而构建的政治经济学视为社会批判的主要工具的理由已不存在，现代社会批判理论也就不再能够采用经济学批判的方法了。哈贝马斯说："当科学技术的进步成为一种独立的剩余价值来源时，在非熟练的（简单的）劳动力的价值基础上来计算和研究发展方面的资产投资总额，是没有多大意义的；而同这种独立的剩余价值来源相比较，马克思本人在考察中得出的剩余价值来源，即直接的生产者的劳动力，就越来越不重要了。"②

第四类观点是放弃马克思的现代性批判理论的变革实践的要求，即放弃马克思的现代性批判理论的革命实践的本质或共产主义的原则高度，把马克思的现代性批判理论当作一种对现实采取非批判态度而完全失去了信任的现代性理论；或者把马克思的现代性批判理论仅仅看作艺

---

① 哈贝马斯：《现代性的哲学话语》，曹卫东译，译林出版社，2004年，第75页。
② 哈贝马斯：《作为"意识形态"的技术与科学》，李黎、郭官义译，学林出版社，1999年，第62页。

术和审美风格、审美体验上的波德莱尔式的"现代主义"。约瑟夫·V.费米亚、鲍曼、伯曼、阿格尼丝·赫勒等都在一定程度上表现出了这种理论倾向。在费米亚看来,变革实践的马克思主义从实践中的"失败"和"退场"无不说明,"马克思主义主要在知识分子当中还存活……作为变革社会的蓝图,马克思主义完全失去了信任"[1];因此,只能把马克思的"实践"再度哲学化,以激进主义策略保证马克思在思想领域和话语中的优势。鲍曼认为,马克思主义与所有其他对技术进步、改造自然和富庶社会的坚定信仰者一样,即"在它满怀热情地坚信善的社会只能是一个精心设计的、合理经营的、彻底工业化的社会的时候,共产主义具有彻头彻尾的现代性"[2]。伯曼认为,马克思"能够给予我们的宝贵礼物,不是一条摆脱现代生活的矛盾的出路,而是一条更加有把握更加深入地进入这些矛盾的道路。……我们仍然被分离我们的同样一些力量拢到了一起,模糊地意识到了将走到一起的所有人,准备去竭力把握新的人类可能性"[3]。在另一处,伯曼直接把马克思的现代性批判理论的经典之一《共产党宣言》指认为"现代主义艺术品"。他说道:"在《共产党宣言》的第一部分中,马克思从两个对立的方面展开了论述,这两个方面将塑造和激发未来一个世纪的现代主义文化:一方面是永不满足的欲望和冲动、不断的革命、无限的发展、一切生活领域中不断的创造和更新;另一方面则是虚无主义、永不满足的破坏、生活的碎裂和吞没、黑暗的中心、恐怖。……《共产党宣言》除了具有其他种种特性之外,乃是第一件伟大的现代主义艺术品。"[4]在赫勒看来,马克思主义与自由主义在这

---

[1] 转引自罗骞:《论马克思的现代性批判及其当代意义》,上海人民出版社,2007年,第4页。
[2] 鲍曼:《现代性与矛盾性》,邵迎生译,商务印书馆,2003年,第401页。
[3] 伯曼:《一切坚固的东西都烟消云散了——现代性体验》,徐大建、张辑译,商务印书馆,2003年,第165—166页。
[4] 同上书,第131—132页。

一点上保持一致,即它们都是一种现代主义的方案,"自由主义的方案以向着一个最好的可能世界无限进步的方式想象未来。马克思主义和社会主义的方案则把未来想象为一种存在着一个转折点的发展,在这个转折点上最好的可能是世界一举现身……两种方案共同拥有对于进步的信念,都是把它们的信念建立在科学知识之上,并且都宣称它们的预言有着绝对的确定性。……实际上,进步主义—自由主义观点以及它的各种形式,还有马克思主义/社会主义观点及它的各种形式,这两者都隐含了一种目的论"。因此之故,马克思的现代性方案仍然是一种极具乐观主义情绪的宏大叙事,而且它也深深地"扎进了形而上学之中,尽管他相信他已经将他的视角从哲学转向了科学,从唯心主义的沉思转向了经验观察的领域"。在马克思、尼采和弗洛伊德这三位激进的思想家中,"马克思是最形而上学的……这三位十九世纪激进思想家中没有一个极其坚定地面对现代性的悖论。但对马克思来说没有悖论,他——在黑格尔的传统中——把悖论化解进辩证运动中。这使他成为这个被进步观念打上烙印的世纪里最有代表性的现代性理论家"。[①]

第五类观点是将马克思的现代性批判理论理解为一种彻底的历史主义和激进主义。波普尔认为,虽然马克思对现代社会及其启蒙理性基础上的乌托邦主义进行了全面和深刻的清理与批判,认为任何一种意义上的乌托邦计划都不可能按照它们所最初被构想的方式来实现,然而问题在于,马克思对现代性的批判所采取的立场仍然是彻底的历史主义式的;在这种立场下,虽然现代社会及其发展不是按照我们的理性计划来进行,但仍然是按照历史规律来展开自身的;因此之故,我们所能做的仅仅是

---

① 参见阿格尼丝·赫勒:《现代性理论》,李瑞华译,商务印书馆,2005年,第17—18、45—46页。

减轻历史进程中的阵痛。基于此,在波普尔看来,马克思不但未反对现代性及其乌托邦主义中最核心的元素,而且还表现出了一种更加彻底的激进主义。波普尔说道:"柏拉图和马克思两个人都梦想着决定性的革命,它将使社会世界发生翻天覆地的变化,这是与唯美主义联系在一起的,即希望建立一个不仅比我们的世界好一点且更为理性的世界,而且是完全消除它的所有丑恶的世界,是一个真正美丽的新世界。"[1]

第六类观点是把马克思的现代性批判理论看作后现代主义,把马克思塑造成后现代主义者的形象,认为马克思的现代性批判理论的最显著特点是:反对和拒斥现代文明的成就;对解构的方法的运用。其主要代表人物有福柯、詹姆逊、贝斯特、凯尔纳、鲍德里亚等。在后现代主义者看来,启蒙以来的理性现代性、普遍主义和进步观念是一种神话,社会历史及其发展遵循的是差异性、非连续性和断裂性。福柯说:"即使人们承认马克思主义现在已经消亡,但它将来某一天肯定会复活。我所希望做的……不完全是为一种真正的马克思平反昭雪,但肯定是为了把马克思从教条中解放出来并还其本来面目,因为这种教条长期以来打着传播马克思主义的幌子而将其禁锢并僵化。"[2] 而在巴里巴尔看来,福柯的著作本身就是一场与马克思展开的"实战",这种斗争似乎是福柯思想的主要源泉之一;在其理论的形成过程中,他的立场经历了从与作为理论的马克思主义决裂,过渡到通过使用马克思主义的部分概念(至少是一些与马克思主义相符的概念)以达到"策略上的联姻"。[3] 根据英国学者莱姆克的分析,因为福柯的微观政治学,即权力、规训、治理等分析范式,

---

[1] 波普尔:《开放社会及其敌人》第1卷,陆衡等译,中国社会科学出版社,1999年,第308—309页。
[2] 转引自莱姆克:《马克思与福柯》,陈元等译,华东师范大学出版社,2007年,第1页。
[3] 转引自同上书,第2页。

是基于后现代主义境域而对马克思的国家理论和现代政治批判理论所做的进一步展开及深度应用,所以其本身就与马克思的思想有着理论上的高度关联性。莱姆克指出:"福柯完成于70年代前半期的作品有一个主要的参照点:对权力的'司法—话语'表述的批判。他的论点是,这一权力范式既证实了有关主权的自由主义理论,也证实了关于阶级统治的正统的马克思主义观念。自由主义理论肯定说合法的权威被写入法律并根植于一种权力理论,而马克思主义的观念则把权力置于经济之中并把国家视为资产阶级的工具。这些异质的观念有一个共同的前提,即权力是一种可被(一个阶级、一个国家、一个精英阶层或人民)拥有的东西,它首先是压迫性的,并可能来自像国家或经济这样的一个独一无二和高度集中的地方。"[1] 詹姆逊也立足于后现代语境对马克思的思想进行解读,他在后现代主义的语境中对"生产方式"概念和历史唯物主义的基本原理进行了新的表述和阐释。在他看来,马克思的生产方式分析范式虽然不能根据经济决定论来解释,但要谈马克思主义就不可避免地要谈及经济、要触及现代社会的经济结构,而后现代理论最终是一种经济理论;因此,在后现代语境中,马克思的"生产方式"等范畴可以得到灵活的运用和解释。詹姆逊说:"在我的眼里,有关后现代的理论最终是一种经济理论。也就是说,不管你从何处着手,如果你的步骤正确,你最终会谈及资本主义。因此贯穿我的著作的基本框架来自我所处的时代本身。其马克思主义的成分来自这个历史阶段的根本经济动态。"[2] 詹姆逊从后现代主义语境出发,将马克思主义的一些核心概念和基本原理从教条主义的传统解释中释放出来,对深化与拓展对马克思的现代性批判理论的阐

---

[1] 转引自莱姆克:《马克思与福柯》,第3页。
[2] 詹明信:《晚期资本主义的文化逻辑:詹明信批评理论文选》,陈清侨、严锋等译,生活·读书·新知三联书店,1997年,第18页。

导　论　当代人类的生存境况与马克思的现代性批判理论

释有着十分重要的意义。但是，他把作为社会历史理论且具有历史唯物主义基础的马克思的现代性批判理论主要视为一种意识形态批判或者文化批判理论，是其后现代主义语境和视角使然，是有其理论限度的。同样地，在贝斯特和凯尔纳看来，从克尔凯郭尔和马克思开始，就出现了后现代的转向。而鲍德里亚则认为，必须以后现代主义语境下的符号政治经济学批判来代替马克思政治经济学的生产逻辑即"生产之镜"，如此才能发挥出马克思思想对于当代资本主义社会的解释意义，才能理解当代资本主义社会发生的新情况和社会革命的问题。在鲍德里亚看来，马克思所依据的以生产方式为出发点的政治经济学批判本质上无法对资本主义生产进行彻底的批判；非但如此，它本身也内嵌于推进和完成资本主义经济的逻辑之中。他说："我们还必须揭示隐藏于生产、生产方式、生产力、生产关系等概念背后的东西。马克思主义分析的所有基础性概念都必须加以质疑，首先就要质疑马克思主义对政治经济学的根本批判及其超越政治经济学的要求。"[1] 在鲍德里亚看来，马克思用生产逻辑即"生产之镜"来分析考察人类历史和批判资本主义时，没有真正颠覆资本主义的经济基础和识破资本的诡计；相反，它有益于资本的诡计的实现。对此，他进一步指出："马克思将经济学的理性方式普遍化了，并作为人类生成的一般模式推广到整个人类历史中。他以宏大的模式来描述整个人类历史。他用来反对资本秩序的分析工具，正是资本精心阐述的最巧妙的意识形态幻象。……如果人们认为除了被资本主义的政治经济学统治的生产方式之外，什么都不存在也不可能存在，只有同经济公式相联系并由这些公式生产出来的概念才有意义……那么，这一概念的'辩证的'普遍化也仅仅是这一体系公设的意识形态的普遍化。"[2]

---

[1] 鲍德里亚:《生产之镜》，仰海峰译，中央编译出版社，2005年，第1页。
[2] 同上书，第14页。

在国内哲学界，有关马克思与现代性理论的关系的研究也取得了丰富的理论成果。受国外学者研究的影响，国内哲学界有些研究者也把马克思完全纳入一个现代性理论家的视野中来进行研究；有些研究者甚至把马克思完全塑造成一个后现代主义者的形象。当然，国内哲学界也有很多学者结合了当下人类社会的境况，对西方现代性的发展道路及其成功的经验和失败的教训进行了较全面的理论反思和阐释，并借助马克思的现代性批判理论资源，对此进行了富有意义的诠释。归纳起来看，近年来国内哲学界对马克思与现代性关系问题的研究，主要取得了如下富有意义的理论成果：在当代的现代性语境中，以马克思的现代性批判理论为主要资源，对西方现代性与启蒙运动的关系进行了较系统的反思；结合当代中国的现代性境况和历史性实情，对马克思的现代性批判理论及其意义进行了研究，尤其是在马克思对现代性之形而上学基础的批判、马克思的哲学存在论革命及其意义、马克思的资本现代性批判及其意义等研究领域取得了富有启发性的研究成果；把马克思的现代性批判理论与西方马克思主义以及当代现代性话语进行比较研究，这类研究既扩展了马克思的现代性批判理论的问题意识和规范基础，又深化了对马克思的现代性批判理论的当代意义的理解，对澄清当代西方现代性理论、后现代主义理论的诸多问题具有重要意义。毫无疑问，上述理论观点和研究成果可以为我们拓展和深化对马克思的现代性批判理论的研究提供极好的理论启示。

在上述研究成果的基础上，论者尝试从以下方面来对马克思的现代性批判理论进行总体性及系统性的研究：一是追踪马克思的现代性批判理论的逻辑进展，阐明马克思的现代性批判理论的目的和实质；二是分析马克思的现代性批判理论的社会存在论根据，并在马克思的现代形而上学批判理论的基础上，确定马克思进行现代性批判的存在论根据；三

导　论　当代人类的生存境况与马克思的现代性批判理论

是从马克思对西方现代性的基本建制的批判，即从马克思对资本、现代技术的批判出发，论证马克思的现代性批判理论的主要内容；四是澄清马克思的现代性批判理论的历史前提，划定马克思的现代性批判理论的两条原则界限，阐明马克思的现代性批判理论的辩证法；五是结合当下中国的社会现实和历史性实情，阐明马克思的现代性批判理论对于中国式现代化的意义。

毫无疑问，这些主题的展开对于深化和推进对马克思的现代性批判理论的研究具有重要的理论意义和现实意义。从理论上讲，通过对《黑格尔法哲学批判》《论犹太人问题》《1844年经济学哲学手稿》《神圣家族》《关于费尔巴哈的提纲》《德意志意识形态》《哲学的贫困》《共产党宣言》《〈政治经济学批判〉序言》《〈政治经济学批判〉导言》《1857—1858年经济学手稿》《资本论》《哥达纲领批判》等文本的解读，我们才能揭示马克思的现代性批判理论的主要内容，才能避免在马克思的现代性批判理论问题上的错误解释模式，才能彰显马克思的现代性批判理论的当代意义。从当代语境来看，马克思的现代性批判理论的核心内容主要有：马克思的现代性批判理论的本质和目的，马克思的现代性批判理论的逻辑进展，马克思的现代性批判理论的存在论根据，马克思的资本现代性批判及其主要成果，马克思的现代技术批判及其主要成果，马克思的现代性批判理论所划定的原则界限，马克思对待现代性的辩证法，马克思的现代性批判理论所指向的人类文明新类型的可能性。

从实践上讲，随着新时代中国特色社会主义实践的深入和有序推进，随着我国"两个一百年"奋斗目标的确立，拓展和深化中国式现代化、实现中华民族伟大复兴的重任更加紧迫地摆在我们面前。这就要求我们借助马克思的现代性批判理论的资源，阐明马克思的现代性批判理论的存在论根据，并用马克思的现代性批判理论中所阐明的未来新文明类型可能性的生成、对待西方现代性的两条原则界限及其辩证法等原理，分析诊断西方现代性的本质、文明成果及其限度，阐明中国式现代化新道路建构的途径和意义。唯有如此，我们才能走出一条中国特色社会主义的现代化道路，以实现对西方现代性道路的扬弃和超越。我们今天进行的中国式现代化以及中华民族伟大复兴的事业，某种意义上也是一种新的文明类型可能性的生成。它固然与各种具体的经济事务和科学技术的发展运用相关联，但最为紧要的问题总是牵扯到现代社会和当代世界的社会现实。而马克思的现代性批判理论及其对待西方现代性的辩证法，为我们开辟了一条理解现代社会现实和历史性实情的道路。就此而言，作为重要的理论资源，马克思的现代性批判理论及其对待现代性的辩证法对于中国式现代化新道路的建构具有重要的指导意义。

二、研究的主要内容

1. **论析马克思的现代性批判理论的逻辑进展，阐明马克思的现代性批判理论的本质和目的。**"现代性"是一个复杂和多元的概念，不同的学科、学者对其有不同的定义和理解。从马克思的思想语境来看，现代性是现代世界或现代社会的本质根据，是现代社会的内在规定和基本特征，或者说是现代性社会成为"现代"并区别于传统社会的内在规定和基本特征。现代性的两大基本支柱是资本和现代形而上学。资本的基本特性是增殖（对资本利润的追逐），现代社会和现代文明是建基在资本原则的基础上的，因而现代社会的成就、特征和问题都与资本直接相关；现代形而上学主要是指近代形而上学以及以此为基础的现代科学与技术。因此，从马克思哲学来看，现代性理论本质上始终没有离开形而上学的根基，本质上就是一种形而上学理论。资本和现代形而上学之间是一种密切相关的共谋关系。西方的现代性是依照近代形而上学的基础以及资本和现代技术的原则建立和开展起来的，并由此获得定向。

如果说现代性是现代社会的本质根据，并且这样的本质根据主要包括近代形而上学以及建基于其上的资本和现代技术，那么马克思的现代性理论本质上就是现代性批判理论。与其他各种现代性批判理论不同，马克思的现代性批判是以历史唯物主义为基础和方法的，是感性的活动（即实践的活动）的社会存在论基础上的现代性批判。作为现代性的基本批判方法，马克思的历史唯物主义的要义在于：揭示并且切中现代世界或现代文明的社会现实，揭示现代性的存在论根基。因此，如果无法深入到现代世界的历史本质性之中，并把握现代世界历史展开过程中的必然性，现代世界的社会现实或历史性就不可能得到揭示，现代性的本质特征及其成就和问题也都不能得到揭示和阐明。因此，马克思的历史唯物主义优越于其他学说的地方就在于，它深入到"历史的本质性一度"中去了，它理解和把握了现代世界或现代性的双重现实，即"经济发展以及这种发展所需要的架构"（海德格尔语）。马克思的历史唯物主义揭示了现代性的本质和超越资本现代性的未来指向，阐明了未来新的文明类型的可能性，从而为我们开启了一条理解并把握现代世界的社会现实的道路。

就马克思的现代性批判的逻辑进展而言，自《莱茵报》时期出现"苦恼的疑问"、退出《莱茵报》之后，马克思就开始了对现代性的批判。这既意味着马克思对其原来所信仰的启蒙理性和启蒙现代性的理想的怀疑，又标志着马克思要去揭开西方现代性的谜底。大致说来，马克思的现代性批判经历了如下阶段：《黑格尔法哲学批判》手稿至《德法年鉴》

时期的西方现代性政治批判；从《1844年经济学哲学手稿》《神圣家族》开始，到《关于费尔巴哈的提纲》《德意志意识形态》《哲学的贫困》《共产党宣言》时期，马克思对现代性的哲学基础进行了批判；19世纪50年代以后，一直到后期《〈政治经济学批判〉序言》《〈政治经济学批判〉导言》《1857—1858年经济学手稿》《资本论》《哥达纲领批判》时期，马克思对现代性的政治经济学进行了批判。从批判的方式看，马克思对现代性的批判大致可以分为现代性政治批判、现代性哲学基础批判、现代性的政治经济学原本的批判，即从对现代性的政治、哲学基础进行的批判到对现代资本主义社会进行的政治经济学批判。从马克思的现代性批判的基础和内容上看，马克思是在历史唯物主义即感性的活动基础上展开了对西方现代性的总体性批判。这种批判既包括对西方现代性的思想基础的批判（即对现代性的形而上学基础的批判，抑或说对现代性的意识形态和哲学观念的批判），也包括对西方现代社会的基本建制即资本和现代技术的批判。

2. 马克思对形而上学基础的颠覆与现代性批判的社会存在论根据。西方现代性是在近代形而上学基础上被建构起来的，后者是前者的哲学或观念论基础，前者是后者的体现、展开与实现。依据历史唯物主义的基础和方法，马克思揭示了现代世界的社会现实与历史性实情，瓦解了现代性赖以建基的近代形而上学基础，从而探寻到了批判现代性的根据。具体说来，这种根据就是感性的活动基础上的社会存在论。从《黑格尔法哲学批判》《论犹太人问题》《〈黑格尔法哲学批判〉导言》《1844年经济学哲学手稿》《神圣家族》《关于费尔巴哈的提纲》《德意志意识形态》《哲学的贫困》《共产党宣言》，一直到《〈政治经济学批判〉序言》《〈政治经济学批判〉导言》《1857—1858年经济学手稿》《资本论》《哥达纲领批判》，马克思不断深化对现代性的批判。尤其在《关于费尔巴哈的提纲》

《德意志意识形态》等著作中，马克思以"感性的活动"原则为基础形成了社会存在论。这既标志着马克思对近代形而上学基础的颠覆，又意味着马克思寻找到了现代性批判的最终根据。马克思的社会存在论可以从下列方面得到展开：现实的个人、现实的人的生产活动和物质生活条件；现实的个人的社会关系；感性的活动的主体之矛盾的客观展开过程，即历史的本质性及其展开过程。凭借历史唯物主义基础上的社会存在论根据，马克思揭示了现代世界的社会现实和历史性实情，批判了现代性的形而上学基础及其基本建制（即资本），也批判了现代性得以可能的基本架构和动力（即现代技术），进而澄清了现代性的历史前提、文明成就及其历史性限度和本质真相。

3. 阐明马克思的现代性批判理论的主要内容。马克思的现代性批判是在历史唯物主义基础上实现的总体性批判。马克思既批判和颠覆了现代性赖以建基的形而上学基础、破除了现代性的意识形态和观念论，又对现代性的基本建制和构架实现了批判。在西方现代社会，现代性的基本建制和构架是近代形而上学、资本、现代技术。因此，马克思对现代性的总体批判，可以被理解为对近代形而上学、资本、现代技术进行的历史的、全面的批判。在马克思看来，现代社会中的资本与形而上学之间是一种共谋关系，资本与现代技术之间也是一种联盟关系。从一定意义上说，马克思对现代性的批判，其本身也是对资本的现代性和现代技术的批判（对技术—资本的批判）。马克思认为，资本是资产阶级社会支配一切的经济权力，是历史地形成的，有其特定的历史前提，它不是天生的、自然的、永恒的；资本有伟大的文明作用，同时又有其历史性的限度；现代性的抽象性、流动性以及异化性质，本质上都源于资本生产及其不可抑制的追求剩余价值的本质。马克思联系资本生产、分工、商品交换、现代工业对现代技术进行了历史性的批判，指证了技术的历史本质和社会形式，阐明了自然人类生活形态向技术人类生活形态转变的必然性及其机制，分析了现代技术的异化性质及其根源，阐释了现代技术的文明作用及其限度，论证了未来人类生活新形态的可能性及其生成途径。

4. 划定马克思的现代性批判理论中的两条界限。马克思的现代性批判理论本质上是要澄清现代性的历史前提，破除把现代性视为"自然的、超历史的、永恒的"神话；划定现代性问题上的两条界限，辩证地看待现代性的文明成果，指证现代性的文明限度及其被未来新文明类型超越的可能性。马克思创立了历史唯物主义，寻找到了现代性批判的社会存在论根据，切中了现代世界或现代文明的社会现实，揭示了现代性的本质真相，阐明了现代文明的成就及其限度，划定了现代性批判理论中的两条原则界限：既划定了与现代性问题上的无批判的实证主义之间的原则界限，又划定了与现代性问题上的各种空想主义、伦理批判主义以及后现代主义之间的原则界限。从现代性批判的这两条原则界限中，我们可以发现马克思对待现代性的辩证法，即马克思既不像多数现代形而上学家和现代实证主义者那样对现代性和现代世界采取无批判的肯定态度，也不像空想主义者、浪漫主义者和后现代主义者那样对现代性和现代世界采取抽象的否定态度。马克思对现代性采取批判之中有肯定、肯定之中有批判和超越的辩证态度。在马克思看来，"自我异化的扬弃同自我异化是同一条路"，现代性或现代文明既有其伟大的成就，又有其历史性的限度。同样，西方现代世界或现代文明有被一种新的文明类型即未来共产主义文明取代的可能性，但这种新的文明类型即未来共产主义文明的生成必然要继承和吸取现代世界或现代文明的积极性成果。

5. 阐释马克思的现代性批判理论对中国式现代化新道路建构的意义。马克思的现代性批判理论揭示了现代性批判的存在论根据，揭示并切中了现代世界或现代文明的社会现实和历史性实情、现代性的历史前提和本质真相,并由此划定了两条原则界限,形成了现代性问题上的辩证法。当下,我们仍然处在由马克思所揭示的现代世界的社会现实境况之中,并因此而仍然面临着揭示和把握社会现实的思想任务;我们今天仍然面临着如何立足于当代中国的社会现实和历史性实情,辩证地吸取西方现代性的历史性的积极成果,并由此开展出一条扬弃且超越西方现代性、建构中国式现代化,进而通达新的文明类型的可能性的重任。因此,马克思的现代性批判理论,尤其是由马克思所揭示的现代性批判理论的原则界限及其包含的现代性的辩证法,对于中国式现代化新道路的建构具有重要的现实意义,即让我们对现代世界的社会现实、现代性的本质真相、现代社会的文明成果及其界限有一种切近的认识;让我们对资本和现代技术的伟大文明作用有一种积极的、开放的吸取态度,对资本和现代技术的异化性质、文明作用的历史性限度有一种清醒的历史性的批判态度,保持对待资本和现代技术的辩证法。马克思的现代性批判理论指向了一种新文明类型的可能性,而当今中国式现代化的伟大实践、实现中华民族伟大复兴的实践创造了人类文明新形态,恰恰证明了马克思的现代性批判理论的预见性和真理性。

三、研究的基本思路和创新点

论者立足于中国式现代化的境域和问题意识,采取文本解读和思想阐释的方法,对马克思的现代性批判理论进行研究。具体说来,论者在解读马克思的《黑格尔法哲学批判》《论犹太人问题》《〈黑格尔法哲学批判〉导言》《1844年经济学哲学手稿》《神圣家族》《关于费尔巴哈的提纲》《德意志意识形态》《哲学的贫困》《共产党宣言》《〈政治经济学批判〉序言》《〈政治经济学批判〉导言》《1857—1858年经济学手稿》《资本论》《哥达纲领批判》等主要文本的基础上,重点阐释上述所确定的马克思的现代性批判理论的本质、目的及其逻辑进展,马克思对形而上学基础的颠覆和现代性批判的存在论根据,马克思对资本现代性和现代技术的批判,马克思的现代性批判理论的原则界限及其辩证法等研究主题。在文本解读、思想阐释、主题研究展开的过程中,论者始终立足于当代中国的社会现实和历史性实情,阐释马克思的现代性批判理论对于中国式现代化的重要意义和启示,以实现论题本身的研究目标,即呈现马克思的现代性批判理论对于中国式现代化的当代意义。

围绕上述主题和目标,论者的基本思路可以概括为五个层面:发现根据,澄清前提,阐释内容,划定界限,凸显意义。

1. 发现根据。论者把马克思有关现代性的理论定性为现代性批判理论,分析了几种主要理论对"现代性"的理解,论述了马克思视野中的现代性的特征和基本规定。通过对《黑格尔法哲学批判》《论犹太人问题》《〈黑格尔法哲学批判〉导言》《1844年经济学哲学手稿》《神圣家族》《关于费尔巴哈的提纲》《德意志意识形态》《哲学的贫困》《共产党宣言》《〈政治经济学批判〉序言》《〈政治经济学批判〉导言》《资本论》及其手稿、《哥达纲领批判》等主要文本的解读,论者厘清了马克思的现代性批判理论的形成和展开的逻辑进程,揭示了马克思进行现代性批判的历史唯物主义基础和社会存在论根据,论述了马克思的现代性批判理论的主题和主要内容。论者对马克思进行现代性批判的社会存在论根据进行了深入的分析,阐释了其主要内容和重要意义。在"感性的活动"概念及原则的基础上,马克思创立了历史唯物主义,建立了社会存在论原则。这标志着马克思对近代形而上学基础的颠覆,意味着马克思寻找到了现代性批判的社会存在论根据,从而使马克思能够揭示现代社会的历史前提、本质真相和来历,把握到了现代世界的社会现实,揭示了现代资本主义社会和资本主义文明的历史性质、文明作用及其历史性限度,阐明了超越资本主义现代性和资本主义文明的未来新文明类型的可能性。

2. 澄清前提。通过对马克思主要哲学文本的解读,论者探寻和分析了马克思批判现代性的社会存在论根据,以及它所蕴含的存在论变革意义,进而分析了马克思如何澄清现代性的历史前提、如何颠覆现代性的形而上学基础、如何批判现代性的基本原则和建制(即资本现代性和技术现代性)、如何揭示资本主义现代性和资本主义文明的历史性作用及其历史性限度、如何揭示现代性的本质真相和来历。

3. 阐释内容。在现代性的语境中,结合马克思的主要哲学文本,论者揭示了马克思在历史唯物主义基础上所开启的现代性批判理论的核心内容,进而通过对马克思的资本现代性批判和技术现代性批判思想的论述,对马克思的现代性批判理论的主要内容进行展开阐述。在相关章节中,论者呈现了马克思的现代性批判的总体性方法论原则:在马克思那里,对资本的批判是与对近代形而上学和意识形态的批判联系在一起的;对现代技术的批判是与对资本生产、工业、分工、商品交换等的批判联系在一起的;对现代性的政治经济学批判是与对现代性政治、形而上学基础、现代性意识形态的批判联系在一起的。

4. 划定界限。论者论述了马克思的现代性批判理论中所划定的两条原则界限(第一条界限是马克思的现代性批判与无批判的实证主义、现代性意识之间的原则界限;第二条界限是马克思的现代性批判与各种空想主义、伦理批判主义、后现代主义之间的原则界限),进而阐明了马克思的现代性批判理论中的辩证法。

5. **凸显意义**。立足于当代中国的社会现实和历史性实践,依照马克思的现代性批判理论所揭示的"历史的本质性""社会现实""现代性的辩证法""资本主义现代性和资本主义文明的历史性作用及其历史性限度"等思想和原则,论者阐释和凸显了马克思的现代性批判理论对于中国式现代化的重大意义。

从上述主题、目标和基本思路中,可以看出本著作的几个创新点。

1. **对马克思的现代性批判理论的基础和方法的分析论证**。论者认为,现代性是现代世界或现代社会的本质规定和基本特征,其基本支柱是近代形而上学、资本和现代技术。马克思的现代性理论本质上是现代性批判理论,其批判的对象是西方现代性。他既批判了现代性的形而上学基础,又批判了现代性的基本原则和建制,即资本和现代技术;马克思批判西方现代性的基础和方法是历史唯物主义和辩证法。感性的活动基础上的历史唯物主义,实现了存在论的根本变革,也由此成为马克思批判现代性的存在论根据。其要义在于:揭示并且切中现代世界或现代文明的社会现实和历史性实情。马克思的现代性批判理论切入了"历史的本质性一度"中,把握到了现代世界或现代性的双重性现实,开创了理解和把握现代世界或现代文明之社会现实的道路。

2. **对马克思的现代性批判理论的根据的分析论证**。论者的研究表明,马克思批判现代性的根据是感性的活动基础上的社会存在论。在对《1844年经济学哲学手稿》《神圣家族》《关于费尔巴哈的提纲》《德意志意识形态》《共产党宣言》《哲学的贫困》《1857—1858年经济学手稿》《资本论》等主要文本的解读的基础上,论者的研究表明,马克思通过历史唯物主义和辩证法,尤其是通过感性的活动基础上的社会存在论,找到了现代性批判的存在论根据,批判了现代性的形而上学基础,批判了建基于形而上学之上的资本和现代技术,澄清了现代性的历史前提,揭示了现代性的文明成就及其历史限度,揭示了现代性的本质真相和来历。值得强调的是,以往的多数研究成果仅把现代形而上学和资本看作现代性的两大基本支柱。论者的研究表明,除了现代形而上学和资本,现代技术也是现代性的支柱和基本建制,马克思的现代性批判理论也应该把现代技术纳入自身中,并对现代技术进行历史性的批判。这是因为,现代技术本身也是在现代形而上学基础上建构起来的,是历史性地生成的;并且在现当代社会,资本和现代技术的结合越来越紧密,现代技术在现当代社会和未来社会中的作用越来越增大和凸显。把现代技术纳入马克思的现代性批判理论的视野并对其进行反思,也是本课题研究的创新点之一。

3. 对马克思的现代性批判理论的界限和现代性批判问题上的辩证法的确证。论者的研究表明,马克思的现代性批判理论划定了两条原则界限:既划定了与现代性问题上的无批判的实证主义之间的原则界限,又划定了与现代性问题上的各种空想主义、伦理批判主义、后现代主义之间的原则界限。在这两条原则界限中,马克思形成了现代性批判的辩证法。这也是马克思的现代性批判理论的重要特色和意义所在。

4. 对马克思的现代性批判理论对于中国式现代化的意义的阐明。论者的研究表明,马克思的现代性批判理论揭示了现代性批判的社会存在论根据,揭示了现代性的历史前提和本质真相,切中了现代性的社会现实和历史性实情,阐明了西方现代性的文明成果和历史性限度,划定了现代性批判理论中的原则界限,形成了现代性问题上的辩证法,指明了超越资本主义现代性、开启未来新的文明类型的可能性。立足于当代中国的社会现实和历史性实情,论者阐明了马克思的现代性批判理论对于中国式现代化的重要意义。

第一章
作为批判形态的马克思现代性理论

一、"现代性"概念与西方现代性的出场

"现代性"概念是复杂的,众多学者甚至认为它的概念是难以定义的。詹姆逊有这样的说法:"现代性不是一个概念,无论是哲学的还是别的什么,它是一种叙事类型……不能根据主体性分类对现代性叙事进行安排,意识和主体性无法得到展现,我们能够叙述的仅仅是现代性的多种情景……任何一种现代性理论,只有当它能和后现代与现代之间发生断裂的假定达成妥协时才有意义。"[①] 鲍曼认为,"现代性"概念本身就"充满着意义的不确定性……所指的内涵不清,外延不明"[②]。原因在于,现代性的复杂性既源于它本身的复杂性,也源于现代性的历史起点的难以确定性,更源于现代性话语和现代主义、现代化以及后现代主义话语的相互交织性。尽管如此,为了论题本身的需要以及对研究对象的范围有所限定,我们仍有必要对现代性以及马克思视域中的"现代性"概念进行界定。

从词汇学上说,"Modernity"一词在西语中有如下三种意义:"时期"(period)、"特性"(quality)和"经验"(experience)。哲学(包括马克思哲学)上所指涉的现代性,往往会涉及这三层意义:现代性社会是一个

---
① 詹姆逊:《单一的现代性》,王逢振、王丽亚译,天津人民出版社,2005年,第65页。
② 鲍曼:《现代性与矛盾性》,第6—7页。

有别于传统社会的现代社会或现代世界,这是历史时期的规定;现代性是现代社会即现代世界之所是,即现代社会或现代世界区别于传统社会的自身的本质规定性和基本特征;现代性即现代社会或现代世界在生活世界层面上给人类带来的生活经验或体验,这种经验和体验不同于传统社会中的经验——比如,传统社会的自然人类生活世界的经验就根本上区别于现代社会技术人类生活世界的经验。

从严格意义上说,一种现代性理论或现代性批判理论应该从上述三个层面得到整全性研究才是恰当的。但是,哲学理论迄今为止更多的是采取分而研究的格局。比如,从哲学理论内部来说,近代西方思想家的现代性理论多是从第一、第二层面上来研究现代性;尼采以后的现代西方哲学家的现代性批判理论多是从第三层面上来研究;马克思主义的现代性批判理论多是从第一、第二层面上来研究,而很少涉及第三层面,即从生活世界及其人类生活经验的变化层面上来研究。由于有了现代主义和现代化的话语[①],也由于有了哲学、社会学、艺术学、美学各学科之间的分割,这种分而研究的格局持续至今,并变得日益明显。哲学主要研究现代性的价值、特征和规范基础;社会学和社会理论主要研究现代化的制度特性,尤其是研究现代化的政治制度和经济制度特性;文学、艺术理论、美学以及后现代主义话语研究主要研究波德莱尔式的现代主义的美学风格和审美体验。本书说的"现代性"尽管也是哲学层面上的(涉及从价值上对现代性进行分析,对现代性的历史前提、本质规

---

① "现代主义"主要指由波德莱尔在19世纪开启的美学、艺术等领域对现代社会的反思,主要侧重于对现代性的艺术风格、审美体验的反思,后现代主义对现代性的批判多持有现代主义的风格和气质。20世纪40年代,第二次世界大战结束前后产生并不断变化发展的各种社会过程被称为"现代化",社会学和社会理论多从现代化角度研究现代社会,主要侧重于对现代社会的政治制度、经济制度和社会过程的研究。

定、基本特征和基本建制进行分析,由此区别于审美风格上的现代主义以及制度和经济发展层面上的现代性理论),但是,这种哲学层面上的界定应该是总体性的,即是在上述三种意义上研究马克思的现代性批判理论:澄清现代社会是其所是的历史前提;阐明现代社会区别于传统社会之本质规定和基本特征;阐明马克思的现代性批判尤其是现代技术批判所涉及的现代人类生活形态、未来人类生活新形态等规范性话题。

对于现代性的历史时期即现代性的历史起点,思想家们的看法也是众说纷纭、莫衷一是。诚如劳伦斯·E.卡洪所说:"想要为现代性确定一个历史的起点是不可能的。自 16 世纪一直到 19 世纪,每一个世纪都可以而且曾经被命名为第一个'现代的'世纪。"① 当然,从历史分期和形态学角度看,有些思想家还是认为现代性有自己的历史起点。比如,著名历史学家霍布斯鲍姆就把现代的起点定于 18 世纪初。他说:"'现代'于 18 世纪初出场,击败了'古代'。"② 黑格尔则把"新时代"的源头追溯到 1500 年前后新大陆的发现、文艺复兴和宗教改革,并明确地把 18 世纪末以后的历史时期称为"现代",并确认它是"历史的最后阶段",是"我们的世界""我们的时代",其标志性事件是启蒙运动和法国大革命。③ 詹姆逊则看到了现代起点的复杂性和模棱两可性。他认为,法国的现代始于波德莱尔和尼采,德国的现代始于启蒙运动,"在法国,现代被理解为一种特定的现代性,它始于波德莱尔和尼采,因而它带有虚无主义色彩;就它与现代化,尤其与历史的关系,以及它对进步采取的怀疑和顾虑而言,这个概念从一开始就显得模棱两可……然而,在德国,现代始于启

---

① 卡洪:《现代性的困境》,王志宏译,商务印书馆,2008 年,第 16—17 页。
② 霍布斯鲍姆:《极端的年代:1914—1991》,郑明萱译,江苏人民出版社,1999 年,第 16 页。
③ 参见黑格尔:《历史哲学》,王造时译,上海书店出版社,1999 年,第 424、450、454 页。

蒙运动，否定现代就意味着抛弃各种文明理念"①。哈贝马斯认为，"综观整个十八世纪，1500年这个时代分水岭一直都被追溯为现代的源头"②。伯曼把现代性的起点定于16世纪初，并将之分为三个阶段：第一个阶段大致从16世纪初至18世纪末，其时人们刚刚开始体验现代生活；第二个阶段从18世纪90年代的大革命浪潮开始至19世纪末；第三个阶段始于20世纪初，现代性的过程在这个阶段已经扩展到了全世界，现代性此时有着惊人的胜利和成就，同时又被瓦解成大量的碎片和私人语言，这个现代时期失去了与它自己的现代性根源的联系。③俞吾金认为："'现代'大致指的是从17、18世纪的启蒙运动到20世纪40年代'二战'结束这个历史时期。"④罗骞倾向于把1500年作为现代与中世纪的分水岭，同时客观地指出："任何'现代'概念的时间界限，都以对历史的形态学领会为前提，对'现代'断代上存在着的差异，就是因为形态学领会的规范基础不同，'现代'外在的时间界限受制于内在的规范基础。"⑤这种说法是成立的，因为历史分期和断代史的确定要以历史的实情和客观事件为依据，而这就受制于内在的历史观念和规范基础。现代性理论或现代性批判理论的规范基础，或者是理性，或者是近代形而上学，或者是主体性原则，或者是资本和现代技术等。因此，论者赞同上述多数学者

---

① 詹姆逊：《单一的现代性》，第73页。
② 哈贝马斯：《现代性的哲学话语》，第5、19页。
③ 参见伯曼：《一切坚固的东西都烟消云散了——现代性体验》，第17页。
④ 俞吾金：《现代性现象学——与西方马克思主义者对话》，上海社会科学院出版社，2002年，第28页。
⑤ 罗骞：《论马克思的现代性批判及其当代意义》，第16页。卡洪说："现代性事实上存在着许多起点，……现代性论争关注的核心点是对于现在的各种相反的趋势所作的批判性分析和对于将来的预言，而不是为了自己的利益去关注过去；过去之接受审查是为了寻求现在的各个组成部分的根源。于是，在这个语境之中，起点的选择就理应由人们当下的事情来决定。"参见卡洪：《现代性的困境》，第16—17页。

的观点，即虽然现代的起点可追溯至1500年前后的新大陆发现、文艺复兴和宗教改革；但严格来说，现代开始于18世纪。启蒙运动和法国大革命是它的标志性事件，其时代的本质特征是启蒙理性主义、资本和现代技术。

从形态或时代划分来看，"现代性"概念是与一种近现代的历史意识（即历史的方向意识）联系在一起的，这种联系从文艺复兴时期开始才成为可能。作为一个概念，"现代性"一词经常与"现代"相关联，并且早在5世纪就已经存在，尽管它当时并没有区分新、旧时代的含义。按照詹姆逊的说法，这个词在基拉西厄斯教皇一世（492—496年在位）的使用中，仅仅被用来指不同于先前教皇时代的这个他所身处的"现在"，完全不具有现在要优越于过去的含义，现在与最近的过去属于一个连续体，二者都与基督在世时的特殊历史时期有着巨大差别。而在卡西奥德洛斯在世时期，即哥特人对西罗马帝国进行征服的时期，这个词便有了某种全新的含义。在这位主要从事文学研究的学者对这个词的使用中，"现代"有了一个他称之为"过去"的对应词。可以看到，从教皇的视角出发，由哥特人推翻并新建立的帝国并没有在他理解的基督教传统中造成一种断裂。可是在当时的学人看来，这一事件却代表了一种分界，它使得其所在的现代文化完全有别于以前的经典文化，而前者的历史任务则正是要将经典文化进行复原与再造。"正是这种分界使得'现代'这一术语形成了特定的意义，这一特点因此延续至今。在各种文艺复兴的语境里（加洛林王朝，12世纪的文艺复兴，以及伯克哈特的意大利），人们欣喜地接受了一种新的历史使命。"[①]

由此可见，从作为现代社会早期阶段的文艺复兴时期以后，"现代

---

① 詹姆逊：《单一的现代性》，第16页。

性"概念才被赋予一种启蒙运动的进步观念和历史进步意识。黑格尔形象地说道:"所谓'文艺复兴'、美洲的发现和达到东印度的新路,可以和黎明的曙光相比,好像在长期暴风雨之后,第一次又预示一个美丽日子的来临。这一个日子就是'普遍性'的日子,它经过了中古时代的阴森可怕、漫漫悠长的黑夜,终于破晓了!一个因富于科学、艺术和发明欲而著名的日子,那就是说,它充满了最尊贵的和最高尚的东西,曾经由基督教给予了自由的、由教会解放出来的人类精神,显示出永恒的、真正的内容。"① 正是这种历史意识,把现代性与历史进步的方向性即进步主义直接联系起来了,并以现代社会为分界线出现了形态上的区分,即出现了"新与旧""进步与颓废""光明与黑暗"等价值判断上的区分,传统社会是"旧时期""旧世界",而现代社会是"新世界""新纪元"。也正是因为有了这种历史方向意识和进步主义观念,黑格尔用"我们的世界""我们的时代""新世界""新纪元""新时期""新形态""新精神""过渡的时代"来指称现代性即现代世界或现时代,而与它相对应的过去则被称为"旧时期""旧世界""旧日"。马泰·卡林内斯库准确地指出了这种形态或时代上的划分:"西方历史的三时代划分——古代、中世纪和现代——始于文艺复兴早期。较这种分期本身更有意思的是对这三个时代所做的价值判断,它们分别用光明与黑暗、白天与夜晚、清醒与睡眠的比喻来表示。古典时代和灿烂的光明联系在一起,中世纪成为浑如长夜、湮没无闻的'黑暗时代',现代则被想象为从黑暗中脱身而出的时代,一个觉醒与'复兴'、预示着光明未来的时代。"②

"现代性"的观念中必然包含着一种现代的时间意识,否则它就无法

---

① 黑格尔:《历史哲学》,第 423—424 页。
② 卡林内斯库:《现代性的五副面孔》,顾爱彬、李瑞华译,商务印书馆,2002 年,第 25—26 页。

承载现代的诸如"进步主义"等观念。卡林内斯库指出:"只有在一种特定时间意识,即线性不可逆的、无法阻止地流逝的历史性时间意识的框架中,现代性这个概念才能被构想出来。在一个不需要时间连续型历史概念,并依据神话和重现模式来组织其时间范畴的社会中,现代性作为一个概念将是毫无意义的。"[1]虽然西方的时间观念的产生及其转变过程极为复杂,但究其本质而言,传统的时间观是一种客观时间观,它是一种线性的时间观,即将时间视为一种不可逆的、故而也是单向的、无法阻止其进程的线性运动。在中世纪,时间本质上是按照神学来解释的:时间是人的生命短暂的证明,是人面对死亡和死后生活的提示。文艺复兴时期的时间观是矛盾的。一方面,神学的时间概念没有徒然消失,同时它又不得不同"行动""创造""发现""变革"等实际时间意识共存,由此造成双方关系的日益紧张。另一方面,文艺复兴又是自觉的,它完成了在意识形态上与时间的一种革命性结盟,即它形成了这样一种时间哲学并出现了"历史进步"和"参与创造"的信念:历史有一个特定方向,它所表现的不是一个超验的、先定的模式,而是内在的各种力量之间必然的相互作用;人因而是与时代相一致的而不是对抗时代,并有意识地参与到未来的创造之中。[2]

　　启蒙运动以来,近代西方社会的时间观仍然是"客观时间""线性时间"或"不可逆时间",西方社会的现代性唯有在这种不可逆的时间观念中才得以开启。资本现代性,或者说资产阶级的现代性,离不开对这种线性时间的关切,因为资本生产和商品交换都离不开这种"客观的""可分割的""可测度的""可计算的"时间,前者表现和印证的正是这种时

---

[1] 卡林内斯库:《现代性的五副面孔》,顾爱彬、李瑞华译,商务印书馆,2002年,第18页。
[2] 参见同上书,第24—28页。

间观。同样，只有这种线性时间、不可逆时间才能支撑起现代性的意识形态（即历史进步主义的直线进步观念），支撑起有关历史有一个特定目的和方向的意识。启蒙运动以来，近现代西方这种线性的时间观，即可计量的、客观的物理时间观，尽管至今仍然在主导人类社会和日常生活，但是这种客观时间或者说不可逆时间还是受到了马克思、尼采、海德格尔等人的批判，后文中对此有展开论述。这种时间观保持了对进步和未来的信念，但无法真正开启未来。这是因为，它把时间视为一条均匀流逝、不可逆的直线，在过去、现在和未来之间进行物理学意义上的客观分割和度量，并以现在为中心，在前后两个无限的方向上确定过去与未来；现在作为中心点不断地向未来移动，与此同时，过去在不断增加，而未来则在不断减少。换言之，过去不是别的，它仅仅是已经流逝掉的现在；现在不是别的，而仅仅是正在流逝的过去；而未来也不是别的，而不过是尚未到来的现在或者过去。这种时间观只有形式上的时间性和历史性，缺失真正的时间意识和历史性。

　　黑格尔持有的也是这种物理学的客观时间或线性时间观，并以此来界定现代性，讨论过去、现在和未来。黑格尔对时间的分析依据亚里士多德等人的时间观，也与近代的时间观一致，他把时间规定为"现在"。在黑格尔看来，"现在""现时代"才是中心，因为只有"现在""现时代"才真正存在，它与已经过去的现在和尚未存在的未来有本质区别。黑格尔认为，时间是一个整体，是一个无限的永恒运动，单个的、有限的现在只有在一个无限的时间整体中才有意义。但问题在于，在他所理解的时间辩证运动之中，未来必然被与过去画等号，而不断流逝掉的现在也必然不断向未来滑动，只有这三者间的时间之差异才能在真正的意义上被还原为一种持久的现在，它在自身中既包含过去也包含未来。在黑格尔那里，真正的现在就其本身而言，只能是内在于时间的永恒。黑格尔

第一章 作为批判形态的马克思现代性理论

借用的名言"这里是罗陀斯，就在这里跳吧"，表述的就是这种不可逆时间、永恒的时间观，即"在暂时的、转瞬即逝的事物的假象中认识内在的实体在场的永恒"。在黑格尔那里，时间进程的整体并不是自身就在时间过程之中，因为进入时间过程的只能是过程的一个环节，而不是没有过程的时间整体。在永恒无限的持续中，转瞬即逝的事物的暂时性被扬弃，对时间来说有效的东西是绝对在场的，"它不是已经过去，也不是尚未存在，它是绝对现在"。因此，绝对精神自身就是在时间中的东西，是产生于时间并归于时间的东西。我们在经历过去的时候，无论它多么庞大，都仅仅是在与当前的东西打交道。对于黑格尔而言，哲学关涉的只是当前的、现实的东西。[①] 黑格尔自己在确定哲学的任务时体现的就是这种现代性的时间意识，即线性的、不可逆的、永恒的客观时间意识。黑格尔说："哲学必然与现实和经验相一致。甚至可以说，哲学与经验的一致可以看成是考验哲学真理的外在的试金石，同样也可以说，哲学的最高目的就在于确认思想与经验的一致，并达到自觉的理性与存在于事物中的理性的和解，亦即达到理性与现实的和解。"[②] 在《法哲学原理》中，黑格尔着重说道："哲学的任务在于理解存在的东西，因为存在的东西就是理性。……哲学也是这样，它是被把握在思想中的它的时代。妄想一种哲学可以超出它那个时代，这与妄想个人可以跳出罗陀斯岛，是同样愚蠢的。如果它的理论确实超越时代，而建设一个如其所应然的世界，那么这种世界诚然是存在的，但只存在于他的私见中，私见是一种不结实的要素，在其中人们可以随意想象任何东西。"[③]

[①] 参见洛维特：《从黑格尔到尼采——19世纪思维中的革命性决裂》，李秋零译，生活·读书·新知三联书店，2006年，第281—282页。
[②] 黑格尔：《小逻辑》，贺麟译，商务印书馆，1980年，第42页。
[③] 黑格尔：《法哲学原理》，范扬、张企泰译，商务印书馆，1961年，第12页。

现代性的出场也与主体性的"自由""解放"理念，或者哲学上的"自我意识""主体性原则"直接联系在一起。主体性原则实际上就是理性主义原则和自我意识哲学。因此，哈贝马斯把主体性原则解释为个体主义、批判的权利、行为自由、自我意识哲学自身。[①]这是精准的。现代性在西方的出场是与近代形而上学关联在一起的，后者是前者的哲学基础，即近代形而上学为现代性提供了哲学确证。近代形而上学是一种自我意识哲学或主体性哲学。从本质上说，从笛卡尔开始的哲学，一直到康德、费希特、黑格尔等的德国古典哲学，都是在为现代性提供哲学上的确证，即为现代性所必需的理性、思维、主体性的自由等提供哲学证明。黑格尔是现代性理性的批判者，同时又是近代形而上学的完成者；黑格尔哲学代表了近代自我意识哲学和主体性哲学的完成。黑格尔认为，世界历史表现的就是自由意识的内容，它的发展经历了三个阶段；只有在第三阶段，即现代社会尤其是普鲁士的历史中才有普遍性的自由和真正的自我意识；只有在这个阶段，"仍然是特殊的自由的形式提高到了纯粹的普遍性，提高到了精神性本质的自我意识和自我感觉"[②]。黑格尔说："自从太阳站在天空，星辰围绕着它，大家从来没有看见，人类把自己放在他的头脑、放在他的'思想'上面，而且依照思想，建筑现实。……但是直到现在，人类才进而认识到这个原则，知道'思想'应该统治精神的现实。所以这是一个光辉灿烂的黎明。一切有思想的存在，都分享到了这个新纪元的欢欣。一种性质崇高的情绪激动着当时的人心；一种精神的热诚震撼着整个的世界，仿佛'神圣的东西'和'世界'的调和现在首次完成了。"[③]在他看来，现代性的历史是主体的自由权利得到实现的历史，"主体的特殊性求获自我

[①] 参见哈贝马斯：《现代性的哲学话语》，第20—21页。
[②] 黑格尔：《历史哲学》，第59页。
[③] 同上书，第459页。

第一章 作为批判形态的马克思现代性理论

满足的这种权利,或者这样说也一样,主体自由的权利,是划分古代和近代的转折点和中心点。这种自由的权利就他的无限性说表达于基督教中,并成为新世界形式的普遍而现实的原则"①。

归纳起来说,黑格尔用理性或主体性原则来规定现代性,从而使这个原则成为现代性的规范基础。在他看来,现代世界的原则就是主体性的自由,也就是说,精神总体性中关键的方方面面都应得到充分的发挥。进一步而言,他还将"自由""精神"和"反思"视为主体性阐释的扩展性概念,"事实上,我们时代的伟大之处就在于自由地承认,精神财富从本质上讲是自在的"②。他在《精神现象学》中如此说道:"我们不难看到,我们这个时代是一个新时期的降生和过渡的时代。人的精神已经跟他旧日的生活与观念世界决裂,正使旧日的一切葬入于过去而着手进行他的自我改造。事实上,精神从来没有停止不动,它永远是在前进运动着。……成长着的精神也是慢慢地静悄悄地向着它的新形态发展,一块块地拆除了它旧有的世界结构。……现存世界里充满了的那种粗率和无聊,以及对某种未知的东西的那种迷迷糊糊若有所感,在在都预示着什么别的东西正在到来。可是这种逐渐的、并未改变整个面貌的颓废败坏,突然为日出所中断,升起的太阳就如闪电般一下子建立了新世界的形相。"③可以看到,黑格尔在存在论上对现代性进行了明确的自我确证和自我理解,其规范基础是理性或主体性原则,其方法是对现代性进行理性批判。对于黑格尔而言,"现时代"指的就是"理性的时代",理性精神成为黑格尔规定现代性的基本规范,也是黑格尔赋予现代性的基本特

---

① 黑格尔:《法哲学原理》,第126—127页。论者对所引中文版译文有改动,把"法"改为"权利",把"主观自由的法"改为"主体自由的权利"。
② 转引自哈贝马斯:《现代性的哲学话语》,第20页。
③ 黑格尔:《精神现象学》上卷,贺麟、王玖兴译,商务印书馆,1979年,第6—7页。

征，而他对现代性的批判也是围绕着理性批判的方式来展开的。这样一来，黑格尔以他独到的理性批判方法，在绝对精神和国家伦理的普遍性的基础上，既批判了现代性即市民社会，又拯救和完成了现代性的哲学自我确证。从这个意义上说，哈贝马斯的说法是正确的："黑格尔是第一个清楚地阐释现代概念的哲学家"；"黑格尔是使现代脱离外在于它的历史的规范影响这个过程并升格为哲学问题的第一人"。[1]

主体性原则（理性主义原则、主体性的自由）是现代性的基本原则和特征。在此基础上，我们还可以分析现代性的其他几个特征，即自主性、普遍主义、人道主义和知性至上性原则。所谓"自主性"是指，人们能够从外在事物的束缚中摆脱出来，能够从传统政治和文化权威的枷锁中解放出来，能够从自然的奴役中解放出来。现代性强调个人的自由权利是主体，人是万物的主宰，必然凸显自主性原则。市民社会是个人自由活动的舞台，能够充分扩展人的主动性、创造性和自主性。一切自然秩序和社会政治秩序建构的可能性离不开社会成员的自主性参与和创造。历史进步和未来社会开启的可能性存在于社会成员的自主性创造活动中。因此，在现代性的方案中，开放的未来与人的自主性结合了起来，与此同时，"人们相信，通过人的意识活动积极形塑社会是完全可能的"[2]。

一般而言，现代性的"普遍主义"是指，现代性的观念主张整个世界都应该体现理性的本质、实现人的自由；认为启蒙理性尤其是工具理性具有跨越一切地理的和民族的、阶级的、国籍的、宗教的和意识形态的界限的能力和权利；认为现代性具有开创世界历史，并把全人类都统一到一起的力量；认为启蒙理性和现代性具有总体化和统一性的力量，

---

[1] 哈贝马斯：《现代性的哲学话语》，第5、19页。
[2] 艾森斯塔特：《反思现代性》，旷新年、王爱松译，生活·读书·新知三联书店，2006年，第71页。

可以用合理性把拥有不同价值观、信念的人统一起来，实现人类的自由。诚如伯曼所说："所谓现代性，也就是成为一个世界的一部分。"[1] 由此可见，现代性的普遍主义实际上就是本质主义、绝对主义、二元论和启蒙理性至上原则。正是这种原则导致了现代性的悖论和冲突，造成了现代性具有破坏的潜能（即如同鲍曼所说的"创造性的破坏"力量），表明西方现代性的兴起、发展和扩张并不是风和日丽、一帆风顺的，而是充分了冲突、战争、灾难和毁灭的可能性。这是因为，作为现代性之哲学基础的本质主义、绝对主义、二元论本身就是主体与客体的对立。总的来说，所谓"主体性哲学"或"二元论"，就是要区分如下两类东西：一类是主体以及在主体内部的展开之物，即那些对主体来说不言自明之物，或者说那些与主体内在直接关联之物；另一类则是非主体之物或者说与主体内在并不直接关联之物。主体性哲学和二元论的要害就在于：主体与非主体之物或客体的对立，即非主体之物或客体成了主体的征服对象。按照马克思的说法，在主体性哲学和二元论中，"对象本身对意识来说是正在消逝的东西"[2]。由此，建立在普遍主义、绝对主义、主体性哲学、二元论和启蒙理性至上原则基础上的现代性不可避免地带来了冲突和悖论，不可避免地把现代性的解放力量转变为压迫性的力量——这是后来兴起的对现代性的激烈批判的主要背景。诚如艾森斯塔特所言："从现代性方案的文化意识形态方面来看，把不同的合理性合并起来的倾向最主要地体现于启蒙主义理性至上的原则。这一原则把价值理想或实质理性统摄于以技术统治为特征的工具理性之下，或者把它统摄于一种总体化的道德乌托邦理想之下"，"有些人乐观地认为，现代性代表着进步。实际上，

---

[1] 伯曼：《一切坚固的东西都烟消云散了——现代性体验》，第15页。
[2] 马克思、恩格斯：《马克思恩格斯全集》第3卷，人民出版社，2002年，第322页。

与这类观点相反,现代性的发展和扩张并非一帆风顺,它内在地包含着种种毁灭的可能性"。①

现代性的兴起和发展也是宇宙观的转变过程,是人们从古代、中世纪的"神义论"宇宙观转变到现代的"人义论"宇宙观的过程。这种现代人义论宇宙观实际上就是人道主义原则。所谓"人道主义原则",即认为人是宇宙的中心,人的自由、权利、利益是合理性的,人的欲望、求生存的权利、私有财产权是一切权力的目的和界限。现代社会是一神论退场并被诸神之争取代的时代。按照韦伯的分析,现代性也就是一种神圣化走向世俗化的过程,是祛魅化的过程。因此,从韦伯的理论中可以推断出:"现代性的阈限在于:宇宙为神意注定的合法性逐渐失效了;只有当已经设定的宇宙的合法性不再被视为理所当然、无可非议时,才会有现代性,才会有这种或那种现代性。"② 同样,马克思在《共产党宣言》中深刻地揭示了这种现代性的宇宙观的变化及其世俗化的结果。马克思说:"资产阶级在它已经取得了统治的地方把一切封建的、宗法的和田园诗般的关系都破坏了。它无情地斩断了把人们束缚于天然尊长的形形色色的封建羁绊,它使人和人之间除了赤裸裸的利害关系,除了冷酷无情的'现金交易',就再也没有任何别的联系了。它把宗教虔诚、骑士热忱、小市民伤感这些情感的神圣发作,淹没在利己主义打算的冰水之中……资产阶级抹去了一切向来受人尊崇和令人敬畏的职业的神圣光环。它把医生、律师、教士、诗人和学者变成了它出钱招雇的雇佣劳动者。"③ 可以说,没有这种中世纪神义论的隐退和现代人义论的确立,没有现代人道主义原则的合法性,现代性就不可能发生和发展。启蒙理性、人义

---

① 艾森斯塔特:《反思现代性》,第73、95页。
② 同上书,第69—70页。
③ 马克思、恩格斯:《马克思恩格斯选集》第1卷,人民出版社,2012年,第402—403页。

第一章　作为批判形态的马克思现代性理论

论宇宙观和人道主义原则是现代性的重要特征，它对现代性的兴起和发展有重要影响。诚如戴维·哈维所说：只有在理性的思维方式与合理的社会组织形式充分发展的前提下，人从诸如神话、宗教与迷信等非理性中的解放才能得以确保，从某种专横地利用权力和我们自己的人类本性黑暗的一面中的解放任务才能够得以完成。因此之故，只有通过上述的这样一种筹划与设计，才能够将人的这一普遍的、永恒的和不变的特质彻底地挖掘出来。启蒙运动的思想及其带来的一场世俗的运动，促使人们追求知识和社会组织的非神秘化和非神圣化，以便把人类从自身的各种锁链中解放出来。①

同时，"现代性"的观念中也蕴含了知性至上性原则。所谓"知性至上性"是指，知识、知性可以保证现代性规划的实施，从而可以就此担保现代性的特权。现代性的所有承诺，即人的主体性、人的自由权利、人的自主创造性、社会的发展、历史的进步、未来的开启等规划和目标，靠什么来担保呢？启蒙理性和现代性理念的回答是：靠知识、思维、科技，也就是依靠知性来实现。赫勒认为，关于"是什么担保了现代性的特权"这个问题的回答可以多种多样，但是在所有的回答中，知识都扮演了关键角色，即将科学视为一种现代的新近发明。而从进步主义的信念出发，科学不仅可以承担起对于未来的洞察任务，同时也承担起了对诸如技术、经济、艺术、福利等事物的不断改进的任务。②在启蒙现代性的观念中，知性、思维、理智、科学技术是现代人拥有无穷力量的保证，是人类中心论的根据，是主体之为主体的表现和资格。从某种意义上说，近代西方哲学之所以是自我意识哲学和主体性哲学，就是因为哲

---

① 参见戴维·哈维：《后现代的状况——对文化变迁之缘起的探究》，阎嘉译，商务印书馆，2003年，第20—21页。
② 参见阿格尼丝·赫勒：《现代性理论》，第14页。

学要为知识、知性、理智、思维等进行辩护，从而让知识、知性、理智、思维获得至上性的地位，最终担保现代性的特权。培根的"知识就是力量"，笛卡尔的"我思故我在"，就是这种知识至上性的主要表现。康德提出的著名的启蒙运动的特征和口号，凸显的仍然是理智或知识的地位和有勇气运用理智的能力，本质上就是为现代性的合法性提供哲学上的证明。因此，在康德看来，启蒙运动的目标正是要让人摆脱那种由他自己所加诸己身的不成熟状态。所谓"不成熟状态"，其特征在于人如果不通过他人的引导与帮助就无法运用自身的理智。所谓"加诸己身"，其原因在于，他并非天生缺乏理智，而是说当没有别人的引导时，他便缺乏勇气与决心来自我运用。"要有勇气运用自己的理智！这就是启蒙运动的口号。"①

现代性是启蒙理性的产物，现代性的规划及其实施是在启蒙思想的基础上展开的。尼格尔·多德说："现代性工程是社会理想化的结果，它试图在启蒙思想的基础上进行建构。"②启蒙运动和现代性的兴起及发展，给人类树立了史无前例的自信心。这种自信来自人们对启蒙理性的自信，对知识、理智和科学技术的自信，对知性至上性原则的自信，因为它们可以担保启蒙运动的目标和现代性规划的实现。卡西尔认为，在当时的启蒙运动思想家和现代性哲学家看来，我们能够在自然王国中处处安家，可以向四面八方前进，因为理性的力量并不在于使我们能够冲破世界的限制，而在于使我们学会在经验世界中有宾至如归之感。在17世纪诸如笛卡尔、马勒布朗士、斯宾诺莎和莱布尼茨等哲人那里的宏大形而上学系统中，唯有理性才是永恒真理的王国。而通过理性，我们能认识原本

---

① 康德：《历史理性批判文集》，何兆武译，商务印书馆，1990年，第22页。
② 尼格尔·多德：《社会理论与现代性》，陶传进译，社会科学文献出版社，2002年，第1页。

在上帝身上才能够直接看到的东西；即是说，每一种理性活动都使我们能够确信自己参与并分享了神的本质，并为我们打开了通往心智世界和超感性的绝对世界的大门。18世纪的人们看待理性的情况又进了一步，即不再将理性视为一种遗产，而仅仅将其视为一种后天获得的东西。它不是一座现成的精神宝藏，能够让人可以将真理如同钱币一样储存起来，而是一种能动的且具有独创性的力量，能够指引我们去发现、建立和确定真理。理性不是知识、原理和真理的容器，而是一种能力和力量，这种能力和力量只有通过理性的作用和效力才能被充分理解和证明。理性最重要的功用和力量是它有结合和分解的能力，它分解所有的简单事实和经验材料，誓要将一切分解为最简单的成分和最终的因素才肯罢休。只有在分解工作完成之后，它才得以开始建设性的工作（"破坏性的创造"）。因此之故，理性的力量绝不会在这一堆被它自己搞得支离破碎的废墟面前停下脚步，它必须并且必然从中建立起一座新厦，后者才是真正意义上的所谓"整体"。而这一整体正是理性自身的创造，它按照自己所设下的规则来对各个部分及元素进行重新装配。当这些工作完成之后，它才能够从这个自己生产出的整体中获得关于整全的知识。[1] 现代性就是依靠知识、科学技术这种"能力和力量"来实施它的规划的；也就是说，现代性规划实际上就是一种非凡的知识上的努力。所谓现代性的"知性至上性原则"，就是要将在历史上通过个人自由的且富于创造性的工作积累的经验与知识，放置到对于人类之解放和日常生活之丰富的主动追求之上，从而使启蒙理性与现代性所设定的目标和做出的承诺得以兑现。

---

[1] 参见卡西尔：《启蒙运动》，顾伟铭等译，山东人民出版社，1988年，第10—13页。

二、马克思视域中的"现代性"

由黑格尔完成了的现代性哲学话语,构成了马克思的现代性批判话语的直接思想来源。马克思在批判地继承黑格尔的现代性批判话语的成果的基础上,创立了历史唯物主义,揭示了现代性的历史前提、生产方式基础、本质规定和基本特征,洞察到了现代性的基本建制和动力机制,确立了现代性批判理论的规范基础。

从术语上看,马克思没有直接使用"现代性"这一概念,而是使用"现代社会""我们的时代""资本主义时代""现代资本主义时代""资产阶级时代""市民社会""现代市民社会""资产阶级社会""现代资产阶级社会"和"现代世界"来指称现代性。比如,在《关于费尔巴哈的提纲》中,马克思说,"旧唯物主义的立脚点是市民社会,新唯物主义的立脚点则是人类社会或社会的人类";在《共产党宣言》中,他说,"我们的时代,资产阶级时代"[1];在《哥达纲领批判》中,马克思直接指出,现代社会就是资本主义社会。[2] 在此,马克思赋予了现代性或现代社会以社会形态的意义。如果我们依照哲学界较赞同的三形态说来看,那么,马克思视野中的现代性或现代社会就是对应于"人对物的依赖关系"的社会。在现代社会之前的形态,是传统社会或"旧的市民社会",是"人对人的依赖关系"的社会;在现代性和现代社会或市民社会之后的形态,是"人类社会"或"社会的人类",是"人类解放",是"自由人联合体""自由王国"或"共产主义社会"。

---

[1] 参见马克思、恩格斯:《马克思恩格斯选集》第1卷,第136、401页。
[2] 参见马克思、恩格斯:《马克思恩格斯选集》第3卷,1995年,第313页。

第一章　作为批判形态的马克思现代性理论

从现代社会的历史分期和具体时段来看，马克思没有精确的界定和直接的答案，因为在他看来，现代社会或资本主义社会本身就是历史发展的产物，是一个不断变化的"有机体"，而不是固定不变的"结晶体"。因此，我们只能根据马克思的相关论述推断他有关现代社会的历史分期和时段的观点。关于现代社会的上限，马克思大体上把1500年前后即16世纪初期作为现代社会的起点，把16世纪初至17世纪末作为现代性的形成时期，或现代社会的早期，而把18世纪作为现代社会的成熟时期。对此，我们可以根据马克思的相关文本进行分析。

马克思把市民社会即现代市民社会看作现代社会，即现代性社会。对于现代市民社会，马克思在《德意志意识形态》中有这样的说法："'市民社会'这一用语是在18世纪产生的，当时财产关系已经摆脱了古典古代的和中世纪的共同体。真正的市民社会只是随同资产阶级发展起来的。"[①] 在这里，马克思指的是18世纪成熟的现代市民社会，即现代资本主义社会。马克思同意黑格尔的"市民社会是个人利益的舞台"的基本判断。因此，他在对市民社会的原子个人主义进行批判时，也大致指出了原子个人主义或市民社会的历史起点和时间段——起源于16世纪，成熟于18世纪。在《〈政治经济学批判〉导言》中，马克思说："被斯密和李嘉图当作出发点的单个的孤立的猎人和渔夫，属于18世纪的缺乏想象力的虚构。……这是假象，只是大大小小的鲁滨逊一类故事所造成的美学上的假象。其实，这是对于16世纪以来就作了准备、而在18世纪大踏步走向成熟的'市民社会'的预感……这种18世纪的个人，一方面是封建社会形式解体的产物，另一方面是16世纪以来新兴生产力的产物，而在18世纪的预言家看来（斯密和李嘉图还完全以这些预言家为依

---

① 马克思、恩格斯：《马克思恩格斯选集》第1卷，第211页。

据），这种个人是曾在过去存在过的理想；在他们看来，这种个人不是历史的结果，而是历史的起点……只有到 18 世纪，在'市民社会'中，社会联系的各种形式，对个人说来，才表现为只是达到他私人目的的手段，才表现为外在的必然性。"① 在《德意志意识形态》和《共产党宣言》等著作中讨论资产阶级社会和现代社会的起源时，马克思强调资产阶级社会是在封建社会生产方式解体的基础上产生的，并追溯到美洲的发现、新航路的开辟等事件，并强调了英国工业革命、法国大革命、机器大工业等对现代资产阶级社会产生和发展的推动作用。由此可见，马克思把现代社会的历史起点追溯到 16 世纪，把 18 世纪看作资产阶级社会的成熟期。

众所周知，在《资本论》"所谓原始积累"一章中，马克思明确地谈到了资本主义时代的起始点。马克思说："虽然在 14 世纪和 15 世纪，在地中海沿岸的某些城市已经稀疏地出现了资本主义生产的最初萌芽，但是资本主义时代是从 16 世纪才开始的"，"为资本主义生产方式奠定基础的变革的序幕，是在 15 世纪最后 30 多年和 16 世纪最初几十年演出的"。② 在《哥达纲领批判》中，马克思说："'现代社会'就是存在于一切文明国度中的资本主义社会，它或多或少地摆脱了中世纪的杂质，或多或少地由于每个国度的特殊的历史发展而改变了形态，或多或少地有了发展。"③ 马克思认为，工人阶级是现代资本主义社会的产物，且英国是当时资本主义社会的典型。从恩格斯对英国工人阶级形成史的描述中，我们可以推算出成熟的资本主义社会产生的历史时期，我们可以以此作为对这一观点的佐证。在《英国工人阶级状况》中，恩格斯说："英国

---

① 马克思、恩格斯：《马克思恩格斯全集》第 30 卷，1995 年，第 22—25 页。
② 马克思：《资本论》第 1 卷，人民出版社，2004 年，第 823、825 页。
③ 马克思、恩格斯：《马克思恩格斯选集》第 3 卷，第 313 页。

第一章　作为批判形态的马克思现代性理论

工人阶级的历史是从 18 世纪后半期，从蒸汽机和棉花加工机的发明开始的。……这些发明推动了产业革命，产业革命同时又引起了市民社会的全面变革，而它的世界历史意义只是在现在才开始被认识清楚。英国是发生这样一种变革……的典型国家，因此，英国也是这种变革的主要结果（无产阶级）发展的典型国家。"①

关于现代性或现代社会的历史时期和时段的下限问题，马克思没有也不可能有明确的规定。这是因为，在马克思看来，现代社会或现代资本主义社会是历史发展的产物，也只有在生产力高度发展和世界历史的普遍形成等历史条件成熟的时候才能被超越；扬弃和超越现代资本主义社会的未来的人类社会或共产主义社会，"对我们来说不是应当确立的状况，不是现实应当与之相适应的理想。我们所称为共产主义的是那种消灭现存状况的现实的运动。这个运动的条件是由现有的前提产生的"②；作为"社会生产过程的最后一个对抗形式"的资产阶级的生产关系，必然被未来的人类社会所超越，同样，作为"人类社会的史前时期"的最后社会形态的资本主义社会，必然被未来的人类社会所取代。但这种超越和取代是历史性的实践造成的，而不是主观的和线性的时间意识所预设的，因为取代现代资本主义社会的共产主义社会的实践的革命性的历史运动，"必然在私有财产的运动中，即在经济的运动中，为自己既找到经验的基础，也找到理论的基础"③。

诚然，马克思不否认现代社会或现代资本主义社会具有编年史意义。在他看来，现代社会本身就是现代资本主义社会的历史，就是现代资本

---

① 马克思、恩格斯：《马克思恩格斯全集》第 2 卷，1957 年，第 281 页。
② 马克思、恩格斯：《马克思恩格斯全集》第 1 卷，第 166 页。
③ 马克思、恩格斯：《马克思恩格斯选集》第 2 卷，1995 年，第 33 页；《马克思恩格斯全集》第 3 卷，第 298 页。

主义对于工人的剥削的历史，本身就是"用血和火的文字载入人类编年史的"[1]。然而，我们必须看到，马克思视域中的现代性或现代社会不限于编年史的理解，更主要的乃是一种形态学意义上的理解。如果只限于编年史来理解马克思的现代性或现代社会，那么，马克思只是作为一个历史学家，充其量作为一个渊博睿智的优秀的历史学家被理解，而不是作为一个现代性的批判家和资本主义社会的超越者、实践的唯物主义者和未来社会的开启者被理解。这是降低了马克思的思想和马克思的现代性批判理论的原则高度。

因此，我们可以说，马克思视域中的现代性或现代社会主要是一种形态学意义上而非编年史意义上的指认。对于马克思这种形态学意义上的现代性或现代社会，我们要有进一步的阐释。对作为形态学意义上的现代性或现代社会，马克思基于的是根本性质上的判断，是一种现代性批判理论的语境和基本范式。具体说来，马克思的现代性或现代社会批判话语具有如下特征。

第一，马克思的现代性或现代社会话语具有世界历史的维度。空间性或世界历史性维度，是马克思的现代社会话语区别于黑格尔等人的现代性话语的重要特征之一。从表面上看，黑格尔的现代性批判话语也具有世界历史性，他论证了历史向世界历史的转变，甚至提出了"历史的终结"论。但是，他只是用世界历史来论证绝对精神及其运动过程，历史和世界历史只是理性和逻辑论证的环节和思辨工具，"只是为历史的运动找到抽象的、逻辑的、思辨的表达，这种历史还不是作为一个当作前提的主体的人的现实历史，而只是人的产生的活动、人的形成的历史"[2]。

---

[1] 马克思：《资本论》第1卷，第822页。
[2] 马克思、恩格斯：《马克思恩格斯全集》第3卷，第316页。

第一章 作为批判形态的马克思现代性理论

黑格尔虽然看到了市民社会即经济因素在历史中的重要性(这是他高于其他德国古典哲学家的地方),但是,现实的世界历史维度的缺失导致他的现代性话语仍然是"德意志意识形态",是主体性哲学或近代形而上学的完成;黑格尔的"世界历史"仍然"终结"于普鲁士的观念史,而不是现实的世界历史,"是当代的哲学同时代人,而不是当代的历史同时代人。德国的哲学是德国历史在观念上的延续……德国的法哲学和国家哲学是惟一与正式的当代现实保持在同等水平上的德国历史"[①]。

马克思的现代性或现代社会话语和规范有现实的世界历史的基础和背景。在马克思看来,肇起于16世纪、发展成熟于18世纪的现代社会是世界历史意义上的现代社会。由于地理大发现和新航路的开辟、工业革命的兴起、机器大工业的出现、劳动分工的发展、科学技术的运用、交通工具的改善、资本的全球逐利的动机等,"民族历史"必然走向"世界历史"。马克思说:"各个相互影响的活动范围在这个发展进程中越是扩大,各民族的原始封闭状态由于日益完善的生产方式、交往以及因交往而自然形成的不同民族之间的分工消灭得越是彻底,历史也就越是成为世界历史";现代社会"过去那种地方的和民族的自给自足和闭关自守状态,被各民族的各方面的互相往来和各方面的互相依赖所代替了。物质的生产是如此,精神的生产也是如此。各民族的精神产品成了公共的财产。民族的片面性和局限性日益成为不可能,于是由许多种民族的和地方的文学形成了一种世界的文学"。[②] 由此观之,马克思所理解的现代社会或现代资本主义社会并不具有地域性的形态,而具有世界历史意义上的形态;马克思的现代社会批判话语和规范,比如"资产阶

[①] 马克思、恩格斯:《马克思恩格斯全集》第3卷,第205页。
[②] 马克思、恩格斯:《马克思恩格斯全集》第1卷,第168、404页。

级""无产阶级""生产方式""资本主义生产方式"等,是在世界历史意义上立论的,它们也仅在此种意义上才能够被理解。对此,马克思说:"无产阶级只有在世界历史意义上才能存在,就像共产主义——它的事业——只有作为'世界历史性的'存在才有可能实现一样。"① 同样,马克思的现代社会或现代资本主义社会批判立场的确立,也只有在世界历史的意义上才能得到说明。这一点,在有关马克思的现代性批判理论的主要文本《德意志意识形态》《共产党宣言》《资本论》中都有明确的论述。比如,关于现代性的批判和现代人的解放问题,马克思强调:"各个人的世界历史性的存在,也就是与世界历史直接相联系的各个人的存在","单个人随着自己的活动扩大为世界历史性的活动,越来越受到对他们来说是异己的力量的支配,受到日益扩大的、归根结底表现为世界市场的力量的支配";因此,"每一个单个人的解放的程度是与历史完全转变为世界历史的程度一致的"。② 同时,马克思对于现代资本主义生产方式的产生、发展及其自带的尖锐矛盾的揭露,对于资本性生产和现代技术的文明作用及其限度这些涉及现代性课题的重要话语的阐释,都是在世界历史的语境和视野中才能得到说明。现代性或现代社会的世界历史语境是马克思的现代性批判理论的重要特色,为后来的众多现代性理论和现代性批判理论提供了全球化(世界历史的结果和当代表达方式)的语境和视角,这也是马克思的现代性批判理论具有当代意义的重要原因。

第二,马克思的现代社会批判话语中有时间意识和未来性维度。卡林内斯库说:"现代性因而是一个时间/历史概念,我们用它来指在独一

---

① 马克思、恩格斯:《马克思恩格斯选集》第 1 卷,第 166—167 页。
② 同上书,第 167、169 页。

无二的历史现时性中对于现时的理解,也就是说,在把现时同过去及其各种残余或幸存物区别开来的那些特性中去理解它,在现时对未来的种种允诺中去理解它——在现时允许我们或对或错地去猜测未来及其趋势、求索与发现的可能性中去理解它。"①

卡林内斯库的说法是围绕着如何理解"现代社会"("现代性""现在")这个主题而展开的,并提出了两个相互关联的观点:一是对"现代性"概念的理解涉及特定的历史时间意识,即如何理解现代社会(现时性);二是对"现代性"的理解涉及未来观,即如何理解现代社会的进步性或对未来的允诺。之所以说这两个观点富有启发性,是因为它对理解马克思视域中的现代性话语具有同样重要的理论意义。可以说,马克思的现代性批判话语中蕴含了深刻的时间意识和未来观。

马克思的现代性的历史时间意识和未来观,是一个极其复杂而有意义的话题。在后面的相关章节中,我们会有专门的论述,这里只是提出理论要点。

连同黑格尔在内的西方近代哲学家的时间观或时间意识,本质上都是物理学的时间观,即直线性、不可逆、永恒的客观时间意识。这是一种没有历史性、创造性和未来性的时间观,是一种指向现时(现在、当下)的时间观和时间意识。马克思的时间观根本上不同于近代西方哲学家的直线性、不可逆的物理时间观,他在历史唯物主义基础上对时间有新的理解。这种新理解构成了他对现代社会的独特理解和批判,并深刻地影响了尼采、海德格尔等当代思想家对时间的创新性理解。他形成了既能够把握现代社会(现时性)又能够开启未来的时间观。

马克思关于时间有一个经典的说法:"时间实际上是人的积极存在,

---

① 卡林内斯库:《现代性的五副面孔》,第336—337页。

它不仅是人的生命尺度，而且是人的发展的空间。"[1]我们从中可以看到马克思在历史唯物主义的社会存在论基础上对时间的创新性理解，也可以从这种理解中看出马克思对现代社会的批判性意蕴。在马克思看来，时间不是直线性的、与历史发展和人的创造性活动无关的空洞的、物理性的存在，而是与历史的生成、人的生命的自由和创造性活动直接关联的存在。时间不是直线性的，不是一种物理上的可以依照线性分割出过去、现在、未来的客观工具，而是历史性的自主变易与生成进程；作为一种实际生活创造及其生成过程，它是由人的感性的活动所造就的。时间即是历史时间，时间性即是历史性，时间即是历史性的创造及其发展过程。在《1844年经济学哲学手稿》中，马克思说："历史的全部运动，既是它的现实的产生活动——它的经验存在的诞生活动——同时，对它的思维着的意识来说，又是它的被理解和被认识到的生成运动。"[2]从时间的历史生成性和创造性来看待现代资本主义社会，马克思赋予现代社会话语以新的批判性理解。在马克思看来，现代资本主义社会是历史性的产物，是人的感性的活动的产物，尽管现代资本主义社会对人的感性的活动造成了异化。正是以此为出发点，马克思认为，"现在的社会不是坚实的结晶体，而是一个能够变化并且经常处于变化过程中的有机体"[3]。因此，基于现代社会主要的感性的活动及其异化形式（资本、技术所具有的历史的创造性和生成性），马克思才能够对现代资本主义社会进行历史性的评价。他认为，在资本生产和现代技术的状况下，"人不是在某一种规定性上再生产自己，而是生产出他的全面性；不是力求停留在某种已经变成

---

[1] 马克思、恩格斯：《马克思恩格斯全集》第47卷，1979年，第532页。
[2] 马克思、恩格斯：《马克思恩格斯全集》第3卷，第297页。
[3] 马克思：《资本论》第1卷，第10页。

第一章　作为批判形态的马克思现代性理论

的东西上,而是处在变易的绝对运动之中"①。可以推知,在马克思的视域下,时间并非静止不动的固定的点,也不是某种以现在为中心对过去和未来进行物理切割的工具,它本身就是人的历史性活动和生命活动本身的创造、生成和变易,是在实践活动中的历史趋向性和实际生活过程。也是从此出发,马克思才得以对现代社会或现代资本主义社会进行系统性的历史批判,对近代形而上学和资产阶级经济学进行批判,因为资本的本质、限度和技术的异化必然导致现代资本主义社会遭遇生成和创造的最终限度,因为近代形而上学和资产阶级经济学本质上就是一种现代资本主义社会的意识形态,即缺乏历史时间意识,否定历史产物和历史过程,把现代资本主义社会看作自然的、永恒的、超历史的社会绝对形式的意识形态。

时间除了是历史时间,是历史的生成和历史过程,还是自由时间,是人的自由和生命的创造。在马克思看来,人的生命本质和存在的意义与自由时间是直接同一的,时间是"人的生命尺度",是"人的发展的空间"②,"从整个社会来说,创造可以自由支配的时间,也就是创造产生科学、艺术等等的时间"③。就是说,想要达成社会的发展、享用和各种活动的丰富、全面,一切就必须取决于对时间的节省,任何形式的节约都可以被归结为对时间的节约。反过来说也一样,如果一个人缺乏自行处置的自由时间,或者说对他的自由时间进行剥夺,那么,他在精神与肉体的双重意义上就必然被贬抑为机器,就必然成为"抽象的活动和胃"。④正是在自由时间对于人的创造性意义的层面上,马克思对现代社会给予

---

① 马克思、恩格斯:《马克思恩格斯全集》第30卷,第480页。
② 参见马克思、恩格斯:《马克思恩格斯全集》第47卷,第532页。
③ 马克思、恩格斯:《马克思恩格斯全集》第30卷,第379页。
④ 参见马克思、恩格斯:《马克思恩格斯全集》第3卷,第228页。

了肯定性的评价——资本生产为人的自由和全面发展腾出了时间,并且为人的自由个性的发展提供了重要的前提和条件。马克思认为,无论如何,资本生产仍然会产生违背自身意志的情况,创造条件来增加社会可以自由支配的时间,从而使得社会的劳动时间不断下降和缩减到最低限度,最终达到的结果便是每个社会成员腾出了时间进行自我的发展。[①]同样,马克思对现代社会和资本生产对人的自由时间的剥夺以及自由的形式化、抽象化进行了批判。在他看来,现代资本主义社会是人对物的依赖关系,绝对剩余价值的生产尤其是相对剩余价值的生产加强了对人的剥削程度、增加了人的劳动强度、夺去了人的全面发展和自由创造所需要的自由时间。在马克思看来,资本生产和现代机器大工业在资本主义社会的推广,势必会消灭工作日所带有的道德和自然界限,"由此产生了经济学上的悖论,即缩短劳动时间的最有力的手段,竟变为把工人及其家属的全部生活时间转化为受资本支配的增殖资本价值的劳动时间的最可靠的手段"[②]。现代社会的资本生产以及商品生产和商品交换,导致自由的形式化、抽象化,造成人的异化,现代资本主义社会仍然只是"必然性王国",而非"自由王国"。在马克思看来,现代资本主义社会所谓的"自由""平等""所有权"只在流通和商品交换领域即在对劳动力的买卖的限度内才得以进行;可以说,仅仅在这个限度内也的确实现了所谓"天赋人权的真正伊甸园",因为在其中,自由的可能建立在劳动力的买者和卖者的自主行为的基础上,即是说在此他们的行为取决且仅仅取决于自己的意志。仅仅作为权利自由或者说在法律上平等的人,他们才得

[①] 参见马克思、恩格斯:《马克思恩格斯全集》第 31 卷,1998 年,第 103 页。
[②] 马克思:《资本论》第 1 卷,第 469 页。

以缔结契约。而这里所谓的"平等",也仅仅源于他们彼此只是作为商品占有者发生关系,用等价物交换等价物。①

马克思的时间意识中还蕴含了"时间空间化"的意识。马克思认为,在现代社会,时间可以空间化,可以用时间来消灭空间,即用最少的时间去创造和跨越最大的空间。时间空间化是现代社会的一个重要特征和标志,是以时间的流逝性来把握永恒性的方式和途径。世界历史的形成是时间空间化的表现之一,资本和技术是时间空间化的载体和工具。在马克思看来,现代社会的时间空间化有两个结果:一是世界历史的形成。本性使然,资本追逐剩余价值,它要打破和超越空间设置的原有界限,把时间空间化,最终使民族历史走向世界历史。正是在这个意义上,马克思认为:"资本一方面要力求摧毁交往即交换的一切地方限制,征服整个地球作为它的市场,另一方面,它又力求用时间去消灭空间,就是说,把商品从一个地方转移到另一个地方所花费的时间缩减到最低限度。"② 二是人的全面自由发展和个性的形成。这是因为,所谓"空间"就是"一切生产和一切人类活动的要素"③,时间的空间化就意味着人类的发展空间的扩展、人类的生命活动的加强。现代社会时间的空间化形成了世界历史,造就了世界的普遍交往,从而为人的全面自由发展和丰富个性的形成创造了条件。当然,马克思看到,现代社会的时间空间化和世界历史的形成过程中充满了对抗、剥夺、灾难,加速了价值的虚无化,加剧了人的异化状态,这是现代社会的时间空间化的后果。

伯曼、艾森斯塔特对现代性的时间空间化的后果也有深刻的论述,

---

① 参见马克思:《资本论》第1卷,第204—205页。
② 马克思、恩格斯:《马克思恩格斯全集》第30卷,第538页。
③ 马克思:《资本论》第3卷,第875页。

他们的观点可以加深我们对现代社会的理解。在伯曼看来,所谓"现代性",就是我们自觉到自身所身处的某种境况。一方面,这种境况许诺给予我们去历险,去获得权力、快乐和成长的权利,即许诺给予我们改变我们自身与自身所处的世界的权利;但另一方面,这种对它的自觉又势必会摧毁我们所拥有、所知和所表现出来的一切。现代性直接跨越了一切地理的、民族的、阶级的、国籍的、宗教的、意识形态的界限,并把全人类都统一到了一起。但是,这是一种有悖论的统一、一种不统一的统一:现代性将"所有的人都倒进了一个不断崩溃与更新、斗争与冲突、模棱两可与痛苦的大漩涡"①。而在艾森斯塔特看来,自现代性诞生以来,它在时间上的发展与在空间上的扩张本就不是以和平的方式进行的,在它的深处本就具有巨大的破坏性力量;而现代性的最初成型与在形态上的发展与差异化,本就与其内部的这种破坏性潜能相对抗,从而不断交织在一起。上述这种境况,其本身就来自资本主义社会在发展过程中所带来的种种社会矛盾的激化,以及在政治领域对于民主化不断增长的诉求;而在现代国际关系和帝国主义体系的逐步成型过程中,上述这种矛盾也与国际的较量和冲突纠缠在一起。其中凸显出来的问题是,它们也势必会与作为它们内部的构成要素的战争主义、种族灭绝、镇压等暴力手段纠缠在一起,愈演愈烈,从而导致不间断地趋向特殊的现代野蛮主义。暴力、恐怖和战争在意识形态的框架内融为一体,并从民族国家的基本法、公民权利法和国家集体认同领域中呈现出来,从现代欧洲国家公法体系的构建中呈现出来,从欧洲本土扩张到全世界的过程中呈现出来,从通信与战争技术的跃进式发展中呈现出来。②

---

① 伯曼:《一切坚固的东西都烟消云散了——现代性体验》,第 15 页。
② 参见艾森斯塔特:《反思现代性》,第 14—15 页。

第一章　作为批判形态的马克思现代性理论

马克思的现代性批判话语是与历史时间意识直接联系在一起的，由此形成了他特有的、深刻的未来观和进步观。哈维认为，从很多方面可以说，马克思就是启蒙思想的继承者。原因在于，他力图将他的那种为全人类实现自身"类的存在"的最终目标而奋斗的充满激情的乌托邦思想以一种唯物主义科学的理性方式表达出来，从而揭示出人类的普遍解放如何从阶级的永恒斗争与资本主义对人的压迫和提升的双重性效果的矛盾逻辑中产生出来。马克思这么做时，便把解决问题的核心放在了工人阶级之上，将之视为人类解放的开启性力量。其原因正是在于，它本来就是现代资本主义社会中的被统治阶级。在马克思看来，只有当直接的生产者自己掌控自己的命运之时，以自由王国来取代现实的压迫这一目标才可能实现。但如果我们必须承认"自由王国只有在必然王国被超越之时才开始"的话，那么资产阶级本身的历史进步性以及它所创造的巨大生产力就必须得到充分认可与赞成；即是说，启蒙理性以及资本主义社会所产生的积极成果，其作为一个整体就必须得到充分利用。① 可以说，哈维对马克思进步观的整体表述和判断是准确的，尽管有些说法需要进一步澄清——诸如，马克思的未来观念或进步观念是乌托邦思想吗？马克思的进步观与启蒙运动的进步观有何异同？

对此，伊格尔顿有一种十分形象的说法，即马克思主义并不将未来视为一个必须处理的问题，反倒是资本主义才十分热衷于倒卖名为"未来"的期货。根据他的研究，在犹太人传统中本来就有禁止预测未来的律法，而如果看到马克思作为一个世俗犹太人的一面，我们就会发现他向来对未来如何三缄其口。似乎对于他来说，未来和过去一样都不能在

---

① 参见戴维·哈维：《后现代的状况——对文化变迁之缘起的探究》，第23页。

存在的意义上与现在等量齐观，即使我们对于它们的存在似乎一直有所知觉。[1] 可以说，伊格尔顿对于马克思的"不预测未来"进而认为不能将之视为一个乌托邦主义者的判断，无疑是正确的。马克思说："新思潮的优点又恰恰在于我们不想教条地预期未来，而只是想通过批判旧世界发现新世界。"[2] 但是，伊格尔顿认为马克思不谈论未来，在马克思那里未来和过去一样都是不存在的，这种说法是成问题的。实际上，马克思不反对谈论未来，更不否定未来性。他只是反对像空想主义者和乌托邦主义者那样，"教条式地预测未来"和"构想未来"。

毫无疑问，马克思的现代性批判话语包含明确的未来观。从表述上看，马克思把未来社会称为"人类社会""新世界""真正的共同体""自由人联合体""自由王国""社会化的人类""共产主义社会"，等等。从原则上说，未来社会或共产主义社会的指向是马克思的现代性批判理论的高度，同样也可以被看作马克思批判现代资本主义社会的立足点。任何时候，我们都不能降低马克思思想的这个原则高度；否则，就会把马克思的现代性批判理论降低到无批判的实证主义的水平，就会把马克思思想看作近代主体性哲学、资产阶级政治经济学那样的现代性意识形态。理解马克思的现代性批判话语中的未来观和进步观，关键是理解其性质；否则，他的未来观就会被看作一种空想主义或乌托邦主义，被降低为一种现代性意识形态，也就无法使人看到它和启蒙运动以及其他现代性理论的未来观的本质差异。实际上，把这两种未来观或进步观无差别地混同起来的做法太常见了。比如，鲍曼认为，马克思的未来观是一种目的论式的极度乐观主义和进步主义，是一种现代性理论；马克思主义者和

---

[1] 参见伊格尔顿：《马克思为什么是对的》，李杨、任文科、郑义译，新星出版社，2011年，第69、70、74页。
[2] 马克思、恩格斯：《马克思恩格斯全集》第47卷，2004年，第64页。

第一章　作为批判形态的马克思现代性理论

所有主张改造社会的坚定信仰者在如下这一点上保持一致，即"在它满怀热情地坚信善的社会只能是一个精心设计的、合理经营的、彻底工业化的社会的时候，共产主义具有彻头彻尾的现代性"[①]。对此，赫勒也同样认为，虽然从相同的方面来看，马克思主义和自由主义都是现代主义对于社会问题的解决方案，但从不同的方面来看，自由主义方案以一种无限的连续性进步的理解方式来想象未来的最好的可能世界的出现；而马克思主义的方案则不同，它将未来理解为这样一种对于现在的发展，即我们需要在现在创造出一个前后绝然不同的转折点，在且仅在这个转折点之上，最好的可能世界才会突然现身。最后，她总结道，虽然有这样或那样的不同，但上述两种方案的理性基础却是一致的，即对于进步的绝对信念，并且把这种信念放置在对于科学知识的理解与使用之上；即是说，它们对于未来的预言都建立在一种彻底的确定性之上，这其中必然隐含着一种目的论。在她看来，马克思对于未来的想象其本身就是一种极具乐观主义精神的哲学的宏大叙事，并且因此而深深扎进了形而上学之中，尽管他相信他已经将他的视角从哲学转向了科学，从唯心主义的沉思转向了经验观察的领域。[②] 把马克思的未来观或进步观解释为"现代性理论""想象的未来""隐含目的论""宏大叙事""形而上学基础"，这是对马克思的严重误读。那么，马克思的现代性批判话语中的未来观或进步观究竟有何种性质呢？

从性质或本质上看，马克思持存在论意义上的未来观，也就是历史唯物主义基础上社会存在论意义上的未来观。这是基础和性质的判断，是理解马克思未来观的关键。具体说来，既作为马克思批判现代资本主

[①] 鲍曼：《现代性与矛盾性》，第401页。
[②] 参见阿格尼丝·赫勒：《现代性理论》，第17—18、46—47页。

义社会的立脚点，又作为一种要超越现代资本主义文明类型的未来社会或共产主义社会，不是"预测"出来的，不是"理性设计"出来的，也不是"幻想的乌托邦"，而是历史唯物主义基础上的生成过程，是社会存在论意义上的"发生"。可以说，马克思阐释了现代社会的生产方式（即生产力和生产关系及其矛盾运动是未来社会的基础，感性的活动或实践的人的活动即劳动是未来社会生成的基础和机制），揭示了未来的历史唯物主义基础和社会存在论根据。这是未来观上的根本变革，是马克思的未来观与其他各种未来观的根本区别。我们可以对马克思未来观的根本点进行这样的概括：未来是一种历史倾向和创造出未来的倾向，是新事物的诞生，是实践的人的活动即劳动中的生成，在历史的本质性、现实性和未来性的内在关联中才有未来。

马克思在《1844年经济学哲学手稿》中说道："对社会主义的人来说，整个所谓世界历史不外是人通过人的劳动而诞生的过程，是自然界对人来说的生成过程，所以关于他通过自身而诞生、关于他的形成过程，他有直观的、无可辩驳的证明。"[①]马克思这里表达的意思很清楚：实践的人的活动即劳动产生了历史性或历史的本质性，并生成和创造了未来；未来发生于现实的历史必然性和历史过程中，未来的现实基础存在于感性的活动或实践的人的活动即劳动中，现实性、历史性、生成性与未来之间存在着本质性关联。马克思揭示了未来的社会存在论基础，将未来理解为历史性的生成与易变过程，将感性的活动或实践的活动作为未来的现实基础。这是马克思对未来的最富有创造性的理解。对此，卢卡奇是有非凡的理论洞察力的，他的论述是深刻的、精准的："只有当人能把现在把握为生成，在现在中看出了那些他能用其辩证的对立创造出将来

[①] 马克思、恩格斯：《马克思恩格斯全集》第3卷，第310页。

的倾向时,现在,作为生成的现在,才能成为他的现在。只有感到有责任并且愿意创造将来的人,才能看到现在的具体真理。"① 在马克思那里,"生成表现为存在的真理,过程表现为事物的真理。这意味着,历史发展的倾向构成比经验事实更高的现实"②。他所理解的生成之为真理,其本身就是某种"被创造但还没有出世的将来"、某种不断成为"现实的倾向中的新东西";即是说,生成作为中介立足于作为具体的历史的过去和同样具有具体性的未来之间。当具体的"这里"和"现在"融化为历史过程时,它就不再是连续不断的、不可捉摸的环节,不再是无声地逝去的直接性,而是最深刻、最广泛的中介的环节,是决定的环节,是"新事物诞生"的环节。③

第三,马克思的现代性批判话语的历史唯物主义定向和规范基础。如上所论,在马克思那里,现代性主要是一个形态学概念;即是说,马克思的现代性是指现代之所是的根据和本质,也就是指现代社会之所以成为现代社会的根据、内在本质和基本特征。黑格尔等人从"理性""主体性"出发来规定现代性的根据和本质;马克思从"生产方式"、"生产力和生产关系及其矛盾运动"、"感性的活动"或"实践的活动"、"人们的实际生活过程"等出发来揭示现代性的根据和本质,给现代性以历史唯物主义基础和定向,寻找到了现代性起源和发展的现实基础,发现了现代社会的历史的本质性,获得了特有的现代性话语即现代性批判话语的规范基础,从而对现代性、现代社会进行了新的批判性理解。从这种新理解中,我们可以发现马克思和黑格尔的现代性批判话语在基本规范上的不同点、现代性批判的根据、现代性批判话语的规范基础。

---

① 卢卡奇:《历史与阶级意识》,杜章智、任立、燕宏远译,商务印书馆,1992年,第298页。
② 同上书,第268—269页。
③ 参见同上书,第298—299页。

发端于16世纪、成熟于18世纪的现代性是与启蒙运动相伴的，其历史进程的展开既表现为与中世纪的告别并且走向其所期许的进步和光明的过程，表现为用理性破坏宗教迷信和盲从，用科学代替神话，用自主代替蒙昧，用自由、个性代替不自由的过程，也表现为用自信、希望代替悲观、停滞的过程。这是理性、自主、自由、进步的时代。一直到今天，虽然现代性出现了许多问题，遭到了众多流派和学者的批判和反思，甚至遭到各种所谓的"后现代主义"的强烈反抗和拒绝，但是这些因素和标志仍然被视为现代性的核心。现代性仍然被视为文明、进步、解放的象征，仍然是各个国家追求的目标。现代性就是理性、主体性的自由，这是启蒙运动以来人们对现代性的主流看法（尽管也存在着多种多样的对现代性的不同反思）。正是在启蒙精神的引导下，现代社会走向了日益理性化、世俗化和现代化的过程，进入现代文明时代。韦伯以他的社会理论方式对这种现代性的理性化过程进行了概括，认为现代性的理性化表现在经济、政治、思想文化和生活的层面：经济上对经济活动的理性化组织方式，即现代社会或现代资本主义社会的理性化经济组织方式；政治上的理性化表现为科层制和官僚机构的现代社会组织形式和运行模式；思想文化上的理性化表现为祛魅化；生活上的理性化表现为人们的生活的世俗化。

前面已论及，笛卡尔以来的近代哲学家对现代性问题进行了哲学上的思考和辩护，甚至像卢梭、休谟、康德等哲学家对现代性还有较好的反思。但只有黑格尔才真正从哲学上阐释了现代性的问题；也就是说，只有黑格尔才把现代性问题真正地哲学化和课题化了。首先，黑格尔发现了现代性的问题，并以他的哲学方式批判和反思了现代性的哲学基础与相关问题；其次，黑格尔构建了自己对于现代性理解的基本规范，并以绝对理性和国家的普遍性伦理的方式完成了对理性现代性的哲学证明，

第一章　作为批判形态的马克思现代性理论

在形而上学层面为西方的现代性夯下了坚实的基础。总的来说，他从哲学上规定了现代性的基本特征，确定了现代性话语的基本规范，既完成了对现代性的形而上学论证，同时也提供了后来的现代性话语的理论基础和规范性原则，最终给予了马克思的现代性批判话语深厚的思想基础和理论背景。

黑格尔在现代性批判理论史上的主要贡献表现为：第一，黑格尔以理性、主体性的自由来理解现代性，把现代性的基本特征规定为"理性"和"主体性的原则"，从哲学上对现代性进行了阐释和证明，并确定了现代性话语的基本规范。在黑格尔看来，理性及其主体性的自由是现代性的核心，现代性就是理性的产物和表现，是人的主体性自由确立的标志。他为现代性进行了辩护和证明，即他以理性和主体性的原则及其进一步完善的方式为现代性进行了哲学论证。黑格尔说："现代世界是以主观性的自由为其原则的，这就是说，存在于精神整体中的一切本质的方面，都是在发展过程中达到它们的权利的。从这一观点出发，我们就不会提出这种无意义的问题：君主制与民主制相比，哪一种形式好些？我们只应该这样说，一切国家制度的形式，如其不能在自身中容忍自由主观性的原则，也不知道去适应成长着的理性，都是片面的。"[①] 他还认为，"主体的特殊性"追求自我满足的这种权利，是"主体自由的权利"，它是划分古代和近代的转折点和中心点；"主体自由的权利"是无限的，并且应成为新世界形式的"普遍而现实的原则"。因此，在黑格尔看来，自由是理性的本质和追求的目标，是人区别于其他存在的本质和标志，"人就是自由意志，作为自由意志，它是自在和自为地存在着的，至于与他对立的东西是不具有这

---

① 黑格尔：《法哲学原理》，第291页。

种性质的"①。黑格尔发现主体性乃是现代的原则,并以自由和反思来解释主体性,认为哲学把握自我意识的理念乃是现代的事业。

第二,黑格尔以绝对理性及其思维辩证法扬弃了主体性的片面化和形式化,开启了对现代性的哲学反思。黑格尔把主体性看作现代性的基本原则,在此基础之上,他对于现代世界的优越性及其危机这两点进行了阐明。换言之,在黑格尔那里,现代性塑造了一个精神的进步与异化并存的世界。因此,在黑格尔有关现代社会的最初探讨中,也同时包含着对现代性的批判。②黑格尔认为,以主体性原则来反思现代性,既体现了现代性的优越性,又表现了现代性的危机所在。这是因为,近代哲学(包括康德哲学)依据的"理性"实际上只是"知性",这只是形式上的理性,其对现代性的反思只是一种外部反思。这种知性和外部反思所自我证明的主体性原则,乃是笛卡尔的"抽象主体性"和康德的"绝对的自我意识"。在其中,主体性原则的问题暴露无遗,现代社会的主体性只是一个片面化、形式化的原则。尽管主体性原则在将人塑造为具有反思能力的自由主体层面具有重要作用,并且极大地削弱了前启蒙时代西方宗教所具有的施加在人之上的绝对的一体化力量,但无论如何,它都无法做到仅通过运用理性自身来补足由它自己所挖掘的这一一体化力量。而这一力量又是现代社会构建自身的合法性所必需的,并且这种知性只能为现代社会提供一种"应当",无法解决现代世界的危机。黑格尔说:"无批判的知性证实它自身既不忠实于对特定的已说出的理念的赤裸裸的认识,而且它对于它所包含的固定的前提也缺乏怀疑能力……知性显得不能充分而不歪曲地把握理念,甚至它应用它的范畴去把握理念即会陷

---

① 黑格尔:《法哲学原理》,第53页。
② 参见哈贝马斯:《现代性的哲学话语》,第19—20页。

于明显的矛盾，知性的特点仅在于认识到范畴或概念的抽象性，亦即片面性和无限性。因此知性便将具体的精神的统一性当作一种抽象的无精神性的同一性，在这同一性里一切是一，没有区别，在别的范畴内即使与恶也是一样的东西。"① 同时，黑格尔尖锐地批判了康德的知性和外部反思原则。在他看来，康德的批判哲学说到底不过是要求理性在永恒和神圣对象面前保持沉默，把无知当成了良知；究其原因，这不过是因为这一哲学类型在确定性上放弃了人对永恒、神圣等终极真理问题的思考权利——"这种臆想的知识甚至也自诩为哲学"。他无不讥讽地认为，像康德这种似乎特别擅长运用自身理智的人反倒习惯于将理念与现实进行区分，并以此为根据而将不过是他个人的"理智的抽象"所产生的梦想误认为某种具有真实性的东西，从而才能够得出道德律令上命令式的"应当"，并因此而沾沾自喜。在"应当"律令中，他似乎尤其倾向于将之用在政治领域中，"这个世界好像是在静候他们的睿智，以便向他们学习什么是应当的，但又是这个世界所未曾达到的"。②

黑格尔说，"哲学的目的就在于掌握理念的普遍性和真形相。自然界是注定了只有用必然性去完成理性。但精神的世界就是自由的世界。……而精神世界只有通过真理和正义的意识，通过对理念的掌握，才能取得实际存在"，"哲学所研究的对象是理念，而理念并不会软弱无力到永远只是应当如此，而不是真实如此的程度"。③ 正是基于此种理由，黑格尔才看到，如果要应对主体性所遭遇的危机，要克服知性的形式化和片面性、实现现代社会所需要的一体化的任务、对现代生活分裂所面临的危机做出自己的应答，就必须以绝对的理性来超越主体性。在黑格尔看来，

---

① 黑格尔：《小逻辑》，第7—8页。
② 参见同上书，第33、43—44页。
③ 同上书，第34、44页。

理性是现代世界的本质和核心,"除了理性外更没有什么现实的世界,理性是绝对的力量";而在康德的"理论理性里,客观的本质被当作自在存在……没有达到统一性和现实性本身",使得人很难相信理性是现实的。[①]因此,理论理性、知性必须发展为绝对理性。绝对精神是理性的化身,它把自己外化为现实的世界,现实的世界只是绝对精神发展的各个阶段,事物在其自身运动中不断丰富其完满性。在这种辩证的运动中,绝对理性能够克服主体性哲学的分裂状态,能够扬弃自然与精神、主观性与客观性、感性与知性、知性与理性、理论理性与实践理性、判断力与想象力、自我与非我、有限与无限、知识与信仰等的片面性与对立状态,实现现代世界一体化的目标。黑格尔以绝对理性或绝对精神,借助思辨辩证法,"在主体哲学范围内克服主体性",开启了现代性批判的哲学话语,实际上也是完成了现代性的形而上学基础,完成了现代性的自我哲学证明和辩护。

第三,黑格尔寻找到了市民社会的原则、它的矛盾性以及它与国家之间的分裂状态。黑格尔的现代性批判话语的另一个重大贡献是,它发现了市民社会的原则,看到了市民社会的矛盾,揭示了市民社会与国家之间的分裂状况,把市民社会纳入现代性的话语和规范体系,为他之后包括马克思在内的思想家的现代性批判理论提供了思想背景、话语方式和规范基础。根据卢卡奇的分析,在德国古典哲学家中,只有黑格尔研究过古典经济学。这个说法是可靠的。这是因为,如果黑格尔对古典经济学没有研究,那么他不可能形成有关市民社会的理论。黑格尔认为,市民社会可以被定义为一种处在家庭和国家之间且有别于二者的中介性阶段,故而它也可被理解为一种"外部的国家"或者"需要和理智的国

[①] 参见黑格尔:《哲学史讲演录》第4卷,贺麟、王太庆译,商务印书馆,1978年,第294页。

第一章　作为批判形态的马克思现代性理论

家","这是各个成员作为独立的单个人的联合,因而也就是在形式普遍性中的联合,这种联合是通过成员的需要,通过保障人身和财产的法律制度,和通过维护他们特殊利益和公共利益的外部秩序而建立起来的"。[①]黑格尔认为,市民社会是个人利益的舞台,"特殊性"和"形式的普遍性"是它的本质性原则:"具体的人作为特殊的人本身就是目的;作为各种需要的整体以及自然必然性与任性的混合体来说,他是市民社会的一个原则……每一个特殊的人都是通过他人的中介,同时也无条件地通过普遍性的形式的中介,而肯定自己并得到满足。"[②]在黑格尔看来,市民社会是个人需要和个人利益的领域,是"偶然性自由的活跃"的领域。因此,它会出现很多问题:财富的不平等和贫困,对内压制,对外殖民扩张,等等。黑格尔认为,在市民社会中,"财富的积累增长了",而"特殊劳动的细分和局限性,从而束缚于这种劳动的阶级的依赖性和匮乏,也愈益增长",这样一来,"这一阶级就没有能力感受和享受更广泛的自由,特别是市民社会的精神利益"。[③]另外,上述这种市民社会自身的辩证法也把它所具有的特殊社会形态"推出于自身之外,而向外方的其它民族去寻求消费者,从而寻求必需的生活资料……市民社会被驱使建立殖民地"[④]。尤其有意义的是,黑格尔看到了市民社会的矛盾,发现了市民社会与国家的分裂形态。这种矛盾主要表现为,"在市民社会中,每个人都以自身为目的,其他一切在他看来都是虚无";但是,每个人的需要、利益、欲望又是相互需要的,一切属于个人的特殊性需要都在相互满足的原则下才得以可能,"如果他不同别人发生关系,他就不能达到他的全

[①]　黑格尔:《法哲学原理》,第174、198页。
[②]　同上书,第197页。
[③]　同上书,第244页。
[④]　同上书,第246—247页。

065

部目的,因此,其他人便成为特殊的人达到目的的手段"①。

关于市民社会与国家之间的矛盾分裂,黑格尔把它表述为:特殊性与普遍性的对立,或者说,形式普遍性与伦理普遍性、个体独立性与普遍实体性的对立。如何克服市民社会自身的矛盾性,解决现代社会的固有问题,实现市民社会与国家这二者的辩证统一呢?黑格尔提出的现代性方案是:用国家普遍伦理超越和扬弃市民社会的特殊性或形式的普遍性。黑格尔把解决市民社会或现代社会矛盾的出路交给普遍伦理性或绝对理性的国家;即是说,作为普遍伦理性的现实性的国家,可以将市民社会的特殊性扬弃,从而克服市民社会的固有矛盾。黑格尔认为,"国家是具体自由的现实",因为只有在国家中,作为特殊性的个人才能够获得完全的发展,他自己的特殊权利也才能获得承认。可以说,国家的主体性原则使其获得如此的力量,即它使"主观性的原则完美起来,成为独立的个人特殊性的极端,而同时又使它回复到实体性的统一,于是在主观性的原则本身中保存着这个统一……现代国家的本质在于,普遍物是同特殊性的完全自由和私人福利相结合的,所以家庭和市民社会的利益必须集中于国家";即是说,家庭与市民社会在发展过程中所内含的目的本身就是朝向国家的,"国家的力量在于它的普遍的最终目的和个人的特殊利益的统一,即个人对国家尽多少义务,同时也就享有多少权利"。②可以看到,黑格尔在这里颠倒了市民社会与国家的关系。也正是在这一点上,马克思与黑格尔保持了距离,对之予以批判。但无论如何,黑格尔将"理性"视为现代性的基础概念,把"主体性"作为现代性的基本原则,发现了市民社会的意义和矛盾,把"理性""主体性原则""市民社

---

① 黑格尔:《法哲学原理》,第197页。
② 同上书,第260—261页。

会"纳入现代性批判话语的基本规范,从而为马克思的现代性批判理论提供了十分关键的理论资源、思想背景和理论上的突破口。

黑格尔把"理性""主体性原则"作为现代性的核心,并以之作为现代性话语的基本规范。相较之下,马克思的历史唯物主义则进一步解释了现代社会的存在论,即社会存在论基础,以"资本主义生产方式""物质资料的生产方式""生产力与生产关系及其矛盾运动""人们的实际生活过程"为规范体系,对现代社会进行批判。从此,"现代"具有了历史唯物主义的定向,"现代社会"不是从"理性""主体性原则""意识""精神"等来得到理解,而是从"生产方式"来得到理解,从现代社会的"历史的本质性"来得到理解,也就是从现代社会的"经济发展及其所需要的架构"来得到理解。马克思对"现代社会"的历史唯物主义定向,是形态上的"现代"概念的根本变化,也是"现代"在规范基础上的革命。这种革命是一种存在论意义上的变革,即以现象学的方法,把"现代社会"的基础从"理性""精神""自我意识""主体性"等精神层面定向到"生产方式"等社会现实和世俗基础层面。从中我们可以看出,马克思对"现代"的阐释,不是否定黑格尔等人的"理性""精神"等,不是站在非理性主义的立场上批判近代的启蒙理性,而是关系到存在论基础和路向的转变,是要揭示"理性""精神"的世俗基础,即揭示其"物质资料的生产方式""感性的活动"的基础和本质来历。从中我们也可以发现,就其为形态而言,马克思所理解的"现代社会"因此而获得了在历史唯物主义方面的定向,即以"生产方式"来理解规定和理解现代社会。对于马克思而言,"现代性"就是现代社会之所是的本质规定和基本特征,就是现代社会之为现代社会并区别于传统社会的本质规定和基本特征,就是现代社会之为现代社会的本质规定、基本特征和基本建制。归纳起来看,对马克思视域中的"现代性"或"现代社会"可以进行如下层面的界定：资本主义生产方式是现代社会的基础和根据；近代理智形而上学、资本、技术是现代社会的本质规定、基本特征和基本建制。

马克思之所以能够实现上述在概念与基础规范上对现代的彻底扭转，对现代社会进行历史唯物主义的定位与指引，从资本主义生产方式来阐释现代社会，是因为这涉及马克思历史观问题，即涉及马克思对历史的基础、生产关系（尤其是现代资本主义社会的生产关系）的理解问题。后文中将有专门的论述，这里只能涉及这个问题的要点。马克思深入到现代社会的现实中，发现了历史在经济与世俗层面上的物质基础，揭示了"唯有物质资料的生产方式才是历史的真正基础"的首要原则，揭示了现代社会的历史的本质性，破除了唯心史观及其基础上的意识形态神话，创立了历史唯物主义。这是历史观上的根本变革，并为现代性批判话语提供了历史唯物主义定向和创造性的规范基础。

马克思认为，以前的唯心主义历史观主张"历史的发源地不在尘世的粗糙的物质生产中，而是在天上的云雾中"[①]，这是对历史的真实基础的遮蔽，是历史观上的意识形态神话；唯物史观区别于唯心史观，在于它并不通过某种特定的范畴来理解每一特定时代，并不从观念出发去解释现实与实践问题，而是从现实历史本身出发，以物质实践作为基础来理解何以观念形态具有复多性特征。在这种视野中，历史是由"革命"而非"批判"所驱动的，它的最终完成并非由"源于精神的精神"之消融于自我意识中来达到。[②] 在《德意志意识形态》中，马克思更明确地揭示了历史的现实基础，尤其是现代社会的生产方式、生产力、交往形式或生产关系、工业、交换等现实基础。在马克思看来，一定的生产方式或

---

① 马克思、恩格斯：《马克思恩格斯全集》第2卷，第191页。
② 参见马克思、恩格斯：《马克思恩格斯选集》第1卷，第172页。

第一章 作为批判形态的马克思现代性理论

一定的工业阶段与特定的共同活动方式以及社会阶段本来就处于一体三面的相互勾连状态，生产力本身就是由这一共同生活方式所产生。因此之故，特定时代所能实现的生产力的总和才是其所具有的社会状况的原因。所以当谈论到"人类的历史"问题时，就必须将这种历史与工业和交换问题联系在一起。因此，历史唯物主义的本质就在于，当解释"现实的生产过程"问题时，就必须以具有直接性的物质生产作为出发点，将整个历史的基础分解为能够与某种特定生产方式相联系的、以此为基础的交往形式或者说不同历史发展层次上的特定市民社会；即是说，它包括了社会交往形式、生产力和资金。这才是哲人所思考、加以神话化并与之斗争的所谓"人的本质"或者"实体"得以可能的现实基础。进一步而言，历史能够发展为世界历史，其原因不是别的，而是工业、交换的扩大，机运日益完善的生产方式，交往，以及因交往而导致的不同民族与地域的封闭状态的逐渐消失。因此之故，历史之所以能够成为世界历史，不是因为可统称为"纯粹的抽象行动"的诸如自我意识、世界精神或者某个形而上学幽灵，而是因为彻底的实践、物质，以及由经验所驱动的行动，这一行动由每一个过着实际生活的需要吃、喝、穿的个人所证明。[①]

同样，有了这种唯物史观，马克思就能够形成对现代社会的深刻而真实的洞察力，能够在历史唯物主义基础上揭示形态学意义上的现代社会的基本性质。什么是"社会"？从形态看，"社会"有哪几种？马克思在《雇佣劳动与资本》中指出，所谓"社会生产关系"，即所有个人所凭借来进行生产的关系，其本身就处于不断的变化之中，它随着物质生产资料、生产力的发展变化而变化，"生产关系总合起来就构成所谓社会关

[①] 参见马克思、恩格斯：《马克思恩格斯选集》第1卷，第160、168—169、171—172页。

系，构成所谓社会"；在此基础上，才能够建构出一个具有独特性的分配于不同历史发展阶段之中的社会。而马克思所做的经典划分，即古典古代社会、封建社会和资产阶级社会，统统都可以被理解为这种生产关系的总和，而人类历史发展总体性中的不同特殊阶段，也是依赖于对于每一个生产关系之总和的表达的独特性。[①] 而在此基础上，必须回答的问题是，为什么现代社会就是资本主义社会？对此马克思解释道："资本也是一种社会生产关系。这是资产阶级的生产关系，是资产阶级社会的生产关系……黑人就是黑人。只有在一定的关系下，他才成为奴隶。纺纱机是纺棉花的机器。只有在一定的关系下，它才成为资本。脱离了这种关系，它也就不是资本了。"[②]

马克思把现代性即现代社会的本质规定、基本特征和基本建制确定为近代理智形而上学及其基础上的资本、现代技术，并在历史唯物主义基础上对现代社会进行了总体的批判，这是马克思的现代性批判理论的创造性所在和最具意义的地方。这不仅是批判话语中规范基础的创新，也是马克思对现代社会基本性质的判断上的创新。

作为文明史阶段和历史性的形态的现代社会，本身就是资本主义生产方式长期发展的产物，是资本、现代技术工业革命以及资本主义带来的全面经济、社会变化的产物。现代性的兴起就伴随着对现代性的批判。但是，相对于卢梭对现代性的经验和情感上的批判、黑格尔对现代性的理性或主体性的哲学反思和批判，只有马克思抓住了"资本主义生产方式""资本""现代技术"这些现代社会的基本建制，发现了现代社会之所是的那些关键本质，从生产方式和社会经济运动的层面，对现代社

[①] 参见马克思、恩格斯：《马克思恩格斯选集》第1卷，第340页。
[②] 同上书，第340—341页。

第一章　作为批判形态的马克思现代性理论

会进行了历史唯物主义的批判和政治经济学的批判。在这个意义上，大卫·莱昂、吉登斯、卡洪等人的评价是有根据的。在莱昂看来，如果与卢梭、黑格尔进行比较，"马克思或许是早期现代性——被理解为资本主义社会——最出色的社会分析家"①。对此，吉登斯则认为，在其最简单的形式中，"现代性是现代社会或工业社会的缩略语"，虽然马克思并未对"现代性"概念做出直接解释，但他一直关注、解剖、批判现代社会。资本主义可以追溯到15世纪，但作为历史转折点的机器大工业的起源不可能早于18世纪晚期，况且这种工业形式也只是在英国一地零星出现。机器大工业只是到了19世纪才有了强劲的发展。对于现代社会的这些变革，尤其是对于机器大工业所带来的生产力的巨大发展，无论是卢梭还是黑格尔显然都没有马克思认识深刻。因此，吉登斯把马克思和韦伯、涂尔干并称为三大古典现代性理论的代表。②卡洪说："马克思可以说是对现代性发难的始作俑者。他对现代欧洲的政治、社会和文化的原则作了批判，指出它们来源于现代经济的本性——资本主义。马克思是理解了——在这方面许多当代的马克思主义者却不甚了了——资本主义具有永远都既是压迫力量又是解放力量这种根深蒂固的矛盾的本性的第一人。后来，这一点变成了辩证的现代性理论的核心信条。"③

马克思固然同意在存在论上对现代社会进行哲学和意识形态的批判，颠覆现代性得以建基其上的近代理智形而上学基础，击穿现代性意识形态的真相。但是，他没有像黑格尔那样，把现代社会的核心和基本特征规定为理性，更没有像黑格尔等人那样仅仅限于对现代性进行理性和意

---

① 大卫·莱昂:《后现代性》，郭为桂译，吉林人民出版社，2004年，第41页。
② 参见吉登斯、皮尔森:《现代性: 吉登斯访谈录》，第69页；吉登斯:《批判的社会学导论》，郭忠华译，上海译文出版社，2007年，第10—11页。
③ 卡洪:《现代性的困境》，第18页。

识形态的批判。相反,马克思是深入到现代社会的历史的本质性中,揭示理性和现代性意识形态的本质和真相,这是马克思的现代性批判理论的深刻性之所在。卡西尔说得对:理性从来都不是纯粹的现在,它是持续不断、永不停息的现实化,它不是既定的东西,而是一项任务。我们永远都不能在"纯粹的存在"中、在已经完成的事物中、在延展中领会理性的本性。相反,我们必须在精神的连续不断的自我更新的工作中寻求它。这项工作并不是一项"形而上学的精神的工作",因为形而上学的精神只是平静地完成它的"内在工作"。①

在赫勒看来,可以在现代性中划分出现代性的动力与它的社会格局两个部分;不但如此,在其内部还存在着三种不同的逻辑:技术的逻辑、社会地位的功能性分配的逻辑以及政治权力的逻辑(统治与支配的制度)。② 同时,赫勒把马克思的"资本主义现代性"概念归纳为八个论点:动态且具有未来定向是现代性的本质,它的主要特征是扩张与工业化;理性化是现代性的基本原则;功能主义是现代社会的主要特征;知识积累来自科学而非宗教;日常生活不再依赖于传统习惯;某种特定的价值开始在时空中实现普遍化;创造与解释不再具有固定标准,"对"与"正确"的标准开始多元化;开始强调人类存在的偶然性与事件的不可预测性。③ 从马克思对现代社会的本质规定、基本特征的规定上看,即从马克思把现代社会的本质规定为"资本主义生产方式""资本""现代技术"的角度看,赫勒针对马克思的现代性批判理论的上述说法和归纳,有些是可以成立的,有些是没有领会到位的。

为什么现代社会的核心、本质规定、标志是资本主义生产方式,或

---

① 转引自卡洪:《现代性的困境》,第 441 页。
② 参见阿格尼丝·赫勒:《现代性理论》,第 63、95 页。
③ 参见同上书,第 51—54 页。

第一章 作为批判形态的马克思现代性理论

者说是资本和现代技术呢？这里，我们可以结合马克思自己的说法，对此进行简明的回答。在马克思看来，"资本是资产阶级社会的支配一切的经济权力"[1]。可以说，马克思在《1857—1858年经济学手稿》中对资本在现代资本主义社会中的核心地位和本质特征论述得更加清晰。在马克思看来，一方面，资本生产创造了产业劳动的机器大工业形态，即创造价值的劳动或者剩余劳动；但另一方面，它也创造出某种对待一切——自然属性和人的属性——的态度均以普遍有用性为标准的宏大体系，在此基础上，让这种生产力得以可能的科学本身也同样成为这一体系的承载者。这样一来，只有资本才创造出资产阶级社会，并创造出社会成员对自然界和社会联系本身的普遍占有，在此基础上，资产阶级的文明才得以产生；它创造了这样一个社会阶段，与这个阶段相比，一切以前的社会阶段都只表现为人类的地方性发展和对自然的崇拜。人将自然界视为自身的对象即真正的有用物这一点，只有在资产阶级社会才是真正可能的，因为只有在这里，自然才不再是自为的；如此，对于自然规律的理论认识不过是一种隐秘的狡计，因为这种对于自然界的认识的最终归宿仍然是人的需要。从此出发，资本必须克服对于自然的神化，即克服在一定自足状态中的习俗与习惯下，对于现有需要的满足以及对于传统生活方式的坚持的境况，即必须克服民族间的界限与固有偏见。资本将整个世界不断革命化，将阻碍发展生产力、扩大需要、使生产多样化、利用和交换自然力量和精神力量的限制全部予以摧毁。[2] 在现代技术为何是现代社会的基本特征和时代标志的问题上，马克思也有相关说明。在《哲学的贫困》中，马克思说："随着新生产力的获得，人们改变自己的

---

[1] 马克思、恩格斯：《马克思恩格斯全集》第30卷，第49页。
[2] 参见同上书，第389—390页。

073

生产方式，随着生产方式即谋生的方式的改变，人们也就改变自己的一切社会关系。手推磨产生的是封建主的社会，蒸汽磨产生的是工业资本家的社会。"① 在这一点上，马克思把蒸汽磨即现代技术作为现代资本主义社会的一种生产方式，并把它看作现代资本主义社会的重要标志。在《资本论》中，马克思把"怎样生产"的问题，即生产方式的问题，看作经济时代区分的标志，认为它是显示"社会生产时代的具有决定意义的特征"。毫无疑问，在现代社会即现代资本主义社会中，"怎样生产"指的就是用现代技术进行生产，说的就是现代技术。对此，马克思认为："各种经济时代的区别，不在于什么，而在于怎样生产，用什么劳动资料生产……劳动资料不仅是人类劳动力发展的测量器，而且是劳动借以进行的社会关系的指示器。在劳动资料本身中，机械性的劳动资料……远比只是充当劳动对象的容器的劳动资料……更显示一个社会生产时代的具有决定意义的特征。"②

三、马克思的现代性批判理论的实质

从上述论述中，我们可以判断马克思的现代性话语的性质。依据这种性质，我们可以更准确地理解马克思的现代性话语体系，并由此发现它与其他各种现代性理论的原则区别。

从性质上说，马克思的现代性理论是一种现代性批判理论。这里所

---

① 马克思、恩格斯：《马克思恩格斯选集》第1卷，第222页。
② 马克思：《资本论》第1卷，第210页。

第一章　作为批判形态的马克思现代性理论

说的"批判"有两层意思：一是澄清前提。所谓"澄清前提"指的是，马克思要澄清现代社会即现代资本主义社会的历史性的起源和前提，揭示现代社会的历史的本质性，阐释现代资本主义社会的历史性的本质、来历和真相，破除现代资本主义社会起源问题上的自然性、超历史性和永恒性的神话，击穿现代性意识形态的本质真相。二是划定界限。所谓"划定界限"指的是，马克思划定了现代性批判理论中的界限，即他划定了现代性批判问题上与各种无批判的实证主义之间的原则界限，种种只是在哲学上对现代资本主义社会进行自我确证和辩护的现代性意识形态本质上都是这种无批判的实证主义的表现。同时，马克思也划定了现代性批判问题上与各种伦理批判主义或浪漫主义之间的原则界限，形形色色的空想社会主义和后现代主义原则上都是这种伦理批判主义的表现。无论是无批判的实证主义，还是伦理批判主义，实际上都没有看到现代社会即现代资本主义社会的历史的本质性，没有看到现代资本主义社会的历史的本质性、来历和真相。马克思的现代性批判理论澄清了现代社会的历史前提，划定了两条界限，从而对现代社会保持了一种历史的辩证法立场，包含了对现代文明尤其是现代资本主义文明的辩证立场，在对现代资本主义文明作用的肯定的理解中，坚持了对现代资本主义文明的批判的、否定的、超越性的理解。

从马克思的现代性批判理论的根据和规范基础来看，马克思对现代社会或现代资本主义社会的批判是历史唯物主义基础上的批判。从此，现代性话语和现代性批判话语获得了历史唯物主义定向。这是现代性批判理论史上的根本变革，是马克思对现代性批判话语的重大贡献。马克思在历史唯物主义基础上对近代形而上学的批判，既颠覆了资本和现代技术等得以建基其上的形而上学基础，颠覆了"理性""自我意识"等现代性意识形态，也揭示了现代社会的世俗基础以及历史的本质来历和真相。马克思的政治经济学批判揭示了现代市民社会即现代资本主义社会生产方式的发展及其规律，揭示了现代资本的本质和秘密以及经济运动的规律和趋势。从此，"理性""精神""自我意识""主体性"等现代性话语规范基础被马克思的"生产方式""物质资料的生产方式""生产力""工业""商业""交换""资本""技术"等现代性批判话语规范基础所取代，一门关于现代社会的真正的科学即历史科学得以形成。马克思的现代性批判理论就是关于现代社会的真正的科学，即历史科学。

从马克思的现代性批判理论的路向上看，马克思在历史唯物主义基础上对现代社会的批判是一种存在论意义上的批判；严格说来，是社会存在论意义上的批判。马克思在感性的活动的基础上，找到了现代性批判的社会存在论根据，并对现代社会的资本、技术以及二者与人的存在状态的关联性展开批判，揭示了近代形而上学与资本、现代技术的共谋性，资本与现代技术的联盟性，从而揭示了现代人在生存论上和生活世界中的异化境况和根源。

从马克思的现代性批判的立脚点和目的来看，正是马克思对现代性批判的基础、界限、根据和路向的规定，表明了马克思的现代性批判是站在未来社会即"人类社会"或"共产主义社会"的立脚点上对现代资本主义社会进行批判，其目的是揭示超越现代资本主义文明的可能性、条件和路径。在马克思看来，现代资本主义社会有伟大的文明作用，同时又有其历史性的限度。由此，要呈现一种未来新的文明类型的可能性。马克思认为，这种超越和扬弃现代资本主义社会的未来社会，或未来新的文明类型的可能性，不是一个与现代社会对立的彼岸世界，不是一个与现代社会对峙的"应当世界"。相反，未来社会和现代社会之间存在着历史性的、本质性的关联：未来社会是在现代社会中历史性地生成的，它的历史性的根据存在于现代社会中。即是说，未来社会是现代社会历史发展的产物,是现代资本主义生产方式及其运动的结果。未来社会的立脚点和未来新的文明类型可能性的指向,是马克思思想的原则高度,也是马克思的现代性批判理论的原则高度。任何时候都不能降低和放弃这个原则高度,否则就无法凸显马克思的现代性批判理论的当代意义。

这个原则高度也是马克思的现代性批判理论区别于各种现代性话语的关键点所在。当现代性文明在西方产生时,它从一开始就受到内在的悖论和矛盾的缠绕,进而引发不断的批评话语和现代性的争论。自从现代性在西方兴起和发展以来,现当代思想史上出现了各种现代性反思和批判的思潮,对现代性的反思从未停止过。尤其是随着现代性在当代的全球性展开,它给人类带来的问题越来越突出。艾森斯塔特对西方现代性的困境和问题有准确的描绘:野蛮主义不是前现代的遗迹和黑暗时代的残余,而是现代性的内在品质,体现了现代性的阴暗面。原因在于,这种野蛮本身就是现代性的另一面;即是说,后者不仅展示出了各种宏大的"解放景观"(那些对于不断进行自我纠正并且因此而不断扩张的要求),而且还在其内在产生了毁灭自我与整个世界的潜在力量:暴力、侵略、战争和种族灭绝。尽管在一切时空的人类社会中,这些阴暗面都至少潜在地存在,但仅仅在现代性之中,它们才发展为一种独特的同时也是最可怕的形态——纳粹大屠杀,它的爆发点恰恰位于欧洲这一现代性的起源与曾经的核心之地。无可争辩的是,它恰恰表明了野蛮主义本身就内在于现代性之中。[①] 在现代性的矛盾和问题越来越凸显的时代背景下,我们尤其要坚守马克思的现代性批判理论的原则高度,要看到马克思的现代性批判理论与其他各种现代性话语的本质区别。赫勒在《现代性理

---

① 参见艾森斯塔特:《反思现代性》,第67页。

论》中有这样的评论：黑格尔被认为是第一个把现代性问题哲学化即从哲学上阐明现代性问题的人；在黑格尔、马克思、韦伯这三个现代性理论的奠基人当中，马克思是典型的19世纪产儿，"进步时代的宏伟幻觉在他的著作中较之在黑格尔的哲学或韦伯的著作中留下了更多的印记"；说到底，黑格尔的哲学更接近于18世纪而不是19世纪，而韦伯的著作，特别是他的后期著作，宣告了20世纪的到来；"正是由于马克思分享了19世纪的宏伟幻觉，尤其是有关技术发展和掌握自然之不可限量且极其积极的潜能的宏伟幻觉，他能够较他的前辈和后来者们更加激进地拒绝现代性的现今阶段（资本主义），将宏大叙事延伸至未来"。[1] 赫勒这里的判断和评价是不够准确的。马克思的现代性批判理论的基础、性质和未来社会路向与其他的现代性话语有本质区别，不能抽象地将其纳入现代性的宏大叙事来阐释。马克思当然有进步观和未来观，但是马克思是在历史唯物主义基础上、基于资本主义生产方式及其运动过程谈论未来，进步和未来在马克思那里是一种"历史性的生成"，而有别于空想主义的宏伟幻觉。马克思对现代性的批判不同于后现代主义的激进批判，更不是拒绝现代性的资本主义阶段，而是对现代资本主义保持一种历史性的、辩证的立场，承认现代资本主义文明的作用，认为未来社会要由现代资本主义社会提供生产力和普遍交往的基础和条件。

马克思之前的卢梭、黑格尔等人对现代性的批判，与马克思差不多同时代的克尔凯郭尔、波德莱尔等人对现代性的批判，要么基于经验和情感，要么基于理性和精神，要么基于存在主义的情绪、审美情绪和艺术风格等，本质上都是一种现代性意识形态，没有触及现代社会的历史性基础和本质，也没有真正的未来社会的立脚点和原则高度。马克思之

---

[1] 参见阿格尼丝·赫勒：《现代性理论》，第34页。

前和之后的各种空想主义对现代性进行了激烈的批判,表面上看有未来社会的维度;但是,空想主义是站在过去来批判现代社会,未来实际上只是根据对过去的留恋而被构想出来的。这种未来与现代社会的历史的本质性没有关联,不是现代社会历史性地生成的未来,因而是"幻想的未来"。马克思之后,以法兰克福学派为代表的西方马克思主义对现代性进行了全面的批判,推进了现代性批判的进程,取得了丰富的理论成果,尤其是揭示了现代性的异化问题与西方文明源头的内在关联性,即认为现代危机的根源在于西方文明和启蒙理性,从而为当代语境下深入展开对现代性的持续批判提供了丰富的理论资源。在西方马克思主义的现代性批判理论看来,启蒙理性本身就具有理性之分裂的发展趋势。究其原因在于,价值理性与技术理性在其发展过程中趋于分裂,后者逐渐取代前者,并且其本身也走向变质,开始压抑社会与人,并最终成为当代资本主义的统治工具。在这样一种社会形态中,资本、商品、科学技术不但没有为人服务,反而造成了新的奴役。这是一种压抑型社会,而其中的人则是异化了的、单向度的人,即失去了反抗和否定的维度的人。价值文化领域进一步虚无化,人们进一步怀疑现代生活的意义,导致现代人的信仰危机、价值危机和文化危机,即人们为了追求利润和消费而失去了文化艺术创造力和审美判断力。在人与自然的关系上,技术理性的膨胀及其绝对统治地位的确立,造成人与自然的关系日益紧张和对抗,加剧了现代社会的生态危机。但是,从本质上看,西方马克思主义的现代性批判理论由于缺失了"历史性的本质性"这一维度,从而陷入了伦理批判主义和文化批判主义,放弃了马克思的现代性批判的原则高度。当代各种后现代主义思潮,从形式上看,对现代性进行了激烈的批判和解构,尽力瓦解现代性的基础、本质和历史,但根本没有触及现代性的历史性本质,因而陷入一种审美情趣、艺术风格、伦理和文化批判主义的激进控诉，本质上仍然是现代性意识形态，是对西方现代性的补充和证明。哈贝马斯正确地指出："各种各样的后现代发展，要么构成了一种老调重弹，用一种新的形式批评现代性——这类对现代性的批评从现代性一诞生就已存在；要么构成了现代性不断展开的另一种证明。"①

在西方思想史上，马克思、尼采和海德格尔对现代性的批判达到了真正的未来性的高度。这也是为什么说在西方近现代思想家系列中，马克思、尼采、海德格尔是对当代人类生活影响最大的思想家。当然，在现代性批判的根据和未来社会的指向上，马克思与尼采、海德格尔是有根本差异的。比如，海德格尔对现代性的存在论批判及其未来观就仍然是持主体性原则的，本质上仍然是一种主体主义。卡洪就准确地指出了这一点。卡洪对主体主义进行了如下解释：一方面，它强调主体本身以及主体内在的展开之物，或者说在主体那里的不言自明之物，或者说和主体内在相关之物；另一方面，它压抑那些非主体之物或者与主体相对立之物。对主体主义而言，主体性和客观性的区别是把存在之物分隔开来的最为根本的工具。有些哲学家表面上看来完全拒绝接受"主体"这个概念，但是"不折不扣依旧是主体主义者，譬如海德格尔。决定主体主义的是是否接受那个根本的区别，而不是是否明确地断定主体性在探究中的优先性"。②

从马克思的现代性批判理论的特征和批判方式来看，马克思是在历史唯物主义基础上对现代资本主义社会进行总体性批判。所谓"总体性批判"，指的是马克思在历史唯物主义的基础上即在社会存在论基础上

---

① 转引自艾森斯塔特：《反思现代性》，第31—32页。
② 参见卡洪：《现代性的困境》，第42—43、46页。

展开的对现代资本主义的全面性批判。可以把这种现代性的总体性批判称为三位一体的批判,即对近代理智形而上学、资本、现代技术的批判。在马克思看来,现代社会的本质规定、本质特征和基本建制是近代理智形而上学、资本和现代技术。没有近代理智形而上学,资本、现代技术就不可能成为现代社会的本质特征和基本建制。近代理智形而上学为资本现代性提供了哲学和意识形态上的自我确证,资本和现代技术的抽象化、形式化等性质本质上也来自形而上学本身的抽象性和形式化;资本和现代技术的发展又加剧了近代形而上学的建构和展开过程,并为形而上学的抽象化、形式化提供了现实基础。在马克思看来,现代社会的本质特征和基本建制即近代理智形而上学、资本、现代技术是相互关联在一起的;在现代资本主义社会,近代理智形而上学与资本、现代技术是一种共谋关系,资本与现代技术也是相互联结在一起的。由此,马克思对现代资本主义社会的总体性批判,既要在历史唯物主义基础上,依据感性的活动基础上的社会存在论,颠覆和瓦解资本和现代技术得以建基其上的近代理智形而上学的基础,揭示现代社会的历史前提、本质来历和真相,又要深入到现代市民社会即现代资本主义社会中,通过对现代资本主义社会的政治经济学批判,揭示资本和现代技术的历史性本质和社会形式,分析确证现代资本主义生产方式的发展和运动规律,解剖和揭示现代资本主义社会经济基础的性质和秘密。

由此可见,我们不能把马克思对现代性的批判解释为非理性主义、伦理批判主义或文化批判主义、后现代主义。马克思批判了理性(知性)的抽象化、形式化,但不是基于非理性主义的立场,不是主张用非理性对抗和取代理性。相反,马克思是要通过对现代资本主义生产方式的分析,揭示理性、现代性意识形态背后的经济基础和社会历史性本质,揭示理性陷于抽象化、形式化的社会历史根源,破除理性和现代性意识的神话。同样，马克思不是拒绝启蒙现代性的"进步"等观念，而是要拒绝启蒙理性那种把"进步"仅仅作为一种观念的做法。马克思在历史唯物主义基础上，并通过政治经济学的批判，揭示和批判了现代资本主义社会的经济基础，揭示了现代资本主义生产方式以及经济发展所需要的架构，揭示了现代社会的历史的本质性，阐明了现代社会的辩证法及其未来新的文明类型生成的可能性和途径，与虚幻的"未来"和"进步"观念有本质区别。

第二章
"本质的矛盾"的发现与马克思的现代性批判的思想起点

马克思的现代性批判理论的形成和发展是一个历史的、逻辑的展开过程。确定马克思的现代性批判理论的思想起点是不可或缺的环节。按照理论的成熟程度和内容的性质，我们大体上可以把马克思现代性批判理论的形成和发展区分为三个阶段：第一阶段即早年马克思现代性批判的起点时期，这个阶段是从马克思的博士学位论文到《德法年鉴》时期；第二阶段即马克思现代性批判的全面展开时期，这个阶段是从《1844年经济学哲学手稿》到《共产党宣言》时期；第三阶段即马克思现代性批判的完成时期，这个阶段是从《1857—1858年经济学手稿》到《哥达纲领批判》时期。第一阶段是马克思的现代性批判的思想起点。

作为思想起点，马克思这一阶段的现代性批判的逻辑进展离不开这几个环节："自我意识"与马克思的"新理性批判的现代性意识"；"苦恼的疑问"的产生与马克思的"现代性意识"的动摇；对黑格尔法哲学的批判与现代性意识的初步瓦解；现代性政治批判与马克思现代性批判思想起点的确定。我们可以发现，马克思早期有一个短暂的现代性意识阶段。但是，当马克思的新理性批判的现代性意识面对现代世界的物质利益问题时，必然产生"苦恼的疑问"，促使马克思产生对这种现代性意识的怀疑和动摇，进而开启了对黑格尔法哲学的批判和对现代性政治的批判。这种批判意味着马克思原有的现代性意识的动摇和放弃、现代性意识向现代性批判话语的转向、现代性批判思想起点的确立。

一、"自我意识"与马克思"新理性批判的现代性意识"

众所周知,马克思是从康德、费希特哲学进入到黑格尔哲学的,其早年有一短暂的持启蒙立场和追求现代性时段,主要表现是他的博士学位论文以及发表在《莱茵报》上的政论性文章。梅林曾指出,马克思的成长本身就接受了启蒙精神的教育。马克思对启蒙运动和启蒙人道主义有明显的兴趣,在柏林读书期间,他与鲍威尔等青年黑格尔派接触,完全接受了启蒙的精神和原则。城塚登说:"马克思思想的出发点就在于法国的启蒙思想。"[1] 马克思当时的这种启蒙立场和对现代性的追求,固然与他的成长经历、理想志向及当时的学术氛围有关,但是,最为关键的是与当时的时代背景相关。当时德国(普鲁士)的时代精神就是资产阶级的启蒙精神,包括马克思在内的青年黑格尔派成员的思想特征,就是同资产阶级启蒙运动紧密联系在一起的理性和自由精神,他们把这种精神作为当时德国所需要的革命精神和革命哲学。自我意识哲学及其与资产阶级启蒙精神的关联性,是当时德国时代精神的主要特征和哲学的主要内容。马克思对此也有清楚的说明。在其博士学位论文的新序言中,马克思说:"只是现在,伊

---

[1] 城塚登:《青年马克思的思想:社会主义思想的创立》,尚晶晶、李成鼎等译校,求实出版社,1988年,第17页。

第二章 "本质的矛盾"的发现与马克思的现代性批判的思想起点

壁鸠鲁派、斯多亚派和怀疑派的体系为人们所理解的时代才算到来了。他们是自我意识的哲学家。这篇论文至少将表明,迄今为止这项任务解决得多么不够。"① 马克思这里说的"现在",也就是黑格尔意义上的"现时代""现代世界"。在此时代背景下,哲学的任务是要对自我意识哲学进行阐释,以体现启蒙的精神和原则。在后来的《神圣家族》中,在批判的意义上,马克思指出了当时德国这种自我意识哲学与法国启蒙思想和原则的直接关联和对应性。在马克思看来,德国的自我意识原则就是按照德国的方式即用"抽象思维的形式"所表达的法国的平等原则;法国的平等原则,是用法国的方式即用"政治和思维直观的语言"来表达的,而德国的自我意识是人"在纯思维中和自身的平等"。②

马克思当时持有启蒙原则,信奉自我意识哲学。马克思的这种哲学观主要表现在其博士学位论文和发表于《莱茵报》的政论性文章中。学界对此已有公论。现在的问题是,我们要从马克思现代性批判的视角,进一步阐释这种自我意识哲学的特征和内涵。

马克思的这种自我意识哲学,从性质上看体现了一种启蒙精神和原则,体现了他所称的现代的普罗米修斯精神,是哲学的格言和告白,是以自我意识来表达的理性和人的自由原则。像康德、黑格尔一样,马克思把理性、自由、主体性原则视为现代世界的原则,这表明当时马克思持有的是一种启蒙运动的立场,是一种现代性意识。在马克思看来,伊壁鸠鲁哲学的优势和意义就是突出了对原子偏斜的规定,这是理性、自由的表现,是重视"自我意识的绝对性和自由,尽管这个自我意识只是在个别性的形式上来理解"③。原子的偏离直线就是自由意志,因为它不

---

① 马克思、恩格斯:《马克思恩格斯全集》第 1 卷,1995 年,第 103—104 页。
② 参见马克思、恩格斯:《马克思恩格斯全集》第 2 卷,第 48 页。
③ 马克思、恩格斯:《马克思恩格斯全集》第 1 卷,第 63 页。

再束缚于必然性与命运,是原子灵魂的真实展开,是原子真正的质,是自我意识的自由和绝对性。① 从对象上看,这种自我意识哲学以理性、自由、主体性为依据,它批判了封建专制主义,批判了宗教神学的非理性,强调哲学和世界的相互作用,主张自由、民主和平等。在马克思那里,对于神的作用和对神的存在之证明的否定,则立足于自我意识、世界的理性,"对神的存在的一切证明都是对神不存在的证明,都是对一切关于神的观念的驳斥。现实的证明必须倒过来说:'因为自然安排得不好,所以神才存在。''因为非理性的世界存在,所以神才存在。''因为思想不存在,所以神才存在。'但这岂不是说:谁觉得世界是非理性的,因而谁本身也是非理性的,对他来说神就存在。换句话说,非理性就是神的存在"②。从内容和程度上看,马克思当时的这种自我意识哲学具有综合性和矛盾性的特征,我们姑且把它称为"新理性批判的现代性意识"。这是理解马克思早期现代性话语的关键点。只有理解了这种新理性批判的现代性意识,我们才能理解马克思当时的现代性意识的实质,理解马克思后来放弃现代性意识而转向现代性批判的缘由。

按照梅林的通常解释,在马克思的思想历程中,他在《莱茵报》时期后期碰到了所谓物质利益问题。它与马克思的这种来自黑格尔的理性观发生了矛盾,并因此而引发了"苦恼的疑问",促使他开始怀疑自己原本所坚持的现代性意识。进而,他返回至对黑格尔法哲学的批判工作中,这促使他放弃现代性意识而转向现代性批判,进而促成了他的世界观的根本转变。③

这种通常解释的薄弱点在于,它既违背事实,又缺乏逻辑上的自洽

---

① 参见马克思、恩格斯:《马克思恩格斯全集》第 1 卷,第 61—63 页。
② 同上书,第 101—102 页。
③ 参见梅林:《马克思传》,樊集译,人民出版社,1965 年,第 56 页。

第二章 "本质的矛盾"的发现与马克思的现代性批判的思想起点

性和解释力。黑格尔的思想体系真的"没有考虑过物质利益问题"吗？答案是否定的。对此，卢卡奇认为，早在法兰克福时期黑格尔就开始研究经济问题，他对市民社会的分析也是立足于经济学角度。卢卡奇进一步指出，不仅在德国人对于法国大革命和拿破仑时代的反思中，黑格尔的见解占领了理论的制高点，而且他也是那个时代唯一认真研究英国工业革命问题，通过哲学问题、辩证法问题来思考英国古典经济学问题的德国思想家。[①] 这一分析是正确的，因为如果黑格尔不重视经济利益和物质利益问题，那么他的《法哲学原理》也不可能出现。在近代思想史上，正是黑格尔第一次将"市民社会"和"政治国家"区分开来，而这一区分与他对市民社会的物质利益的研究直接相关。因此，黑格尔的思想体系是否缺乏对物质利益的研究并非问题的症结所在，关键在于他的"理念的自身同一"的理论体系可以平安无事地安置好物质利益，化解其矛盾，即黑格尔只是把物质利益作为绝对精神发展的一个环节，把它安置在理念的领域中，只把它当作"表面的形式的矛盾"，而不是"事物本质的矛盾"。因而，黑格尔不会产生有关物质利益的"苦恼的疑问"。

同样，以鲍威尔为代表的从黑格尔出发但随后又返回至康德、费希特的青年黑格尔派的主观唯心主义哲学家，面对物质利益问题，同样不会发生所谓"苦恼的疑问"。那么，为何唯有马克思才会在遇到有关物质利益的难事时，出现"苦恼的疑问"呢？

要回答这一问题，我们需要进一步理解马克思当时的这种现代性意识。马克思早年的思想历程是极其复杂和矛盾的。马克思当时的这种现代性理论的矛盾，实际上是现代性或理性的理想主义（康德的"应当"）

[①] 参见卢卡奇：《青年黑格尔》，王玖兴译，商务印书馆，1963年，第23页。

与现代性或理性的现实性(黑格尔的"现实性")之间的矛盾。也就是说,马克思早年的思想经历,是一个从康德、费希特哲学的理性的理想主义转向黑格尔哲学的理性的现实性的过程,由此形成了一个综合的、复杂的矛盾体系。

无疑,马克思起初对康德、费希特是十分信服的,他们的现代性思想是马克思早年的现代性意识产生的重要来源。费希特对于人的自由权利、人的价值尊严无比推崇,主张一种传承自启蒙人道主义的自由、平等、主体性的理想主义。而对于成长于浓厚的启蒙精神环境中的青年马克思来说,这种理想主义无疑具有强烈的诱惑力。拉宾认为:"当时,马克思对康德、费希特对法的看法颇为赞许。马克思是启蒙运动的崇拜者,他赞扬康德和费希特接受启蒙学派的基本的法学思想——关于人的自然法学说,关于国家是社会契约的产物的学说。"[1] 而正是在这种影响之下,自1836年转入柏林大学后,马克思开始大量地阅读法律文献,选修多门法律课程,并且把《罗马法全书》的头两卷译成德文。可以说,他在那时要达成的目标,就是将法学和哲学"这两门学科紧密地交织在一起……使某种法哲学体系贯穿整个法的领域",从而尝试沿袭费希特和康德的路径,创建出一种宏大的法哲学体系。[2]

青年马克思的这一努力注定会失败,因为康德思想的主要特征就是应当与现实的二元对立,对形式化与现实性、理性的理想主义与理性的现实主义进行对立化处理。对此,马克思开始认识到这种带有先验论特征的理想主义的固有缺陷,并决绝地开始进行自我批判的工作,试图从这种理想主义的思想体系中挣脱出来,并最终走向了黑格尔的理性的现

---

[1] 拉宾:《马克思的青年时代》,南京大学外文系俄罗斯语言文学教研室翻译组译,生活·读书·新知三联书店,1982年,第29页。
[2] 参见马克思、恩格斯:《马克思恩格斯全集》第40卷,1982年,第10—11页。

第二章 "本质的矛盾"的发现与马克思的现代性批判的思想起点

实主义。对于这种思想转变的心路历程,马克思有这样的描述:首先出现的障碍正是这种"现实的东西之间的对立",这是唯心主义所固有的,它是后来一切的拙劣的、错误的划分的基础;即是说,这一数学式的独断论的不科学性在最理性的基础上就阻碍了对于真理的认识。在这种理论中,主体围绕事物打转,可无论怎样议论,"事物本身"仍然不是一种多方面展开的生动之物。这种错误的根源在于,它将实体和形式视为两个可以各不相干地发展的东西。其结果必然是,最终能够得到的东西必然无法是实在的形式,前者如同带抽屉的书桌一类的东西,而抽屉后来又被这种思考形式装上了沙子。可以看到,马克思触及了康德和费希特思想的要害,因为康德和费希特哲学所固有的限度,就在于应当与现实、实体与形式、理性的理想主义与理性的现实主义的对立。马克思在康德、费希特的理性的理想主义中进行探索,并在此之中发现了它们固有的对立与矛盾,从而得出如下初步结论:"在生动的思想世界的具体表现方面,……我们必须从对象的发展上细心研究对象本身,决不应任意分割它们;事物本身的理性在这里应当作为一种自身矛盾的东西展开,并且在自身求得自己的统一。"①

对康德、费希特式的理想主义的质疑,让马克思开始转向黑格尔的理性的现实性原则。黑格尔把理性原则和主体性原则视为现代世界的基本原则,并坚持理性的"思存同一""应然与现实的统一",这十分切合马克思要寻找的"事物本身的理性"原则,也切合马克思所说的"在自身中求得自己的统一"的哲学要求。尤其重要的是,在现代性问题上,黑格尔始终强调理性的现实性原则,系统地批判了康德的形式主义和"应当"。在黑格尔看来,哲学的任务就是要理解现实的东西,因为现实性就

---

① 马克思、恩格斯:《马克思恩格斯全集》第40卷,第10—11页。

是合理性，合理性就是现实性。这种理性的现实性原则深刻地吸引和影响了马克思。马克思认为，在黑格尔的思想体系中，"彼此完全分离的科学和艺术在这里在一定程度上结合起来了"；并且发现，"最后的命题原来是黑格尔体系的开端……这部著作，这个在月光下抚养大的我的可爱的孩子，象欺诈的海妖一样，把我诱入敌人的怀抱"。① 正是在这种灵感之下，马克思从头到尾重读了黑格尔的著作，并且也涉猎了他大部分弟子的著作。尤其是在与施特拉劳的博士俱乐部的接触中，马克思更加明确了在自己对于现代性的思考中黑格尔哲学所占据的分量，不再把黑格尔哲学称作"离奇古怪的调子"了，而是把它看作"现代世界的哲学"，并承认自己同黑格尔的这种"现代世界的哲学"的联系越来越紧密了。这就是说，在对待现代性意识及其范式的问题上，康德式的理性的理想主义显得软弱和形式化，只是一种"应当"，马克思那时能求助的就只有黑格尔的理性的现实性原则。

当然，青年马克思的这一思想转向具有某种内在的紧张、不安和自我矛盾。马克思说："但是一切声音都安静下来，我陷入了真正的讽刺狂，而这在如此多的东西遭到否定以后，是很容易发生的。"② 正是由于马克思之前对于康德、费希特理性的理想主义的信奉，导致当他要转向黑格尔哲学时，选择了鲍威尔而非施特劳斯的青年黑格尔派。这是因为，前者的"自我意识"概念与康德、费希特的哲学更为接近，而后者的"实体"概念接近斯宾诺莎的哲学。同时，由于马克思对理性的理想主义信仰产生了动摇，因此，他又不能像鲍威尔那样彻底地返回到康德、费希特的"自我意识"，而是走向了黑格尔的思维与存在的对立统一原则。

---

① 参见马克思、恩格斯：《马克思恩格斯全集》第40卷，第15页。
② 同上书，第16页。

第二章 "本质的矛盾"的发现与马克思的现代性批判的思想起点

换言之,一方面,马克思在此时所放弃的只是康德、费希特的二元论哲学基础,但仍然信服二者有关人的自由权利和尊严、有关共和主义和启蒙主义的思想;另一方面,马克思此时信奉的只是黑格尔的思存同一原则以及从现实事物的理性出发的哲学原则及其理性主义法哲学,而对黑格尔哲学的保守主义倾向并不赞成。尤其重要的是,从马克思当时的现代性意识和话语的视角看,正像理性的理想主义的动摇并没有使马克思一般地放弃康德思想中最基本的启蒙精神和原则一样,当马克思转向黑格尔哲学之时,他所摒弃的仅仅是黑格尔思想的保守主义倾向,但并未摒弃黑格尔的理性的现实性的基本精神和原则。

归纳起来说,马克思当时的现代性意识是一种对于两种思想的融合,即对康德的理性的理想主义现代性意识和黑格尔的理性的现实主义现代性意识的融合。这不是一种简单的形式上的嫁接,而是一种视界和观念的融合。我们可以把马克思当时的现代性意识称作"新理性批判的现代性意识"。

这种新理性批判的现代性意识有如下特点:第一,它是一种批判性的理性、自由精神,它具有启蒙理想的原则,即推崇人的自由、权利、主体性,反对封建专制压迫,强调以"事物本身的理性"为出发点,以"人民的理性""国家的理性"这种启蒙理性为尺度,以批判普鲁士政府的君主专制和不合理的出版检查制度为手段;第二,这是一种经启蒙精神与现实原则的融合、批判理性与现实理性的结合而形成的"新理性",是一种用黑格尔的理性原则来补充康德、费希特的理性的理想主义的理性原则;第三,究其本质来说,它仍然是现代性意识,是一种理性、自由、主体性的启蒙原则和精神,是一种以自我意识表达出来的现代世界的原则。以上论述表明马克思确实有过短暂的现代性意识的阶段,也表明马克思之后必然要放弃这种现代性意识而转向现代性意识批判。

马克思的这种新理性批判的现代性意识充分体现在《莱茵报》时期的政论性文章中。在那里，马克思把所谓"新理性批判的现代性意识"表述为"事物的本质的理性""人民理性""人民精神""国家精神""真理"等。这体现了现代性和启蒙的精神和原则。在马克思看来，人的本性是自由，是合乎理性的本质；因为精神的基本特征就是理性，就是主体性的自由，故而自由、理性、精神和出版自由是一致的。即是说，作为合乎理性的本质，自由是全部精神存在的类本质，而精神的自由就是要自由追求客观真理，即追求合乎对象本身的性质的真理。"精神的实质始终就是真理本身……精神的谦逊总的说来就是理性，就是按照事物的本质特征去对待各种事物"；而出版物为体现真理的一种方式，应该由事物本身的性质来决定其探讨真理的方式，"不仅探讨的结果应当是合乎真理的，而且得出结果的途径也应当是合乎真理的。对真理的探讨本身应当是真实的，真实的探讨就是扩展了的真理，这种真理的各个分散环节在结果中是相互结合的"。[①]问题在于，书报检查制度所要求的不是真理，而是谦逊和严肃。马克思对此批评说，实际上这就是在个别人身上硬加上人类精神的完美，其真正表现出的反倒是不谦逊，并且将整个事情彻底搞颠倒了。

真理是普遍的，是由事物本身的性质决定的。那么精神的最主要表现形式就是"欢乐""光明"，它不能像书报检查令所规定的那样只有一种形式。马克思认为，精神自由必须从客观精神和理性出发，而不是从主体或个人出发，出版物体现了整个人类的利益，而不是任何个别人的利益。马克思把"理性"具体化为"人民理性"或"人民精神"。马克思的这一现代性观念是极为重要的。从现代性意识及其范畴看，这是马克思

[①] 参见马克思、恩格斯：《马克思恩格斯全集》第1卷，第111—113页。

第二章 "本质的矛盾"的发现与马克思的现代性批判的思想起点

的思想经历的必然,是新理性批判的现代性意识逻辑上的必然结果。有过对康德的自我意识的记忆,马克思不可能仅按照黑格尔的方式,即用"绝对"或"上帝"来解决"思有同一"的问题;同样,有过对黑格尔思存同一原则的经历,马克思不可能像鲍威尔那样完全退回到康德、费希特的主观唯心主义。马克思这种新理性批判的现代性原则,必然要求他保持对理性的批判向度,同时又不能忽视理性的现实性原则。这些正是马克思新理性批判的现代性意识的体现,也是其意义所在。它比其博士学位论文时期的抽象的"相互作用"的表述更具体化了。尽管这里马克思仍然保持了"哲学已成为世界的哲学,而世界也成为哲学的世界"这类表述,但是马克思强调哲学是"人民的精神""时代精神的精华""文明的活的灵魂";"哲学不仅从内部即就其内容来说,而且从外部即就其表现来说,都要和自己时代的现实世界接触并相互作用"。[①] 同时,我们从中也可以看到稍后马克思产生"苦恼的疑问"的必然性,后者促使马克思对自我意识(现代性意识)产生怀疑和动摇。在一定意义上,对于马克思的现代性意识的进展和瓦解而言,"人民理性"或"人民精神"的观念具有理论和逻辑上的承前启后作用。

立足于"人民理性""人民精神",马克思保卫了人的权利和自由,以及出版物的合法性。在马克思看来,出版物在任何情况下都是人类自由的实现,出版法是"真正的法律";凡是否定自由存在的法律都是专制的法律,出版检查法不是法律,而是非法的;自由的出版物是人类理性或人类精神的体现,是国家精神的代表,是"人类全部精神存在的类本质"。

诚然,马克思仍从理性、精神自由来谈人的自由和权利、人民理性

---

① 参见马克思、恩格斯:《马克思恩格斯全集》第1卷,第121页。

和人民精神，尤其是把理性化为国家的理性，这表明马克思当时仍然处在典型的现代性意识中，仍然持一种典型的理性、自由的启蒙原则。马克思的这种新理性批判的现代性意识，一旦回到现实人间，一旦接触到现实世界的物质利益问题，就必然暴露其固有的内在矛盾，使其出现"苦恼的疑问"。

二、"苦恼的疑问"的产生与马克思的 "现代性意识"的动摇

新理性批判的现代性意识是康德的批判理性和黑格尔的现实理性的融合体，是一个矛盾体：保持康德的理性批判精神，放弃其二元论；保留黑格尔的理性的现实性原则，放弃其保守主义。因此，马克思不可能像鲍威尔等青年黑格尔派那样仅仅立足于自我意识内部，不去触碰诸如物质利益等现实问题。相反，马克思的"理性"概念（尤其是"人民理性"概念），就其本质而言是有其世俗的基础的。物质利益问题会直接触碰到马克思的这种新理性批判的现代性意识。面对现代世界的物质利益，马克思必然会感到为难和苦恼。"苦恼的疑问"乃是马克思对自身的现代性意识的疑问，是那种现代性意识的矛盾性的表现。

在《关于林木盗窃法的辩论》和《摩泽尔记者的辩护》中，马克思的那种现代性意识的矛盾表现得尤其突出——以理性的法和私人利益的对立表现出来。就理性而言，马克思仍然持有一种黑格尔式的立场，即将"事物的法的本质"视为理性，法代表着理性、正义，而私人利益则代表着不法、非正义。马克思仍然站在黑格尔理性的法与国家理性的立

第二章 "本质的矛盾"的发现与马克思的现代性批判的思想起点

场之上,批判私人利益的不法性。就这一批判的思路和解决对立的方法来说,马克思则倾向于康德;即是说,马克思是以康德式的"应当"来解决国家理性与私人利益间的对立的。

在《关于林木盗窃法的辩论》中,马克思以理性法为依据,对社会问题进行了深入的探讨,严厉批判了普鲁士贵族阶级的不法行为,为受压迫的穷人的习惯权利进行了辩护。他认为,理性才是"事物的法的本质",而法律则是"事物的法的本质的普遍和真正的表达者",不能要求事物的法的本质反过来去迁就法律;相反,法律倒是应该去适应"事物的法的本质"。森林占有者们的习惯权利,不过是一种违背理性法的"特权者的习惯"、一种"和法相抵触的习惯";相反,穷人们的习惯权利有客观基础,真正符合事物的本性和理性,对于任何形式的立法来说,这是一种不可侵犯的权利。

问题是,林木占有者享有的法律权利说明了什么?或者说,省议会关于林木盗窃法的辩论又说明了什么?在马克思看来,它只能说明占有者拥有林木,即莱茵省议会所保护的仅仅是特权阶层的私人利益和权利。马克思站在新理性批判的现代性意识立场上,将理性法、国家法与私人利益区分开,并从维护理性法和国家法的原则出发,揭露了私人利益的非法性。他认为,现实中的国家法和理性法相反,仅在私人利益的狭隘范围设定的狭窄轨道上运动,即私人利益以自己狡诈的手段,把自身最有限和空虚的状态僭越式地宣布为国家活动所具有的范围和准则。省议会"不仅打断了法的手脚,而且还刺穿了它的心"[①],它不仅把立法权变成了保护私人利益的工具,而且把国家和法降到私人利益的水平。其结果

---

① 马克思、恩格斯:《马克思恩格斯全集》第1卷,第178页。

095

是，国家的伦理受到了最大的戏弄，丧失了自己应有的理性光辉。用与理性和法相抵触的手段来对付森林条例的违反者，明显地暴露了国家正日益沦为私人利益的工具的事实。

把法和国家视为私人利益的工具真的符合事物本身的理性吗？马克思对此的回答是否定的。他认为，伦理的国家与理性的法成为私人利益的可靠保障，这是与法本身背道而驰的，"因为利益就其本性说是盲目的、无节制的、片面的，一句话，它具有无视法律的天生本能；难道无视法律的东西能够立法吗？正如哑巴并不因为人们给了他一个极长的话筒就会说话一样，私人利益也并不因为人们把它抬上了立法者的宝座就能立法"①。因此，马克思认为，真正的法与私人利益处于完全对立的状态，而事物的法的本质就是理性本身。在此基础上，法律只有在它是这一本质的普遍和真正的表达者时，才是合理性；不应该让事物的法的本质去迁就法律，应该让法律去适应事物的本质。私人利益并不具有不法的功能，可它总是一再诱使法律离开事物的法的本质或理性，在法律的假象之后以法的反面即真正的不法面貌出现。法与私人利益之间的对立表现为：法是"事物的本身""事物的法的本质之理性"以及"独立的对象"；对于私人利益而言，"它们不是根据事物本身的情况来对待事物，它们不把法当作独立的对象，而是离开法，把我们的注意力或者引到外部世界去，或者引到自己的头脑中去，从而在法的背后大耍花招"②。因此，为纯粹私人利益的目的而得以颁布的法律绝不可能是法的普遍的和真正的代表；毋宁说，这种法律本身就是不法的。从这一角度出发，省

---

① 马克思、恩格斯：《马克思恩格斯全集》第1卷，第288—289页。
② 同上书，第271页。

第二章 "本质的矛盾"的发现与马克思的现代性批判的思想起点

议会将维护私人利益视为制作和颁布法律的基本任务与目的的做法本身，就是在践踏法，是法的对立面。也就是说，理性的法和私人利益是"永世的仇敌"：理性的法是事物的客观、普遍和真正的本质，是"共同的精神""人民的理性"以及"肆无忌惮的私人利益的障碍物"；而私人利益违背理性，它只会"斤斤计较、贪图私利"，只"讲求实际"，只具有"空虚的灵魂"——"利益是没有记忆的，因为它只考虑自己。它所念念不忘的只是一件东西，即它最关心的东西——自己"。[①]正是在这层意义上，马克思认为，私人利益的代表"把特定的物质和特定的奴隶般地屈从于物质的意识的不道德、不理智和无感情的抽象物抬上王位，用以代替这些差别"[②]。马克思将这种私人利益谴责为一种"下流的唯物主义"，认为它是"违反各族人民和人类神圣精神的罪恶"，而这种罪恶"是《普鲁士国家报》正向立法者鼓吹的那一套理论的直接后果，这一理论认为，在讨论林木法的时候应该考虑的只是树木和森林，而且不应该从政治上，也就是说，不应该同整个国家理性和国家伦理联系起来来解决每一个涉及物质的课题"。[③]

按照"法之为理性而利益之为不法""私人利益无权颁布法律""理性法和国家法不应该降到私人利益的水平"的思路，物质利益或私人利益问题暂时达成了理论上的和解，马克思似乎不会产生"苦恼的疑问"了。事实并非如此，因为物质利益或私人利益的力量如此之强大，以至于它直接冲击了马克思的新理性批判的现代性观念，并且不断瓦解这种形式上的和解。按照马克思的那种"人民理性""国家理性""应当"高于"私人利益"的思路，似乎可以得出如下推论：既然私人利益是不合理性以

[①] 参见马克思、恩格斯：《马克思恩格斯全集》第1卷，第270页。
[②] 同上书，第289页。
[③] 参见同上书，第289—290页。

及不法的,那么它本来就不应该也无权颁布法。但实际的情况却往往是,"利益知道……用良好的动机,也就是通过追溯到不法的思想世界的内心深处去的方法来粉饰不法","法的利益只有当它是利益的法时才能说话,一旦它同这位圣人发生抵触,它就得闭上嘴巴","应该为了保护林木的利益而牺牲法的原则呢,还是应该为了法的原则而牺牲保护林木的利益——结果利益所得票数超过了法的票数"。①

在这里,马克思已经初步揭示出了物质利益问题的要害。这意味着,他的现代性意识已经遭遇到了它本身所无法消解的现代世界的世俗问题,即物质利益问题。换言之,既然法与利益相抵触时必须闭上嘴巴,利益总是超过法,那么,究竟是什么原因导致了这种情况的发生呢?为什么不法的利益总是可以颁布法律呢?这一系列问题直接动摇了马克思那种新理性批判的现代性意识,以及与之相对应的"自我意识""理性""自由""主体性"等现代性观念。正是在这种情况下,马克思才开始转向现代性意识批判,开始研究政治经济学。诚然,马克思实质性地从现代性意识转向现代性的批判,还需要假以时日。当时,马克思还是从理性批判和道德谴责的意义上来谈论理性与物质利益的关系,并且用"人民理性""国家理性"来批评和谴责"私人利益"。从总体上看,那时的马克思仅仅是对新理性批判的现代性意识产生了初步的动摇和怀疑,并未完全放弃现代性观念和对现代性的追求,并未批判现代性之核心观念即"理性""自由"。因此,在同时期《莱茵报》的其他文章中,我们可以看出,马克思仍然以康德式的"应当"来解决"理性"("人民理性""国家理性")与"物质利益"之间的矛盾问题。马克思认为,尽管实际上莱茵省议会确实完成了自己的使命,袒护了特定的私人利益,但并不因此就可

---

① 马克思、恩格斯:《马克思恩格斯全集》第 1 卷,第 271、287—288 页。

第二章 "本质的矛盾"的发现与马克思的现代性批判的思想起点

以说他们的做法是正确的、合乎理性的。原因在于，任何现代国家（不管它是怎样地不符合自身的概念），一旦有人为了私人利益而动用立法权力，那么它都必然是非法的。因此，立法者们无论如何都不应该站在私人利益的立场上，而是应该站在国家理性，即理性和法的立场上。"莱茵省人应该在省等级会议中战胜等级，人应该战胜林木所有者"；而且，无论私人利益和全省的利益发生怎样的矛盾，私人利益的代表"应该毫不犹豫地为了代表全省而牺牲代表特殊利益的任务"。①

马克思求助于"人民理性"和"国家理性"，呼吁着"应当"，说明马克思的新理性批判的现代性意识软弱无力，也意味着物质利益或私人利益问题必然动摇马克思的现代性意识。如果说在《关于林木盗窃法的辩论》一文中，马克思的新理性批判的现代性意识仍然能够使他对林木盗窃法的不法行为进行某种理性和道德层面的谴责和呼吁，从而体现了马克思的启蒙精神和理性批判精神的话，那么，当这种现代性意识遭遇到《摩泽尔记者的辩护》中所谈及的有关地产分割的问题时，其自身的软弱无力就必然暴露出来。对此，马克思只能做出无可奈何的解答。马克思说，行政当局"限制地产析分是同他们的传统的法的意识相矛盾的……那些毫无裨益的、凭空杜撰的建议，一接触现实——不仅是现实的状况，而且是现实的市民意识——就根本行不通了"②。马克思仍然半信半疑地相信，只有作为理智的力量的自由报刊，"才能使一种特殊利益成为普遍利益，唯有它才能使摩泽尔河沿岸地区的贫困状况成为祖国普遍关注和普遍同情的对象，唯有它才能使大家都感觉到这种贫困，从而减轻这种贫困"③。

---

① 参见马克思、恩格斯：《马克思恩格斯全集》第 1 卷，第 289 页。
② 同上书，第 376 页。
③ 同上书，第 378 页。

如此看来，马克思的新理性批判的现代性意识根本上解决不了物质利益问题。这个问题成了一个硬核和一道屏障，是马克思那时的现代性观念破解不了的，这就必然使得马克思感到为难，并由此产生"苦恼的疑问"。

综合起来说，对马克思在现代性意识范围内遭遇到的物质利益问题、发生的"苦恼的疑问"，我们大致可以进行这样的阐释。

第一，受到启蒙精神和原则的影响，马克思以"自我意识""理性""自由""主体性"为原则，形成了一种现代性意识。这种意识是在康德的理性的理想主义和黑格尔的理性的现实主义的基础上融合的产物，是一种新理性批判的现代性意识。因此，马克思既不可能像鲍威尔等青年黑格尔学派哲学家那样完全置物质利益于不顾，又不可能像黑格尔那样在观念形态中化解物质利益问题，因而产生"苦恼的疑问"。

第二，物质利益问题直接介入马克思的这种现代性意识，充分暴露了新理性批判的现代性意识的矛盾和软弱无力，暴露了现代性意识的抽象性和形式化特征。那时，马克思对政治经济学还没有研究，对现代性的全面批判工作还没有开启，不可能解答现代性意识与物质利益的关系问题，因而产生"苦恼的疑问"。

第三，"苦恼的疑问"，从本质上讲，是马克思对自己的新理性批判的现代性意识的疑问，是对整个现代性意识形态和启蒙原则的疑问，即物质利益问题向马克思的现代性意识提出的疑问。因此，这意味着要解答这个疑问，必须实行对自己的现代性意识和以黑格尔为代表的整个西方现代性观念的批判，因为黑格尔的现代性话语和基本规范体系是西方现代性在哲学上的完成。

第四，"苦恼的疑问"具有短暂性、不稳定性和过渡性。马克思当时无法解决它，那是因为他仍然处在现代性的意识形态中，处在自我意识

第二章 "本质的矛盾"的发现与马克思的现代性批判的思想起点

和启蒙现代性的范围内,处在新理性批判主义阶段。"苦恼的疑问"一旦逼近"为什么利益总是超过法"的疑问,就促使马克思对新理性批判的现代性意识产生怀疑和动摇,促使马克思批判现代性意识。这是马克思的《黑格尔法哲学批判》开启的现代性批判的任务。

三、"本质的矛盾"的发现与马克思的现代性批判的开启

有了"苦恼的疑问",马克思于1843年3月退出《莱茵报》,开始了对黑格尔法哲学的批判。同时,他初步研究了政治经济学和历史理论。《黑格尔法哲学批判》在马克思的现代性批判理论的形成中有重要意义,它标志着马克思的现代性批判话语的开启。

1. 马克思对"理性国家""自由"的现代性意识的初步批判。经由对黑格尔法哲学的批判,马克思发现了现代社会的抽象化和形式化特征,现代国家不是"理性国家"。马克思说:"国家的内容都在这些国家制度之外。因此,黑格尔说得对:政治国家就是国家制度。这就是说,物质国家不是政治国家。"[1]

现代国家的抽象化既是现代市民社会私人利益形式化和抽象化的结果和体现,又是形而上学的表现形式,"形而上学的国家权力对形而上学的、普遍的国家幻想来说是最适当的安身之处"[2]。即是说,所谓的"理性

---

[1] 马克思、恩格斯:《马克思恩格斯全集》第3卷,第42页。
[2] 同上书,第83页。

101

国家"或者"国家的普遍理性"表达的只是一种形式，而不是真正的现实的普遍性，"普遍事务的被意识到的真正的现实性只是形式，或者说，只有形式的东西才是现实的普遍事务"①。换言之，现代国家无法代表所有人的普遍利益，因为它本质上只具有形式上的普遍性，而不具有普遍的实体性。马克思说："在现代国家中，'普遍事务'和从事普遍事务，成了一种独占，反过来，独占成为现实的普遍事务。这种现代国家有一个特殊的发明：把'普遍事务'当作一个纯粹的形式而占为己有。（真实情况是：只有形式是普遍事务。）于是，现代国家就为自己那种仅仅从外观上看是现实的普遍事务的内容找到了相应的形式。"② 因此，"黑格尔应该受到责难的地方，不在于他按现代国家本质现存的样子描述了它，而在于他用现存的东西冒充国家本质"③。

马克思认为，要消除现代国家的形式普遍性和抽象性，就必须有一场类似于法国大革命那样的"真正的革命"，建立一种新的国家制度，即真正的民主制，而不是建立君主立宪制。这是因为，立宪制国家恰恰体现了现代国家的形式化和抽象化特征。在立宪制国家，"国家利益作为人民的现实利益，只是形式上存在，但作为一定的形式，它又同现实的国家并存。这里，国家利益作为人民利益在形式上重新获得现实性，但它也只应该有这种形式上的现实性。这种国家利益成了一种形式性，成了人民生活的调味品，成了一种仪式。等级要素是立宪国家批准的法定的谎言：国家是人民的利益，或者说，人民是国家的利益。这种谎言在内容上会不攻自破"④。在马克思看来，"民主制是君主制的真理，君主制却不是民主制的

---

① 马克思、恩格斯：《马克思恩格斯全集》第3卷，第80页。
② 同上书，第82页。
③ 同上书，第80页。
④ 同上书，第82页。

第二章 "本质的矛盾"的发现与马克思的现代性批判的思想起点

真理","真正的民主制中政治国家就消失了"。① 民主制是从人出发,把国家变得客体化的人,不是国家制度创造人民,而是人民创造国家制度。在民主制中,不是人为法律而存在,而是法律为人而存在;在这里,法律是人的存在,而在其他国家形式中,人是法定的存在。②

马克思认为,现代国家不是自由意志的定在和实现,不是理性的定在,国家理性不能促使特殊利益上升到普遍利益。在现代国家,支配一切的不是法律,不是自由的定在,而是一种盲目的自然必然性,"黑格尔处处都想把国家说成自由精神的实现,而事实上他是要通过同自由相对立的自然必然性来解决一切棘手的冲突。同样,特殊利益到普遍东西的过渡也不是有意识地通过国家法律来实现的,而是以偶然事件为中介,违反意志而实现的。但是,黑格尔却想在国家中处处找到自由意志的实现!"③ 马克思同意黑格尔关于现代社会的自由是主观自由和形式自由的说法,但是,他批评了黑格尔的论证方式。马克思认为,"黑格尔之所以把主观的自由看成形式的自由(当然,重要的是使自由的东西也被自由地实现,使自由不像社会的无意识的自然本能那样来支配一切),正是因为他没有把客观自由看作主观自由的实现,看作主观自由的实际表现。因为黑格尔使自由的假设内容有了一种神秘的载体,所以,自由的现实主体在他那里获得形式的意义。使自在和自为互相分离、使实体和主体互相分离,这是抽象的神秘主义"④。

马克思认为,现代性的主体性原则实际上只是原子个人主义原则,人与人的平等也是一种形式化的平等。现代社会是原子个人主义社

---

① 马克思、恩格斯:《马克思恩格斯全集》第 3 卷,第 39、41 页。
② 参见同上书,第 39—41 页。
③ 同上书,第 72 页。
④ 同上书,第 79 页。

会，不是一个自由、平等的理性社会。"现实的人就是现代国家制度的私人。"① 现代市民社会是"实现了的个人主义原则"，在那里，"个人的存在是最终目的；活动、劳动、内容等等都只是手段"。② 在现代社会，人的政治等级变成了社会等级，以致正如基督徒在天国是平等的，而在尘世则不平等一样，"人民的单个成员在他们的政治世界的天国是平等的，而在社会的尘世存在中却不平等"③。因此，在马克思看来，现代社会不是一个理性、自由、平等的天国，而是存在着异化现象。"我们的时代即文明时代，却犯了一个相反的错误。它使人的对象性本质作为某种仅仅是外在的、物质的东西同人分离，它不认为人的内容是人的真正现实。"④

2. "市民社会决定国家"而不是"国家决定市民社会"。"市民社会"概念和"市民社会与政治国家的分离"的思想是黑格尔的重要贡献，也是黑格尔提供给马克思的重要成果。马克思由此确定了现代性批判的基本方向，获得了现代性批判的话语规范基础。

黑格尔看到了市民社会和政治国家的分离，并把这种"现代状况"阐释为"观念的必然环节、理性的绝对真理"⑤。马克思认为，黑格尔深刻的地方就是看到了市民社会与国家的分离，发现了二者之间的矛盾，"正确地描写了现代的经验状况"⑥。但是，马克思不同意黑格尔对这种分离状态的原因的解释，也不赞成黑格尔对市民社会与国家之间关系的颠倒。

马克思认为，市民社会与国家的分离，不是"观念""理性""逻辑""绝对精神"的产物和环节，而是现代社会的结果，是法国大革命之

---

① 参见马克思、恩格斯：《马克思恩格斯全集》第 3 卷，第 102 页。
② 同上书，第 101 页。
③ 同上书，第 100 页。
④ 同上书，第 102 页。
⑤ 同上书，第 92 页。
⑥ 同上书，第 65 页。

第二章 "本质的矛盾"的发现与马克思的现代性批判的思想起点

后的现代社会状况。马克思说:"私人生活的抽象也只是现代才有。政治国家的抽象是现代的产物。……抽象的反思的对立性只是现代世界才有。中世纪是现实的二元论,现代是抽象的二元论。"① 这就是说,政治制度本身只有在各私人领域达到独立存在的地方才能发展起来,在商业和地产还不自由、还没有达到独立的地方,也就不会有政治制度,"中世纪是不自由的民主制"②。马克思说:"只有法国大革命才完成了从政治等级到社会等级的转变过程,或者说,使市民社会的等级差别完全变成了社会差别,即在政治生活中没有意义的私人生活的差别。这样就完成了政治生活同市民社会的分离。"③ 在马克思看来,法国大革命是现代社会的基本标志,因为它实现和完成了政治社会和国家之间的分离。现代社会的基本含义和标志就是,私人生活的差别在政治生活中失去意义,完成市民社会和国家的分离、市民社会成员和国家公民的分离。对此,马克思说:"市民社会和政治国家的分离必然表现为政治市民即国家公民脱离市民社会,脱离自己固有的、真正的、经验的现实性,因为国家公民作为国家的理想主义者,是完全另外一种存在物,一种与他的现实性不同的、有差别的、相对立的存在物。市民社会在这里,在自己内部建立起国家和市民社会之间的关系,这种关系在另一方面已经作为官僚政治存在着。"④

在马克思看来,从市民社会和国家的分离中,我们可以看出现代政治的实质,发现现代国家和现代人所处的二元社会。马克思认为,市民社会有两个原则:市民社会是"原子式的分解为单个人";市民社会是

---

① 马克思、恩格斯:《马克思恩格斯全集》第 3 卷,第 42—43 页。
② 同上书,第 42 页。
③ 同上书,第 100 页。
④ 同上书,第 97 页。

"抽象政治存在的实现"。① 这就是说，现代政治是矛盾的和二元化的。现实的人是市民社会的成员，是"现代国家制度的私人"，从而被排除在政治（公民）之外；而"政治国家是从市民社会中得出的抽象"，政治生活中的公民是脱离经验现实性的抽象的人格。马克思说："国家观念在现代只能表现为'纯政治国家'的抽象或市民社会脱离自身、脱离自己的现实状况的抽象，所以必须承认法国人的功劳，这些法国人确立并且创作了这种抽象的现实，从而创作了政治原则本身。"② 现代政治的本质是市民社会的"抽象政治存在的实现"。因此，在这种抽象对立的范围内，任何不触及市民社会基础的政治或国家政治都不可能克服现代社会的分离。

在市民社会和政治国家的关系问题上，黑格尔认为，政治国家决定市民社会。在黑格尔看，如果说家庭是"直接的或自然的伦理精神和狭隘的普遍性的领域"，那么市民社会便是"伦理普遍性的丧失领域"，即"特殊性的领域"；只有国家是普遍性的统一，它是客观精神发展的顶点和最高体现，是伦理性的实体，是"绝对自在自为的理性东西"。因此，就三者之间的关系而言，国家才是那个对于现代社会生活的各个领域而言的决定性力量，而家庭和市民社会这二者则缺乏伦理的实体性和独立性。当家庭和市民社会与国家发生利益冲突之时，前二者的利益必须服从后者的利益，因为前二者在本质上从属于并且依赖于后者，其存在是以后者作为伦理前提的。国家才是真正的伦理性实体，是地上的精神，是家庭和市民社会这些私人领域发展的内在目的和内在动力，具有普遍理性。现实的理念，即精神，则把自身分置到家庭和市民社会；这一做法的目的则在于对这两个领域的超越，使其成为完全自为的无限的现实

---

① 参见马克思、恩格斯：《马克思恩格斯全集》第3卷，第139—140页。
② 同上书，第141页。

第二章 "本质的矛盾"的发现与马克思的现代性批判的思想起点

精神。我们可以看出，黑格尔完全颠倒了市民社会和国家的关系：不是市民社会决定国家，而是国家决定市民社会。即是说，"作为差别的阶段"的市民社会必须以国家为前提，它为了自身持续稳定地、巩固地存在，就必须"有一个国家作为独立的东西在它面前"。①

马克思对黑格尔这种头足倒置的做法进行了批判，将之称为"逻辑的、泛神论的神秘主义"，并对其内在的观念论和神秘性进行了揭示。在马克思看来，黑格尔的这种逻辑的、泛神论的神秘主义的秘密就在于："现实的观念""精神"被分成了属己的两个理想性的领域即家庭和市民社会，即分为自己的有限性；其目的则在于从这两个领域的理想性中形成"自为的无限性的现实的精神"即"现实的观念"，从而将"现实性的材料"即作为群体的各个人分配到这两个领域；而对于每一单个人来说，这种分配是以"情况、任意和本身使命的亲自选择为中介的"。② 在黑格尔那里，国家与家庭和市民社会发生关系的方式，决定于"情况、任意和本身使命的亲自选择"。如此一来，国家理性本身同现实性的材料的分配与家庭和市民社会的这一事情并不相关。换言之，虽然国家产生于家庭和市民社会之中的"无意识的任意"，但后二者是黑暗的自然基础，而在这一基础上却燃起了"国家之光"。马克思说，"逻辑的、泛神论的神秘主义在这里已经很清楚地显露出来"了：黑格尔所理解的"现实的关系"，"用思辨的思维来说就是现象"，"这种情况，这种任意，这种使命的选择，即这种现实的中介，仅仅是由现实的观念自己引起并在幕后进行的那种中介的现象"。这样一来，"现实性没有被说成是这种现实性本身的精神，而是把异己的精神作为精神；另一方面，现实的观念没有把

---

① 参见黑格尔：《法哲学原理》，第 197、253、263 页。
② 参见马克思、恩格斯：《马克思恩格斯全集》第 3 卷，第 9 页。

自身中发展起来的现实,而是把普通经验作为定在"。马克思认为,黑格尔将观念变成了主体,家庭和市民社会则被理解为在国家的现实的关系中所产生的"观念的内在想象活动";黑格尔的思辨的思维将家庭和市民社会与国家的关系彻底颠倒了——前二者才是真正活动着的,是国家的前提。①

在马克思看来,是市民社会决定国家,而不是国家决定市民社会,"家庭和市民社会是国家的现实的构成部分,是意志的现实的精神存在,它们是国家的存在方式。家庭和市民社会使自身成为国家。它们是动力。可是,在黑格尔看来又相反,它们是由现实的观念产生的。把它们结合成国家的不是它们自己的生存过程,而是观念的生存过程,是观念使它们从它自身中分离出来"②。黑格尔颠倒了市民社会和政治国家的关系,"制约者被设定为受制约者,规定者被设定为被规定者,生产者被规定为其产品的产品",国家的这种构成被说成是观念活动,即观念用它自己的材料所进行的分配。③可真实的情况却是:国家才是那个从作为家庭的成员而存在的群体中产生出来的东西;思辨的思维把这一事实说成是观念活动,却并没有把它视为群体的观念,而仅仅将之理解为一种同事实本身相区别的"主观的观念活动";即是说,作为出发点的事实并没有被理解为事实本身,反倒被理解成了神秘的结果,"现实性成了现象,但观念除了是这种现象以外,没有任何其他的内容";其中,观念除了"形成自为的无限的现实的精神"这一逻辑的目的性之外,也没有任何其他的目的;可以说,这一系列的思辨操作成了黑格尔整个哲学的神秘主义的集

---

① 参见马克思、恩格斯:《马克思恩格斯全集》第3卷,第10页。
② 同上书,第11页。
③ 参见同上书,第12页。

第二章 "本质的矛盾"的发现与马克思的现代性批判的思想起点

大成之作。① 总而言之,黑格尔不过是在以"理想中的必然性""观念自身内部"来论证国家的起源与实质。这样一来,他在任何地方都只能将观念视为主体,而本来意义上的"现实的主体"(例如政治信念)反倒变成了谓语。可悖谬的地方在于,事实上发展却总是在谓语方面才得以完成的。② 换言之,黑格尔只是从这些前提的基本观念出发来分析这些前提,因而他根本无法对这些前提加以证明。这种混乱说明了黑格尔哲学的全部非批判性。黑格尔的这种论证方式说明,他只是"给他自己的逻辑提供了政治形体,但他并没有提供政治形体的逻辑"③。黑格尔以政治国家的伦理普遍性来克服市民社会的特殊性的现代性方案,在根本上是行不通的,它仅仅是一种"逻辑的幻想"。它不是对市民社会的本质加以揭示,而仅仅是一种应用逻辑学;它想要论证的并非"事物本身的逻辑",而是"逻辑本身的事物"。可以看到,在整个论证方式中,黑格尔都把现实和理念头足倒置了,他不是要使"思维体现在政治规定中",而是要使"现存的政治规定化为乌有,变成抽象的思维",不是"用逻辑来论证国家,而是用国家来论证逻辑"。④ 与此相反,马克思强调"事物本身的逻辑",即强调市民社会自身的矛盾发展及其内在的合乎规律的过程,而不是"逻辑本身的事物";强调从市民社会自身的矛盾来说明现代世界,而不是用国家来论证市民社会。这标志着马克思从现代性意识到现代性批判的转变。

在马克思看来,历史的基础和发源地以及动力,不是在黑格尔所说的绝对精神和绝对观念中,而是在由经济利益、个人的特殊利益构成的

---

① 参见马克思、恩格斯:《马克思恩格斯全集》第3卷,第12页。
② 参见同上书,第14页。
③ 同上书,第62页。
④ 参见同上书,第22页。

市民社会中，这是马克思的重大发现和贡献。"市民社会"的发现，"市民社会决定国家"的观点的提出，对市民社会与国家之间的分离与矛盾的指证，为马克思揭示历史之谜和进行现代性批判提供了方向，为马克思摆脱现代性意识转向现代性批判提供了路径，为马克思创立历史唯物主义提供了思想基础。诚如恩格斯所说："马克思从黑格尔的法哲学出发，得出这样一种见解：要获得理解人类历史发展过程的锁钥，不应当到被黑格尔描绘成'大厦之顶'的国家中去寻找，而应当到黑格尔所那样蔑视的'市民社会'中去寻找。"①

3. 从哲学上揭示了市民社会的"本质的矛盾"。在《黑格尔法哲学批判》中，马克思从哲学上发现和揭示了"本质的矛盾""市民社会自身的矛盾"，并对黑格尔的现代性话语以及他自己此前的现代性意识进行了批判。"本质的矛盾"的发现和揭示，对于马克思的现代性批判来说意义重大。马克思从本质的矛盾中看到了黑格尔现代性方案的全部非批判性和折中主义，明确了市民社会对于破解现代性意识和开启现代性批判话语的重大意义：这意味着之后对市民社会进行解剖的必要性，为马克思的现代性批判指明了方向，建立了马克思的现代性批判理论的重要规范基础。

马克思认为，黑格尔的错误在于，他满足于解决表面现象的矛盾，并把这种表面现象视为事物的本质。②黑格尔把"现象的矛盾"视为观念中、本质中的统一，但问题在于，这种矛盾自有其更为深刻的本质性原因，即"本质的矛盾"或者"市民社会自身的矛盾"。③对此，马克思在另外两处也指证了黑格尔的错误，即尽管黑格尔看到了市民社会和政治

---

① 马克思、恩格斯：《马克思恩格斯全集》第16卷，1964年，第409页。
② 参见马克思、恩格斯：《马克思恩格斯全集》第3卷，第94页。
③ 参见同上书，第114页。

第二章 "本质的矛盾"的发现与马克思的现代性批判的思想起点

国家的分离,可他"打算使国家的统一能表现在国家内部,而且要以这种形式实现:市民社会各等级本身同时构成立法社会的等级要素"①。在黑格尔看来,国家制度与立法权的冲突不过是国家制度与其自身的冲突,是国家制度本身的"概念中的矛盾"。马克思认为,黑格尔虽然看出了市民社会与政治国家之间存在着矛盾,但他却用官僚政治和等级(国会)这种中介因素或居间者来对这种对立和矛盾加以消除,把"本质的矛盾"化为"现象的矛盾",把"市民社会自身的矛盾"化解于"观念中、本质中的统一"。如此一来,他便不可避免地陷入非批判性和折中主义。马克思说:"黑格尔不去阐明这些权力是有机的统一的各个环节,反而避开这些权力之间的现实冲突,遁入想像的'有机的统一',这不过是一套空洞神秘的遁术"②;黑格尔"希望有中世纪的等级制度,然而要有现代意义的立法权;他希望有现代的立法权,然而要具有中世纪等级制度的外壳。这是最坏的一种混合主义"③。

在黑格尔那里,官吏是国家和市民社会中介的主要因素。原因在于,市民社会中的法律体系仍然只具有抽象的普遍性,而国家的行政管理机构即官僚政治的职能则在于将普遍的东西——法律——运用到个别情况和个别利益之中。如此一来,它们反倒是和市民社会中的特殊目的有更为直接的关系,并通过这些特殊目的来实现作为整全的普遍利益。这样,国家行政机构的中介性作用,正是在于将市民社会的特殊包含在国家的普遍之中。就其本质来说,这一说法不过是在鼓吹实行了普遍等级制的官吏从事政治活动,即主张官僚政治。对此,马克思批判道:他的这种将官僚政治过于理想化的论述,"可以原封不动地载入普鲁士邦法",但

---

① 马克思、恩格斯:《马克思恩格斯全集》第3卷,第93页。
② 同上书,第74—75页。
③ 同上书,第119页。

"不配称为哲学的阐述"。① 在马克思看来,官僚政治不过是市民社会的"国家形式主义":"官僚政治是同实在的国家并列的虚构的国家,它是国家的唯灵论",官僚机构掌握了国家,掌握了"社会的唯灵论本质:这是它的私有财产";官僚机构的普遍精神是秘密,是奥秘;就单个的官僚来说,"国家的目的变成了他的私人目的,变成了追逐高位、谋求发迹"。②

另一个被黑格尔视为国家和市民社会的中介因素的则是等级,即等级代表制的中介因素促使特殊利益上升为普遍利益。从这里出发,通过等级代表制,市民社会的人进入政治国家领域和普遍利益的领域。对此,马克思同样指出,黑格尔之所以犯这种错误,其原因在于,他混淆了等级的社会意义和政治意义。在德文中,"Stand"这个词既指等级,又指国会。黑格尔既将等级视为市民社会的产物,又坚持等级的政治意义。如此,他就把市民社会仅仅看成私人等级,让它同政治国家对立起来;同时,他又把市民等级本身看成政治等级。对此,马克思认为,这无非表明,黑格尔不愿意看到"市民生活和政治生活有任何分离"。可问题在于,市民社会和国家、国家的公民和作为市民社会成员的市民在本质上就是彼此相分离的。因此,市民社会的成员"要成为现实的国家公民,要获得政治意义和政治效能,就应该走出自己的市民现实性的范围,摆脱这种现实性,离开这整个组织而进入自己的个体性,因为他那纯粹的、明显的个体性本身是他为自己的国家公民身份找到的惟一的存在,因为,国家作为政府,它的存在是在他之外形成的;而他在市民社会中的存在则是在国家之外形成的"③。

具有辩证法与历史性原则的黑格尔,为何会犯下这种用居间者来调

---

① 参见马克思、恩格斯:《马克思恩格斯全集》第3卷,第57页。
② 参见同上书,第60—61页。
③ 同上书,第97页。

第二章 "本质的矛盾"的发现与马克思的现代性批判的思想起点

和现代性矛盾的错误呢？对此，马克思从政治和历史的原因以及黑格尔的逻辑的、泛神论的神秘主义的性质出发进行了分析。

首先，从政治原因来看，马克思认为："黑格尔给他自己的逻辑提供了政治形体，但他并没有提供政治形体的逻辑。"① 即是说，黑格尔的现代性意识不过是对当时德国的政治现实的反映。为了迎合普鲁士政府，黑格尔可以牺牲掉"政治形体的逻辑"，放弃理性，纯粹采取对纯粹经验的描写，以便实现对现存的东西的承认，把某种仅仅作为经验的存在视为理念的现实。因此，马克思说："黑格尔应该受到责难的地方，不在于他按现代国家本质现存的样子描述了它，而在于他用现存的东西冒充国家的本质。合乎理性的是现实的，这一点正好通过不合乎理性的现实性的矛盾得到证明，这种不合乎理性的现实性处处都同它关于自己的说明相反，而它关于自己的说明又同它的实际情况相反。"②

其次，从历史原因来看，当时的德国保留了中世纪的众多封建的因素，而在中世纪，社会也确实具有政治性质。在马克思看来，现代社会之前的市民社会与政治国家这二者具有高度的同一性，它们之间并没有确定的界限与区分；市民社会的每一个领域都带有浓厚的政治性质，在其中的一切私人活动与事务都被打上了鲜明的政治烙印。在古希腊，"公共事务是市民的现实私人事务，是他们的活动的现实内容，而私人则是奴隶，在这里，政治国家作为政治国家是市民的生活和意志的真正的惟一的内容"③。而在中世纪，政治制度在事实上就是私有财产的制度，且正因为如此，那时"人民的生活和国家的生活是同一的。人是国家的现实原则，但这是不自由的人。因此，这是不自由的民主制，是完成了的

---

① 马克思、恩格斯：《马克思恩格斯全集》第3卷，第62页。
② 同上书，第80—81页。
③ 同上书，第43页。

异化。抽象的反思的对立性只是现代世界才有。中世纪是现实的二元论，现代是抽象的二元论"①。因此，中世纪的精神可以被表述为："市民社会的等级和政治意义上的等级是同一的，因为市民社会就是政治社会，因为市民社会的有机原则就是国家的原则。"②

马克思认为，黑格尔的错误根本上来自其逻辑的、泛神论的神秘主义。黑格尔只是从表面上解决了这种矛盾，并把这种表面现象当作事物的本质，而不知道政治国家同市民社会之间的矛盾根源于市民社会自身的矛盾即本质的矛盾。如果像黑格尔那样把现象的矛盾理解为理念中、本质中的统一，那么市民社会的现实的、本质的矛盾就被逻辑的、泛神论的神秘主义消解了，无法深入到市民社会之中，无法揭示现代社会的历史的本质性，最终无法开启现代性批判。

黑格尔的这种现代性的方案必然导致如下结果：在理论上制造一种妥协的、自相矛盾的居间者或中介因素，从而陷入非批判性和折中主义。黑格尔立足于概念的分析，用理念中、本质中的统一、用居间者来调和真正的市民社会的本质的矛盾，必然是一种非批判的实证论。更为重要的是，在马克思看来，这种非批判性和折中主义来源于黑格尔的形而上学。黑格尔借助于"中介""居间者"（市民社会的"等级要素"）来调和市民社会与国家之间的本质的矛盾的做法，是一种"逻辑学中的基本的二元论"。这是因为，黑格尔把中介作用的这种荒谬性归纳为它的"抽象的因而也可谓非虚构的、别无异议的表现"，同时还把这种中介作用说成是"逻辑的思辨奥秘，是合乎理性的关系，是理性推理"。③ 实际上，

---

① 马克思、恩格斯：《马克思恩格斯全集》第3卷，第42—43页。
② 同上书，第90页。
③ 参见同上书，第110页。

第二章 "本质的矛盾"的发现与马克思的现代性批判的思想起点

"真正的极端之所以不能互为中介,就因为它们是真正的极端。但是,它们也不需要任何中介,因为它们具有互相对立的本质。它们彼此之间没有共同之点,它们既不相互需要,也不相互补充。一个极端并不怀有对另一极端的渴望、需要或预期。(但是,黑格尔却把推理的两个抽象环节,即普遍性和单一性,看作现实的对立面,这正是他的逻辑学中的基本的二元论……)"[①]。由此可见,黑格尔把这种本质的矛盾当作现象的矛盾,即当作表面的矛盾、形式的矛盾、概念中的矛盾,并想以在国家内部以国家的普遍伦理性克服市民社会的特殊性的方式解决二者之间的矛盾。这是一种逻辑的、泛神论的神秘主义,是一种抽象的唯灵论,是一种折中主义和保守主义。黑格尔实现的市民社会和政治国家的统一,只是"从非现实的对立出发,因而只得到虚构的同一"[②]。

黑格尔希望市民社会的等级上升为政治等级,试图在国家普遍伦理的范围内扬弃市民社会的现实矛盾,消除市民社会的对立。然而,他没有看到现代世界的矛盾是根源于本质性的、现实的市民社会自身的矛盾。黑格尔的这种调解现实矛盾的现代性方案,其结果总是在政治国家,甚至是在理念、理性的范围内谈论现代社会的矛盾,并最终诉诸理念本身,而不可能揭示现代世界的历史的本质性,无法揭示现代社会的本质真相,无法揭示理性、理念的现实的基础。这是一种近代形而上学。也就是说,黑格尔没有把"现实的人"即在市民社会中从事活动的人作为主体,没有把"理性""理念""自由""权利"看作现实的人的市民社会的活动的结果,反而把它们看作一切现实的人的活动的主体。于是,黑格尔完成了现代性的形而上学基础,建构了最牢固的现代性意识。在马克思看来,

---

① 参见马克思、恩格斯:《马克思恩格斯全集》第3卷,第110页。
② 同上书,第61—62页。

在黑格尔那里，并不是现实的人成为国家，倒是国家必须先成为现实的人；他不是把国家推崇为人的最高现实，推崇为人的最高的社会现实，而是把单一的经验的人推崇为国家的最高现实。"这种把主观的东西颠倒为客观的东西，把客观的东西颠倒为主观的东西的做法（这是因为黑格尔想给抽象的实体、理念写传记，于是人的活动等等在他那里一定表现为其他某种东西的活动和结果，其次是因为黑格尔想使人的本质作为某种想像中的单一性来独自活动，而不是使人在其现实的、人的存在中活动），必然产生这样的结果：把某种经验的存在非批判地当作观念的现实真理性。"①

在对黑格尔的非批判性和折中主义以及逻辑的、泛神论的神秘主义的批判过程中，马克思发现并揭示了本质的矛盾或市民社会自身的矛盾。本质的矛盾或市民社会自身的矛盾的发现和揭示，对于马克思的现代性批判的重要性在于：它为马克思摆脱自身的现代性意识和转向现代性批判提供了基础，确定了总体方向。黑格尔尽管看到了市民社会与政治国家的分离和矛盾，但他把这种矛盾只理解为现象的矛盾，并且被"中介""居间者"因素调和于理念与逻辑范畴之中，将其直接归入理念中、本质中的统一，因而构建了牢固的现代性意识和现代性的意识形态。相应地，费尔巴哈的"哲学直观"根本不可能触碰到本质的矛盾，因而政治等始终是费尔巴哈不可通达的领域。与黑格尔、费尔巴哈不同，马克思发现并揭示了本质的矛盾，这就必然引导马克思深入到市民社会的基础中，从而揭示现代性意识和现代性意识形态的秘密，进而批判现代性的形而上学基础。马克思后来对现代性的全面批判，对现代性的形而上

---

① 马克思、恩格斯：《马克思恩格斯全集》第 3 卷，第 50—51 页。

第二章 "本质的矛盾"的发现与马克思的现代性批判的思想起点

学基础的颠覆,都是沿着市民社会自身的矛盾的方向来推进的;市民社会自身的矛盾的发现和揭示,为马克思后来揭示现代社会的经济基础、本质真相、历史来历奠定了重要基础。只要黑格尔始终坚持立足于国家的普遍理性和逻辑范畴,在政治国家范围内克服市民社会,他就不可能如实地把握现代世界的经济基础和历史性的本质,就必然陷入现代性意识和现代性意识形态。马克思发现并揭示了市民社会自身的矛盾,后者引导马克思去剖析市民社会,从市民社会本身的现实矛盾出发去破除现代性意识,去批判现代性的哲学基础和基本建制,去揭示现代世界的经济基础、历史的本质性和来历,从而开启对现代性的全面批判。本质的矛盾或市民社会自身的矛盾的发现和揭示,意味着马克思现代性意识的动摇,转向对现代性及其哲学基础的批判。马克思说:"对现代国家制度的真正哲学的批判,不仅揭露这种制度中存在着的矛盾,而且解释这些矛盾,了解这些矛盾的形成过程和这些矛盾的必然性。这种批判从这些矛盾的本来意义上来把握矛盾。但是,这种理解不在于到处去重新辨认逻辑概念的规定,像黑格尔所想像的那样,而在于把握特有对象的特有逻辑。"①

必须承认,在《黑格尔法哲学批判》中,马克思的现代性批判还是有理论限度的。其主要表现为:马克思没有根本摆脱现代性的观念和现代性意识的束缚;马克思的现代性批判已经开启,但仍然限于"哲学的批判",而没有深入到市民社会中去揭示这些矛盾的本质和根源,这是有待政治经济学的研究和历史唯物主义的创立,马克思才能真正开始的工作。诚如马克思所说:"法的关系正像国家的形式一样,既不能从它们本身来理解,也不能从所谓人类精神的一般发展来理解,相反,它们根源

---

① 马克思、恩格斯:《马克思恩格斯全集》第3卷,第114页。

于物质的生活关系,这种物质的生活关系的总和,黑格尔按照18世纪英国人和法国人的先例,概括为'市民社会',而对市民社会的解剖应该到政治经济学中去寻求。"①

四、"政治解放"与"人类解放":马克思的现代性批判的思想起点

对于现代性批判理论的形成而言,马克思发表在《德法年鉴》上的《论犹太人问题》《〈黑格尔法哲学批判〉导言》是十分重要的,我们可以把这个时期确定为马克思现代性批判的思想起点。这是因为,马克思正式确定了现代性批判的主题;马克思区分了市民社会的"政治解放"与"人类解放",并分析了二者的关系,确定了现代性批判的规范基础;马克思对现代性政治即政治解放进行了批判,揭示了政治解放的历史性限度,这意味着马克思从现代性意识根本转向了现代性批判;提出人类解放及其历史的承担者无产阶级的主题,马克思找到了现代性批判的立脚点,确立了现代性批判的原则高度和未来性向度。

作为对现代性批判的推进,马克思发表在《德法年鉴》上的文章,以"市民社会是政治国家的基础""市民社会与政治国家的分离""市民社会自身的矛盾"作为讨论问题的出发点和理论基础。马克思对市民社会自身的矛盾的认识有了进一步深化,并把它和对宗教的批判以及对现代政治的批判结合起来,主张对现代社会进行无情的批判,进而确定了在

---

① 马克思、恩格斯:《马克思恩格斯选集》第2卷,第2页。

第二章 "本质的矛盾"的发现与马克思的现代性批判的思想起点

批判旧世界中发现新世界的任务。同时,通过对"市民社会与政治国家的分离"进一步的历史考察,马克思赋予了这一分离以客观的内涵,认为市民社会与政治国家的对立是以现代解放即资产阶级政治革命为直接背景的,进而指出了政治解放的局限性,并揭示了政治解放与人类解放的关系以及现代性政治的矛盾性和历史性限度。马克思站在人类解放的立场上对现代政治解放进行批判,就是对现代市民社会或现代社会本身进行批判。也就是说,马克思不再是站在启蒙理性和人道主义精神立场上批判"前现代社会",而是站在"人类解放"或"未来社会"的立场上对现代社会本身进行批判。这就表明,马克思已经确定了现代性批判的主题、立场和思想起点。

马克思的《论犹太人问题》是为批评鲍威尔的《犹太人问题》及《现代犹太人和基督徒获得自由的能力》而作。在《论犹太人问题》中,马克思批判了鲍威尔对政治解放和人类解放的混淆,揭示了现代解放的本质是政治解放,而不是人类解放,政治解放有其历史性的限度。马克思对鲍威尔的批判主要集中在两个基本问题上。首先,鲍威尔要求犹太人对于犹太教以及一般人对于其他宗教的彻底放弃,从而可以作为公民而得到解放。其次,鲍威尔单纯地认为在政治上对宗教进行废除就是宗教本身的完全废除,而以宗教为前提的国家还不是真正的、现实的国家。鲍威尔混淆了政治解放与人类解放之间的关系,把解放问题单纯地归结为了宗教问题。对此,马克思认为,鲍威尔批判的仅仅是基督教国家,而并非国家本身,他没有深入到对政治解放与人类解放之间的关系的探讨中;他所提供的解答无非表明,他毫无批判地把二者的关系混淆了。[①]马克思对鲍威尔的批判主要集中在如下三点上:第一,必须把政治解放

---

① 参见马克思、恩格斯:《马克思恩格斯全集》第3卷,第167—168页。

问题归结为它的世俗基础,而不能归结为单纯的神学问题;第二,必须区分政治解放与人类解放,政治解放还不是人类解放;第三,现代解放或政治解放有其限度,它造成了人的生活的二重性。

马克思认为,"政治解放本身并不就是人的解放"①,像鲍威尔那样把犹太人的政治解放问题归结为单纯的神学问题的做法,注定是行不通的。对此,马克思认为,基于犹太人所居住的国家的不同,犹太人问题有不同方式的提法:在不存在国家或者作为国家的地方(比如德国),犹太人问题当然是纯粹的神学问题,犹太人与承认基督教为自己基础的国家则处于尖锐的宗教的对立状态之中;只有在立宪国家(比如法国),犹太人问题才是个纯粹的立宪制的问题,是"政治解放不彻底"的问题;只有在诸如北美各自由州这样的地方,犹太人问题才失去了它的神学意义而成为真正的世俗的问题。上述种种事实表明,即便在所谓政治解放已经彻底完成了的国家,宗教仍然是生气勃勃、富有生命力的存在;即是说,宗教的存在和国家的完成并不矛盾。因此,马克思认为,绝不能将政治解放问题归结为单纯的神学抽象,而必须从市民社会的世俗基础来考察政治解放。事实上,宗教的存在不过是一种有缺陷的存在,而这种缺陷的根源只能到国家自身的本质中去寻找。"宗教已经不是世俗局限性的原因,而只是它的现象",我们也只能用自由公民的世俗约束来解释他们的宗教约束。我们不能宣称必须消除他们的宗教局限性,才能消除自身的世俗限制;我们可以宣称一旦消除了他们的世俗限制,就能消除他们的宗教局限性。我们不能把世俗问题单纯地理解为神学问题,而是要反其道而行之,即将神学问题化为世俗问题。②那么,到底什么才是犹太人应

---

① 马克思、恩格斯:《马克思恩格斯全集》第3卷,第180页。
② 参见同上书,第169页。

第二章 "本质的矛盾"的发现与马克思的现代性批判的思想起点

当加以消灭的"世俗限制"呢？马克思对此的解答是："犹太人作为市民社会的特殊成员，只是市民社会的犹太精神的特殊表现。"[①] 即是说，犹太教的基础其实就是犹太人的实际需要和利己主义，这些都是市民社会的原则。只要现代政治国家从市民社会内部产生出来，这个原则就必然会赤裸裸地表现出来——这一原则的"神"就是金钱；即是说，就算犹太人不放弃自己的宗教，他们也可以得到自身的政治解放，因为他们所掌握的金钱势力势必可以转化为实际的政治权力。既然犹太人不放弃犹太教就可以达到自身的政治解放，那么这就表明，只有对政治解放本身进行批判，才可以对犹太人问题进行最终的批判，也才能使这个属于犹太人的特殊问题真正变成"当代的普遍问题"。[②] 对政治解放本身的批判，才是对犹太人问题的最终批判，并且它作为当代的普遍问题，实际上也就是对现代解放的限度的揭示、对现代市民社会的世俗基础的揭示。这表明马克思的批判不再是对神学的批判，不再是以现代原则即理性原则来批判过去，而是对现代政治国家的批判、对现代解放本质的揭示。

马克思认为，政治解放与宗教的关系问题已经成了政治解放与人类解放的关系问题。在马克思看来，政治解放的本质就是现代解放，即近代资产阶级政治革命。这种解放有其自身的历史性限度：政治解放仅仅是市民社会的革命，所能完成的仅仅是市民社会范围内的革命，它无法动摇市民社会的基础，反而是建立和巩固了市民社会的基础；它不过是现代市民社会对旧市民社会的革命；政治解放不是彻头彻尾、没有矛盾的人的解放方式。具体而言，政治解放的历史性限度主要表现为：

第一，即便人们在政治上实现了从宗教中的解放，可是宗教依然存

[①] 马克思、恩格斯：《马克思恩格斯全集》第3卷，第194页。
[②] 参见同上书，第167页。

在。鲍威尔认为，只要犹太人愿意放弃犹太教，他们就能作为公民而得到解放，特殊的宗教的废除本身就意味着普遍的人类解放的实现。在马克思看来，鲍威尔混淆了宗教解放与政治解放，以及政治解放与人类解放之间的关系。马克思认为，从政治上解放宗教，不过意味着宗教脱离了国家政治的控制，但它又成了市民社会的精神，这种做法并未废除宗教本身；既然在政治解放已经完成了的国家，宗教不仅仍然存在，而且还表现出了旺盛的生命力和力量，这就证明，宗教的存在和国家政治的完成之间并不存在矛盾，在国家从宗教中解放出来与现实的人从宗教中解放出来之间并不能画上等号；政治解放并不是彻头彻尾、没有矛盾的人的解放的方式。

第二，政治解放没有动摇市民社会的基础，反而建立和巩固了现代资本主义社会的基础。马克思认为："即使人还没有真正摆脱某种限制，国家也可以摆脱这种限制，即使人还不是自由人，国家也可以成为自由国家。"[1] 现代解放或政治解放只不过是近代资产阶级革命在政治上的胜利，而这一革命仍然以私有财产为前提。虽然它取消了选举权和被选举权的财产资格限制，但国家之所以为国家，就在于它废除了私有财产，而人则以"政治方式"宣布了私有财产的这种废除。但问题在于，事实上，这种革命并未取消社会领域中实际存在的各种社会差别，因而它并不是彻底的解放，不是人类解放。这是因为，从政治上废除私有财产非但没有实现对于私有财产的废除，反倒是以私有财产为前提。当国家宣布出身、等级、文化程度、职业不再是政治的差别之时，当国家宣告不再考虑这些差别而将每一个体都视为人民主权的平等享有者之时，当它从国家的观点来考察人民现实生活的一切要素之时，事实上，国家不过

---

[1] 马克思、恩格斯：《马克思恩格斯全集》第3卷，第170页。

第二章 "本质的矛盾"的发现与马克思的现代性批判的思想起点

是以自己的方式废除了上述的这些差别，国家还是让这些差别以它们原有的方式在原有的位置上发挥作用，即仍然作为这些差别本身而表现出它们自身所具有的特殊本质。因此，国家根本就没有废除所有这些差别。恰恰相反，只有在这些差别的前提下，国家才能存在，或者说只有同自己的这些要素处于对立的状态，它才能感到自身是政治国家，才能实现自身的普遍性。[1]

第三，"政治革命是市民社会的革命"[2]，政治解放的成果本身具有矛盾性和形式化、抽象化的特征。马克思认为，政治解放所确立的人权，即不同于公民权（droits du citoyen）的人权（droits de l'homme），在本质上无非是市民社会的成员的权利，即利己的人的权利、同其他人和共同体本身相分离的人的权利。"自由是可以做和可以从事任何不损害他人的事情的权利……是人作为孤立的、退居于自身的单子的自由……自由这一人权不是建立在人与人相结合的基础上，而是相反，建立在人与人相分隔的基础上。这一权利就是这种分隔的权利，是狭隘的、局限于自身的个人的权利。自由这一人权的实际应用就是私有财产这一人权。"[3] "平等，在这里就其非政治意义来说，无非是上述自由的平等，就是说，每个人都同样被看成那种独立自在的单子"；安全是"利己主义的保障……整个社会的存在只是为了保证维护自己每个成员的人身、权利和财产"。[4] 任何一种所谓的"人权"概念均没有超出利己的人或者作为市民社会成员的人，即没有超出作为退居于自身的私人利益和私人任意、与共同体相分离的个体的人。以确立所谓"人权"为标志的政治解放根本无法克

---

[1] 参见马克思、恩格斯：《马克思恩格斯全集》第3卷，第172页。
[2] 同上书，第186页。
[3] 同上书，第183页。
[4] 同上书，第184页。

服市民社会；反倒可以说，它所能完成的仅仅是市民社会从政治中得到了解放而已。因此，资产阶级政治解放所确立的人权仍然以私有制为基础，是利己主义占支配地位的社会成员所具有的特权。马克思认为，"政治解放本身并不就是人的解放"[1]。现代解放不过是一种矛盾的、形式上的解放，而现代抽象的、形式的政治国家的完成与市民社会的形成之间是一个内在统一的过程。"国家的唯心主义的完成同时就是市民社会的唯物主义的完成。摆脱政治桎梏同时也就是摆脱束缚住市民社会利己精神的枷锁。政治解放同时也是市民社会从政治中得到解放，甚至是从一种普遍内容的假象中得到解放。"[2]

为什么政治解放或现代解放只是形式上的解放，具有形式化、抽象化的特征，并导致了人的社会生活的二重性呢？为什么现代解放只是市民社会的革命呢？马克思认为，有两个方面的原因。一方面，市民社会和政治国家之间的矛盾并不是现象的矛盾，而是本质的矛盾，即市民社会自身的矛盾，而现实的人则是现代国家制度的私人，"政治国家是从市民社会中得出的抽象"[3]；另一方面，现代政治的原则仅仅是市民社会的抽象的现实，即是说，抽象国家仅仅是现代市民社会的抽象的现实。可以说，这些思想成果对于马克思的现代性批判具有极其重要的意义，它们引导着马克思去思考市民社会本身的自我分裂、自我矛盾的问题，并从中揭示出了现代政治的本质以及现代政治成果的矛盾性和形式化、抽象化特征。我们从这些思想成果中也可以看出马克思同黑格尔、费尔巴哈之间的差别。

马克思和黑格尔之间的差别是明显的。黑格尔发现了市民社会与国

---

[1] 参见马克思、恩格斯：《马克思恩格斯全集》第3卷，第180页。
[2] 同上书，第187页。
[3] 同上书，第99、102页。

第二章 "本质的矛盾"的发现与马克思的现代性批判的思想起点

家之间的分离和矛盾,但是他仅仅在表面上解决这种矛盾,将这种矛盾视为现象的矛盾。与此相反,马克思发现了本质的矛盾,并认为必须从现代市民社会自身的矛盾出发来解释现代政治的本质和矛盾。"对现代国家制度的真正哲学的批判,不仅揭露这种制度中存在着的矛盾,而且解释这些矛盾,了解这些矛盾的形成过程和这些矛盾的必然性。这种批判从这些矛盾的本来意义上来把握矛盾。但是,这种理解不在于到处去重新辨认逻辑概念的规定,像黑格尔所想像的那样,而在于把握特有对象的特有逻辑。"①

毋庸讳言,那时马克思立足于人类解放而开启的这种对现代政治的批判,仍然受到费尔巴哈的影响,并一般地说来采纳了他的立场。但是,马克思和费尔巴哈之间的差别还是存在的。费尔巴哈所说的"人"仍然并不是真正的现实的人,即人的政治、法的关系以及人的社会历史关系,而仅仅是抽象的人。他的"直观"将人与他的世界的一切实际关联全都排除了出去;即是说,他"强调自然过多而强调政治太少……政治对费尔巴哈是一个不可通过的区域"②。反观马克思,他将现实的人放到了与社会、世界的关联中去理解,即理解到在人之中"除了醉心于自然的人以外,还有醉心于国家的人"③。即是说,人的现实性不仅体现在自然界之中,而且还特别体现在政治、法的活动和国家的关系之中;人所存在于其中的世界不只是自然界这么简单,还有国家、社会,"人不是抽象的蛰居于世界之外的存在物。人就是人的世界,就是国家,社会"④。马克思认识到现实的人就是"现代国家制度的私人",发现了市民社会本身所具有

---

① 马克思、恩格斯:《马克思恩格斯全集》第3卷,第114页。
② 马克思、恩格斯:《马克思恩格斯全集》第47卷,第53页。
③ 同上。
④ 马克思、恩格斯:《马克思恩格斯全集》第3卷,第199页。

的矛盾和分裂这一事实，完成了从对天国的批判到对尘世的批判、从对宗教的批判到对法的批判、从对神学的批判到对政治的批判的转变。也正是有这种差别，马克思才能从市民社会自身的矛盾出发揭示现代政治的本质和矛盾性。

在《论犹太人问题》中，马克思承认政治解放是一个巨大的进步，"尽管它不是一般人的解放的最后形式，但在迄今为止的世界制度内，它是人的解放的最后形式"①。同时，马克思也揭示了政治解放造成的人的生活的二重性。马克思说："在政治国家真正形成的地方，人不仅在思想中，在意识中，而且在现实中，在生活中，都过着双重的生活——天国的生活和尘世的生活。前一种是政治共同体中的生活，在这个共同体中，人把自己看作社会存在物；后一种是市民社会中的生活，在这个社会中，人作为私人进行活动，把他人看作工具，把自己也降为工具，并成为异己力量的玩物。政治国家对市民社会的关系，正像天国对尘世的关系一样，也是唯灵论的。政治国家与市民社会也处于同样的对立之中，它用以克服后者的方式也同宗教克服尘世局限性的方式相同，即它同样不得不重新承认市民社会，恢复市民社会，服从市民社会的统治。人在其最直接的现实中，在市民社会中，是尘世存在物。在这里，即在人把自己并把别人看作是现实的个人的地方，人是一种不真实的现象。相反，在国家中，即在人被看作是类存在物的地方，人是想像的主权中虚构的成员；在这里，他被剥夺了自己现实的个人生活，却充满了非现实的普遍性。"②

由此可见，从现代政治和政治解放的本质来说，不仅市民社会与政治国家的对立并未因政治解放而消除，私人与公民、人权与公民权的对

---

① 马克思、恩格斯:《马克思恩格斯全集》第 3 卷，第 174 页。
② 同上书，第 172—173 页。

第二章 "本质的矛盾"的发现与马克思的现代性批判的思想起点

立也没有因此而消除,它们反倒巩固了这些对立。政治解放并未动摇市民社会的基础,恰恰相反,它是以承认和巩固市民社会的基础为前提的。政治国家根本没有废除现实世界和生活中的私有财产、文化程度、职业等的实际差别;恰恰相反,"只有以这些差别为前提,它才存在,只有同自己的这些要素处于对立的状态,它才感到自己是政治国家,才会实现自己的普遍性"①。现代解放或政治解放只是确认了市民社会的利己主义原则,是一种矛盾性、形式化、人的生活二重性的解放。马克思说:"任何一种所谓的人权都没有超出利己的人,没有超出作为市民社会成员的人,即没有超出作为退居于自己的私人利益和自己的私人任意,与共同体分隔开来的个体的人。在这些权利中,人绝对不是类存在物,相反,类生活本身,即社会,显现为诸个体的外部框架,显现为他们原有的独立性的限制。把他们连接起来的惟一纽带是自然的必然性,是需要和私人利益,是对他们的财产和他们的利己的人身的保护。"② 在现代政治或政治解放的状态中,公民身份、政治共同体甚至是那些追求政治解放的人都统统降格为维护这些现代抽象权利的一种手段。"公民被宣布为利己的人的奴仆;人作为社会存在物所处的领域被降到人作为单个存在物所处的领域之下;最后,不是身为公民的人,而是身为市民社会的成员的人,被视为本来意义上的人,真正的人。"③ 即是说,政治生活在其热情还富有朝气而且以后由于形势事件所迫又走向极端的时候,就宣布自己只是一种手段,而这种手段的目的是市民社会生活;一旦政治生活与自身的目的即市民社会的私人权利出现矛盾,前者就要被抛弃。因此,政治解放所能确立的仅仅是一种以市民社会的私有制为前提的抽象的、形式化的权

---

① 马克思、恩格斯:《马克思恩格斯全集》第3卷,第172页。
② 同上书,第184—185页。
③ 同上书,第185页。

利,一种人的生活二重性的权利。这就表明,现代政治以及整个现代社会是有限度的,现代解放不是人类解放,现代社会不是"人类社会"。要克服市民社会、超越现代政治解放,就必须实现人类解放。

那么,如何才能实现人类解放呢?在《论犹太人问题》中,马克思还只是从哲学上阐释了这个主题。一是在"现实的个人"和"抽象的公民"的同一中实现人的"类存在"。马克思说:"只有当现实的个人把抽象的公民复归于自身,并且作为个人,在自己的经验生活、自己的个体劳动、自己的个体关系中间,成为类存在物的时候,只有当人认识到自身'固有的力量'是社会力量,并把这种力量组织起来因而不再把社会力量以政治力量的形式同自身分离的时候,只有到了那个时候,人的解放才能完成。"[1] 二是从市民社会的基础即从做生意和金钱中解放出来。马克思认为,"市民社会从自己的内部不断产生犹太人",在现代社会中,"现代犹太人的本质不是抽象本质,而是高度的经验本质",实际需要和利己主义是市民社会的原则,"犹太人作为市民社会的特殊成员,只是市民社会的犹太精神的特殊表现";因此,犹太人的解放,就其终极意义来说,就是人类从"犹太精神中得到解放",人类解放就是"从做生意和金钱中解放出来"。[2]

在马克思看来,实现人类解放的力量必须到市民社会现实的人的活动中去寻找。那么,谁是"人类解放的实际担当者"呢?这就是《〈黑格尔法哲学批判〉导言》要探讨的主题。在那里,马克思第一次提出了无产阶级是实现人类解放的现实力量和担当者的思想。这是马克思的现代性批判思想的展开和深化。

---

[1] 马克思、恩格斯:《马克思恩格斯全集》第3卷,第189页。
[2] 参见同上书,第192、194、198页。

第二章 "本质的矛盾"的发现与马克思的现代性批判的思想起点

马克思对德国的历史状况和哲学理论现状进行了分析。马克思认为，就德国来说，对宗教的批判已经结束，而对宗教的批判是其他一切批判的前提；反宗教的斗争间接地就是反对以宗教为精神抚慰的那个世界的斗争；真理的彼岸世界消失以后，历史的任务就是确立此岸世界的真理。人的自我异化的神圣形象被揭穿以后，揭露具有非神圣形象的自我异化，就成了为历史服务的哲学的迫切任务。于是，对天国的批判变成对尘世的批判，对宗教的批判变成对法的批判，对神学的批判变成对政治的批判。[①]在马克思看来，费尔巴哈宗教批判的主要意义在于对"人的自我异化的神圣形象"的揭示。但是，这一任务现在已经基本结束，现在要进行的是"揭露具有非神圣形象的自我异化批判"，是对尘世的批判和现代政治的批判。因此，其任务就不再是对宗教的批判，而是对现代社会以及现代的政治经济制度的批判。对此，马克思明确指出，因为"德国现状是旧制度的公开的完成，而旧制度是现代国家的隐蔽的缺陷"，所以如果这一批判仅仅从德国的现状出发，即便它采取"惟一适当的方式，就是说采取否定的方式"，"结果依然是时代错乱"；即是说，就算在这种批判中实现了对德国当代政治状况的否定，即站在现代政治解放的立场上对过去的否定，它也不会处在当代的焦点上。由于"工业以至于整个财富领域对政治领域的关系，是现代主要问题之一"，因此，只有对现代政治社会现实本身的批判、对现代政治经济制度的批判在德国才是当代的焦点，"一旦现代的政治社会现实本身受到批判，即批判一旦提高到真正的人的问题，批判就超出了德国现状"。[②]

马克思深刻地分析了德国哲学理论和现代社会现状的复杂关系。马

[①] 马克思、恩格斯：《马克思恩格斯全集》第3卷，第192、194页。
[②] 参见同上书，第200—201、204页。

129

克思认为,德国人"不是当代的历史同时代人",但是,德国人"是当代的哲学同时代人","德国人在思想中、在哲学中经历了自己的未来的历史……德国的法哲学和国家哲学是惟一与正式的当代现实保持在同等水平上的德国历史";德国哲学是现代国家在观念上的继续,是现代国家"理论上的良心";因此,对黑格尔哲学等德国古典哲学的批判,"恰恰接触到了当代所谓的问题之所在的那些问题的中心。在先进国家,是同现代国家制度实际分裂,在甚至不存在这种制度的德国,却首先是同这种制度的哲学反映批判地分裂"。① 因此,对黑格尔国家哲学和法哲学的批判,就是对"现代国家和对同它相联系的现实所作的批判",也是对迄今为止的"德国政治意识和法意识的整个形式的坚决否定"。② 经过上述分析,马克思做出了如下基本判断:一是要"实现哲学",批判思辨的法哲学,就是对德国迄今为止的政治意识形式的坚决反抗,而它就不会面对自己本身,而是"面向只有用一个办法即实践才能解决的那些课题"③;二是德国部分的纯政治的革命的不可能性,彻底的革命、全人类的解放的可能性,而这种人类解放的历史性承担者,就是无产阶级。在此,马克思确定了一个现代性批判的关键立场,提出了无产阶级革命超越现代资本主义社会的基本原则。那么,这种彻底的革命的实际可能性到底在哪里?马克思对此问题的回答是:这一可能性在于必须要形成一个被戴上彻底的锁链的阶级,形成一个并非市民社会阶级的市民社会阶级,形成一个表明一切等级已经解体的等级,形成一个由于自己遭受普遍苦难而具有了普遍性质的领域。这一领域对于享有任何特殊的权利不做任何要求,因为威胁这一领域的并非某种特殊的不公正,而是最普遍、最一般

---

① 参见马克思、恩格斯:《马克思恩格斯全集》第3卷,第205页。
② 参见同上书,第206—207页。
③ 同上书,第207页。

第二章 "本质的矛盾"的发现与马克思的现代性批判的思想起点

的不公正，故而它不可能再求助于特定的历史的权利，而只能求助于普遍的人的权利。它不是与德国当时的国家制度的后果处在一种片面的对立状态中，而是与这种特殊制度所具有的前提处在一种全面的对立状态之中。最后，还要形成一个若不从其他一切社会领域解放出来从而解放其他一切社会领域就不能解放自己的领域。总之，这样一个领域的形成，表明了人的完全丧失，从而也正因此而获得了只有通过人的完全回复才能回复自己本身的可能性。这一社会彻底解体的最终结果，就是产生出了无产阶级这一特殊等级。①

这是马克思对无产阶级的历史主体作用的最初阐释，尽管这里的阐释方式还不是历史唯物主义的。可以肯定的是，这是马克思对现代性批判的一个重要的立场，是用人类解放超越现代解放的一个基本原则。马克思这里对无产阶级的阐释是在现代性批判的立场上进行的，是从人类解放的原则高度做出的阐释。在马克思看来，要克服现实的人的自我异化，要克服和超越现代解放，就必须动摇市民社会的基础即私有财产，必须实现人类解放。马克思强调，无产阶级同现代市民社会的前提即私有财产发生全面的矛盾，并提出"无产阶级要求否定私有财产"，要宣告迄今为止世界制度的解体，其意义正在于此。马克思说："无产阶级宣告迄今为止的世界制度的解体，只不过是揭示自己本身的存在的秘密，因为它就是这个世界制度的实际解放。无产阶级要求否定私有财产，只不过是把社会已经提升为无产阶级的原则的东西，把未经无产阶级的协助就已经作为社会的否定结果而体现在它身上的东西提升为社会的原则。"②

作为人类解放历史承担者的无产阶级，是马克思的现代性批判的一

---

① 参见马克思、恩格斯：《马克思恩格斯全集》第3卷，第213页。
② 同上。

个基本立场和原则。对于"无产阶级"概念,思想界有多种阐释。城塚登认为,马克思赋予其实现人类解放使命的无产阶级主要是一个人类学或哲学人本主义的概念,而不是政治经济学概念;在《〈黑格尔法哲学批判〉导言》中,马克思是在与"等级"几乎相同的意义上使用"无产阶级"这个词的。梅林认为,《德法年鉴》时期作品中的"无产阶级""私有财产"等用词具有不稳定的、模糊的性质,马克思"在这篇文章里给未来勾画了一个并非不正确的、而仅仅是模糊的轮廓"。[1] 德国当代法哲学家阿图尔·考夫曼认为,马克思的无产阶级革命基础上要实现的人类解放是真正的人道主义公式,是一个完全和平与公平社会的"具体乌托邦"。[2] 伯尔基认为,马克思设想这个无产阶级是"人类的否定性影像",这个阶级被有效地剥夺了作为人的权利,因此成为普遍人类解放的执行者。[3] 哈维认为:"马克思在很多方面都是启蒙思想的儿子,他力求把乌托邦思想——如他在自己的早期著作里提出的,为人类实现自己的'类的存在'而奋斗——转变为一种唯物主义的科学,揭示人类的普遍解放如何从阶级范围内和资本主义发展明显压迫性的却相互矛盾的逻辑中产生出来。他在这样做时,把焦点放在了作为人类解放之力量的工人阶级之上,恰恰因为它是现代资本主义社会中被统治的阶级。他论证说,只有当直接的生产者掌握了自己的命运时,我们才可能希望以社会的自由王国取代统治和压迫。"[4]

---

[1] 参见城塚登:《青年马克思的思想:社会主义思想的创立》,第64页;梅林:《马克思传》,第90页。

[2] 参见考夫曼、哈斯默尔主编:《当代法哲学和法律理论导论》,郑永流译,法律出版社,2001年,第103—104页。

[3] 参见伯尔基:《马克思主义的起源》,伍庆、王文扬译,华东师范大学出版社,2007年,第163页。

[4] 戴维·哈维:《后现代的状况——对文化变迁之缘起的探究》,第23页。

《德法年鉴》时期对马克思的现代性批判思想的形成具有重要意义。马克思确定了现代性批判的基本立场，形成了对现代社会基本特征的阐释，完成了从现代性意识到现代性批判的根本转向，确定了现代性批判的思想起点。

第三章
历史唯物主义的创立与马克思的现代性批判

《德法年鉴》时期获得的现代政治批判成果以及开启的由现代性意识向现代性批判的转变，促使马克思对政治经济学进行研究，解剖市民社会，从而真正揭示了市民社会的本质。从《1844年经济学哲学手稿》开始，马克思开启了对现代性的总体性批判。这个时期马克思对现代性的总体性批判的成果，主要集中在《1844年经济学哲学手稿》《神圣家族》《关于费尔巴哈的提纲》《德意志意识形态》《共产党宣言》中。所谓"对现代性的总体性批判"，从方法上来说，是马克思把对经济学的批判、空想社会主义的批判、以黑格尔为代表的德国古典哲学的批判统一纳入现代性批判的视野，指证了它们本质上都是现代性的意识，都是在现代社会私有制、资本、异化的前提和范围内的现代性意识形态。就此而言，马克思对现代性进行的总体性批判，既是对现代性的观念论即对"副本"进行批判，又是对现代性的生产方式和经济基础即对"原本"进行批判。从内容上来说，马克思对现代社会即对现代资本主义社会的批判，不仅限于如前期那样的批判现代社会的政治即现代解放，而且扩展到对现代社会的资本、私有制、形而上学基础、历史前提、本质真相和来历的总体性批判。也就是说，马克思在历史唯物主义的基础上，展开了对现代性的全面批判。

一、《1844年经济学哲学手稿》与马克思的现代性批判

《1844年经济学哲学手稿》(以下简称《手稿》)在马克思的现代性批判理论中具有奠基性意义。它上承《德法年鉴》时期马克思的现代政治批判成果和遗留下来的问题(对市民社会的解剖应该到政治经济学中去寻找),下启马克思在历史唯物主义基础上对现代性的总体批判的全面展开。在《关于费尔巴哈的提纲》《德意志意识形态》中,马克思彻底颠覆了现代性的形而上学基础,确立了现代性批判的社会存在论根据,并以"生产方式""经济关系"为基本规范对现代资本主义社会进行了全面批判——这些都与《手稿》有着直接的理论上的关联。《手稿》是马克思思想的秘密和诞生地。从现代性批判的视角说,这种说法是有根据的,因为马克思在《手稿》中开启了对现代社会的总体批判。借助于政治经济学研究的初步成果,通过对"异化劳动"或"劳动的异化"的分析,马克思揭示了私有制和现代资本的本质和来历,深化了前期现代性政治批判的成果,并指向了现代社会的基础,即把对现代国家和现代政治的批判转向了对市民社会的基础即私有制和现代资本本身的批判;以"异化劳动"为核心展开了对现代社会的存在论批判,延续并深化了人类解放及其超越现代资本主义社会的课题,明晰了现代性批判的立脚点和未来性向度,指证了人类社会与现代社会之间的历史的本质性的关联性。在"对象性的活动"原理的基础上,马克思首次开启了对以黑格尔为代表的近代形而上学的全面批判,开始批判现代性的观念论或现代性意识形态。

1. **"异化劳动"与私有财产、现代资本的起源和本质**。通过对市民社会的经济关系的初步研究和批判性分析,马克思在《手稿》中提出了

"异化劳动"这个核心概念。我们不能把异化劳动理解为一种抽象的人道主义批判和道德谴责。实际上,这是马克思进行现代性批判的核心概念。依据异化劳动,马克思深入到市民社会之中,揭示了私有财产和现代资本的本质。

马克思是从分析国民经济学的二律背反和追问两个有关现代性的问题开始讨论异化劳动的。马克思认为,国民经济学中存在基本的二律背反,这种矛盾或二律背反说明了国民经济学只是关于市民社会的科学,它所表述的原理必然是矛盾的、处于支离破碎状态的原理:一方面它认为,劳动创造价值,劳动是一切财富的价值源泉,劳动者应该取得他所创造的一切;另一方面它又认为,私有财产以及作为私有财产纯粹表现的现代资本是自然的、永恒的,并可以支配劳动。国民经济学基本的二律背反意味着什么呢?或者说,国民经济学为什么会陷入这种矛盾呢?在马克思看来,原因在于,国民经济学以之为出发点的劳动本身,在现代社会变成了抽象劳动或异化劳动,国民经济学表述的原理是在现代社会抽象劳动范围内的原理,是以私有财产为既定事实的原理。对此,马克思说:"劳动本身,不仅在目前的条件下,而且就其一般目的仅仅在于增加财富而言,在我看来是有害的、招致灾难的,这是从国民经济学家的阐发中得出的,尽管他并不知道这一点。"① 由此出发,马克思提出了两个根本性的追问:(1)把人类的最大部分归结为抽象劳动,这在人类发展中具有什么意义?(2)主张细小改革的人不是希望提高工资并以此来改善工人阶级的状态,就是(像蒲鲁东那样)把工资的平等看作社会革命的目标,他们究竟犯了什么错误?②

---

① 马克思、恩格斯:《马克思恩格斯全集》第 3 卷,第 231 页。
② 参见同上书,第 232 页。

尽管马克思在《手稿》中没有直接回答这两个相互关联的问题，但结合他在该文本中的总体思想来看，这是对现代性的根本的追问。用马克思的话来说，这是"超出国民经济学的水平"的追问，即是超出现代性意识而转向现代性批判视角的追问，因为国民经济学就只有一种现代性的水平。这表明，马克思用"抽象劳动""异化劳动"概念取代了黑格尔的"抽象理性""形式理性"等概念，并开始触碰到了现代市民社会即现代资本主义社会的经济关系。同时，马克思要通过对"抽象劳动""异化劳动"及其内含的经济关系的分析，揭示它与私有财产、资本之间的本质关联性，揭示它在现代社会发展中的意义。我们可以发现马克思的现代性批判的立场、现代社会资本主义文明的历史性的辩证法及其与空想社会主义的原则界限。这是因为，国民经济学和空想社会主义本质上都没有触及现代社会的私有制的基础，它们仍然是一种现代性的意识形态。

所谓"超出国民经济学的水平"或者说"超出现代性意识的水平"，就是要超出它们把私有财产和资本当作现成的、既定的前提和事实的水平，就是要通过批判性地分析"抽象劳动"或"异化劳动"及其内含的经济关系，揭示私有财产和现代资本的起源、本质真相及其历史性意义，破除把私有财产、资本当作自然的、永恒的事实的现代性意识。

那么，如何探讨私有财产的起源和普遍本质问题呢？马克思认为："我们把私有财产的起源问题变为外化劳动对人类发展进程的关系问题，就已经为解决这一任务得到了许多东西……问题的这种新的提法本身就已经包含问题的解决。"[1] 在马克思看来，国民经济学仅仅是对异化劳动的现象以及异化劳动的经济事实进行了描述，但是没有在现实中去说明

---

[1] 马克思、恩格斯：《马克思恩格斯全集》第3卷，第279页。

第三章　历史唯物主义的创立与马克思的现代性批判

和表达"异化劳动"这个概念。通过将"异化劳动"同"私有财产"概念相结合，马克思要揭示私有财产的来源和本质。从表面上看，私有财产外化是劳动的根据和原因，但事实上，它不过是外化劳动的结果，"正像神原先不是人类理智迷误的原因，而是人类理智迷误的结果一样。后来，这种关系就变成相互作用的关系……私有财产只有发展到最后的、最高的阶段，它的这个秘密才重新暴露出来，就是说，私有财产一方面是外化劳动的产物，另一方面又是劳动借以外化的手段，是这一外化的实现"①。而作为私有财产的纯粹的表现或者抽象以及"私有财产的最后的阶段"的表现形式，资本是私有财产制度发展的必然结果，是异化劳动的产物。因此，资本是"对他人劳动产品的私有权""对劳动及其产品的支配权力"，同时也是一种"积蓄的劳动"。②在私有财产的关系中必然包含着劳动和资本的对立，并且这种对立是现代社会的根本对立，是现代市民社会本质的矛盾。就是说，"无产和有产的对立，只要还没有把它理解为劳动和资本的对立，它还是一种无关紧要的对立，一种没有从它的能动关系上、它的内在关系上来理解的对立，还没有作为矛盾来理解的对立"③。资本是劳动的异化的必然结果，动产之于资本不愧为"现代之子"，它必然要战胜不动产，不动产的地产不过是暂时的。究其原因，是因为它仍然是一种带有地域和政治上的偏见的私有财产。并未完全摆脱同周围世界的纠缠而达到自身的资本，即是一种尚未完成的资本。它最终必然成为动产，因为这是其在发展过程中必须达到资本的抽象——即纯粹的表现——的必然要求。④同样地，工业是一种"完成了的劳动"；

---

① 马克思、恩格斯：《马克思恩格斯全集》第3卷，第277页。
② 参见同上书，第238—239页。
③ 同上书，第294页。
④ 参见同上书，第288页。

139

其中，工厂制度是工业的"劳动的发达本质"，而工业资本则是"私有财产的完成了的客观形式……只有这时私有财产才能完成它对人的统治，并以最普遍的形式成为世界历史性的力量"。①

通过对异化劳动的分析，马克思揭示了私有财产和资本的起源和本质，把资本看成现代社会的普遍原则和基本建制，认为资本是现代社会的本质特征，"资本的文明的胜利恰恰在于，资本发现并促使人的劳动代替死的物而成为财富的源泉"，资本的普遍统治表明了"死的物质对人的完全统治"。② 把资本看成现代社会的本质和基本建制，并把劳动和资本的对立看作现代社会最根本的对立和本质的矛盾，表明马克思推进了前期的现代性批判思想，即把"本质的矛盾""现代政治的矛盾"具体化为"资本""劳动和资本的对立"，意味着马克思对现代社会的本质的判断日益深化和明确化，标志着马克思的现代性批判理论的根本转变。

从现代性批判的视角，马克思对国民经济学进行了批判。马克思认为，如果像国民经济学那样仅仅从私有财产的事实出发，是无法对这个事实予以说明的。这是因为，国民经济学家的思考路径不过是将私有财产在现实中所经历的物质过程简单地归纳入一般的、抽象的公式中，然后想当然地将这些公式视为普遍化的规律，"它不理解这些规律，就是说，它没有指明这些规律是怎样从私有财产的本质中产生出来的。国民经济学没有向我们说明劳动和资本分离以及资本和土地分离的原因"③。即是说，国民经济学家并未揭示私有财产和现代资本的起源、本质以及历史过程，他们把本应该说明的东西置于虚幻的原始状态。从本质上看，以亚当·斯密为代表的经济学家的国民经济学只是现代社会原则基础上

---

① 参见马克思、恩格斯：《马克思恩格斯全集》第 3 卷，第 293 页。
② 参见同上书，第 262、287 页。
③ 同上书，第 266 页。

的科学，也就是关于市民社会的科学。在市民社会和私有财产范围内，它揭示了财富的主体的本质。即使在斯密之后，国民经济学有了很大的发展和进步，但是仍然没有改变这个前提和范围。因此，国民经济学本身也是现代性原则的产物，它本身就是私有制和市民社会的科学，是"启蒙国民经济学""无批判的实证主义""私有财产的现实能量和现实运动的产物"以及"私有财产的在意识中自为地形成的独立运动，是现代工业本身"；以劳动即抽象劳动为原则的国民经济学，是一种没有批判和突破抽象劳动、私有制前提和范围的国民经济学，"表面上承认人，毋宁说，不过是彻底实现对人的否定而已"，它并没有推翻支离破碎的工业现实，反而却证实了其自身在理论原则上的支离破碎——它们"本来就是这种支离破碎状态的原则"。① 马克思对国民经济学的批判本质上就是对现代性的批判。

2."自我异化的扬弃"与马克思对现代社会的存在论批判。依据"异化劳动"概念及其包含的社会关系，马克思揭示了现代社会人的存在境况，阐发了以自我异化的积极扬弃来超越现代社会的人类解放思想，推进了《德法年鉴》时期的人类解放思想。马克思是在存在论意义上批判现代性的，已经触及了现代资本主义社会的经济关系，即私有制的前提和基础。

马克思揭示了"异化劳动"四个方面的规定，认为现代社会的人处在四种形式的异化境况中，即"物的异化""自我异化""人与人的类本质的异化""人与人的异化"。在马克思看来，在现代社会，异化作为"一种非人的力量统治一切"②，人的异化是普遍必然的命运，其根源在于现

---

① 参见马克思、恩格斯：《马克思恩格斯全集》第3卷，第289—291页。
② 同上书，第349页。

代私有制、现代资本,即在于劳动和资本的对立。马克思认为,国民经济学家没有意识到这种对立,或者有意掩盖了这种对立,因此,他们总是以各种方式描述和说明劳动和资本的统一。马克思说:"国民经济学家把劳动和资本的原初的统一假定为资本家和工人的统一;这是一种天堂般的原始状态。这两个因素如何作为两个人而互相对立,这对国民经济学家来说是一种偶然的因而只应用外部原因来说明的事情。"① 相反地,马克思不但认识到了劳动和资本的对立,而且认识到了这种对立的必然性,将其作为矛盾来理解。马克思认为,只要还没有将这种无产和有产的对立理解为劳动和资本的对立,那么它便仍然是一种无关紧要的对立,是一种并未从它的"能动关系上、它的内在关系上来理解的对立,还没有作为矛盾来理解的对立"。私有制、资本以及劳动和资本的对立,使得现代人陷入异化境况。并且,现代人的异化不仅是工人的异化,而且也包括资本家的异化。马克思认为:"人的异化,一般地说,人对自身的任何关系,只有通过人对他人的关系才得到实现和表现……在实践的、现实的世界中,自我异化只有通过他人的实践的、现实的关系才能表现出来。异化借以实现的手段本身就是实践的。"② 资本是统治一切的力量,是现代社会的基本特征和建制。它不但对工人进行统治,使得工人处于异化状态,而且它成为支配资本家的力量,资本家也处于异化的境况中。马克思说:"凡是在工人那里表现为外化的、异化的活动的东西,在非工人那里都表现为外化的、异化的状态……工人在生产中的现实的、实践的态度,以及他对产品的态度(作为一种内心状态),在同他相对立的非工人那里表现为理论的态度。"③ 这就表明:一方面,资本是资本家利用

---

① 参见马克思、恩格斯:《马克思恩格斯全集》第3卷,第346页。
② 同上书,第275—276页。
③ 同上书,第280页。

第三章　历史唯物主义的创立与马克思的现代性批判

之而对劳动所行使的支配权力；另一方面，它也同样对资本家本身行使着支配权。①

异化劳动必然产生私有财产和现代资本，导致现代人陷入异化的境况。因此，只有当异化劳动、私有财产关系达到自身的极限和顶点之时，自我异化才能被扬弃，现代资本主义社会必然被人类社会超越。马克思说："劳动和资本的这种对立一达到极端，就必然是整个关系的顶点、最高阶段和灭亡。"②由此出发，马克思在存在论意义上批判了现代资本主义社会、批判了空想社会主义，在存在论意义上首次阐述了共产主义思想。

众所周知，在西方文明史上，在马克思之前，有许多思想家批判了私有制。无论是18世纪的卢梭，还是早期的空想社会主义者，他们对现代私有制都有尖锐的批判。但是，在马克思看来，早期空想社会主义者都没有触及私有制的前提和本质，都未能实现对私有制的真正的积极的扬弃，甚至仍然未达到现代私有制的水平。因此，马克思批判了"粗陋的共产主义"和"未完成的共产主义"，其中有民主的或专制的共产主义、要求废除国家的共产主义，等等。在马克思看来，第一种类型的共产主义是粗陋的、平均主义的共产主义，因为它追求的不过是私有财产关系的普遍化和完成，要求平均化的私有财产，"这种共产主义——由于到处否定人的个性——只不过是私有财产的彻底表现"；它不过是以嫉妒心和平均化欲望作为自身行动的动力，至多可以说它是这种嫉妒和这种从想象的最低限度出发的平均化的完成形态，这种共产主义是"对整个文化和文明的世界的抽象否定，向贫穷的、需求不高的人——他不仅没有超越私有财产的水平，甚至从未达到私有财产的水平——的非自然的

---

① 参见马克思、恩格斯：《马克思恩格斯全集》第3卷，第239页。
② 同上书，第283页。

简单状态的倒退,恰恰证明私有财产的这种扬弃决不是真正的占有"。[①]一切文明和教养,企图倒退到人的非自然的单纯性上去。因而,这种共产主义就其本质而言,仅仅是将自己理解为"积极的共同体的私有财产"之卑鄙性的一种表现形式罢了。第二种类型的共产主义虽然都已经认识到自己是人向自身的还原或复归,是人的自我异化的扬弃,但是,"因为它还没有理解私有财产的积极的本质,也还不了解需要所具有的人的本性,所以它还受私有财产的束缚和感染。它虽然已经理解私有财产这一概念,但是还不理解它的本质"[②]。

立足于未来社会的原则高度,马克思在存在论意义上阐发了自己的共产主义思想。马克思说:"共产主义是私有财产即人的自我异化的积极的扬弃,因而是通过人并且为了人而对人的本质的真正占有;因此,它是人向自身、向社会的即合乎人性的人的复归,这种复归是完全的,自觉的和在以往发展的全部财富的范围内生成的。这种共产主义,作为完成了的自然主义=人道主义,而作为完成了的人道主义=自然主义,它是人和自然界之间、人和人之间的矛盾的真正解决,是存在和本质、对象化和自我确证、自由和必然、个体和类之间的斗争的真正解决。它是历史之谜的解答,而且知道自己就是这种解答。"[③]

在存在论意义上,马克思把共产主义理解为对私有财产即人的自我异化的积极的扬弃。这是具有本质重要性的阐释。在这种阐释中,我们可以发现马克思的现代性批判理论的原则高度,可以看出现代社会的本质特征及其被未来社会超越的必然性,可以发现未来社会与现代社会之间的本质性关联,可以发现马克思对待现代社会的历史的辩证的批判立

---

① 参见马克思、恩格斯:《马克思恩格斯全集》第 3 卷,第 295—297 页。
② 同上书,第 297 页。
③ 同上。

场，进而表明马克思的现代性批判理论与国民经济学、空想社会主义、以黑格尔为代表的各种现代性意识的基本差别和界限。

马克思批判了以私有财产和资本为原则的现代社会，认为自我异化的现代社会必然被未来的共产主义社会超越。同时，马克思强调，"自我异化的扬弃同自我异化走的是同一条道路"①，即作为异化之扬弃的共产主义并非与作为异化之现代社会处于抽象的对立中；恰恰相反，它与现代社会存在着本质性关联。现代资本主义社会既是被超越的对象，又构成未来社会的基础。换言之，马克思的共产主义并非是对私有财产的抽象否定；恰恰相反，真正的共产主义同样来源于私有财产的历史运动，自我异化的扬弃本身是一个艰难而漫长的过程。马克思说："历史的全部运动，既是它的现实的产生活动——它的经验存在的诞生活动，——同时，对它的思维着的意识来说，又是它的被理解和被认识到的生成运动。"② 由此可见，马克思的共产主义和各种形式的空想社会主义有本质区别。马克思强调，"在实践的、现实的世界中，自我异化只有通过对他人的实践的、现实的关系才能表现出来。异化借以实现的手段本身就是实践的"③。因此，自我异化的扬弃从根本上说深入到了经济的必然性中，必然在"能动关系""内在关系"上把异化世界理解为"矛盾的对立"，即劳动同资本的对立。作为对私有财产的积极扬弃的共产主义，必须以现代社会作为其实现的现实基础。马克思说："整个革命运动必然在私有财产的运动中，即在经济的运动中，为自己既找到经验的基础，也找到理论的基础。"④ 共产主义对现代社会的超越不是对现代社会的抽象否定，而是现实

---

① 马克思、恩格斯：《马克思恩格斯全集》第3卷，第294页。
② 同上书，第297页。
③ 同上书，第276页。
④ 同上书，第298页。

的历史运动过程，是对现代社会的积极扬弃。"要扬弃私有财产的思想，有思想上的共产主义就完全够了。而要扬弃现实的私有财产，则必须有现实的共产主义行动。"① 马克思说："共产主义决不是人所创造的对象世界的消逝、舍弃和丧失，即决不是人的采取对象形式的本质力量的消逝、舍弃和丧失，决不是返回到非自然的、不发达的简单状态去的贫困。恰恰相反，它们倒是人的本质的或作为某种现实东西的人的本质的现实的生成，对人来说的真正的实现。"②

3. "对象性的活动"与马克思对黑格尔的现代性形而上学的批判。黑格尔把理性、主体性原则理解为现代性的基本原则，并且在自我意识哲学和绝对精神的基础上完成了对现代性的哲学确证和自我辩护。马克思把近代形而上学看作现代性的哲学基础，看作现代性的基本建制之一。黑格尔是现代性形而上学的完成，他的哲学是现代性意识的主要表现。因此，马克思对现代性的批判必然指向对黑格尔形而上学的批判。

在《手稿》中，马克思在对象性的活动基础上正式开启了对黑格尔形而上学的批判。这种批判是有必要的和富有成果的，表明马克思触及了现代性得以展开的哲学基础问题。在马克思看来，现代性是西方近代形而上学的本质之现实的展开和必然结果，近代形而上学构成现代性的哲学基础和基本建制。因此，要实现对以黑格尔为完成者的现代性形而上学的批判，并且超出它的意识哲学范围，就必须发动一场哲学存在论的真正变革，进而颠覆近代形而上学的基础。对此，我们可以进行如下阐释。

毋庸讳言，马克思在《手稿》中高度评价了黑格尔哲学尤其是他的

---

① 马克思、恩格斯：《马克思恩格斯全集》第 3 卷，第 347 页。
② 同上书，第 331 页。

辩证法、现实性、历史性原则。马克思说:"黑格尔的《现象学》及其最后成果——辩证法,作为推动原则和创造原则的否定性——的伟大之处首先在于,黑格尔把人的自我产生看作一个过程,把对象化看作非对象化,看作外化和这种外化的扬弃;可见,他抓住了劳动的本质,把对象性的人、现实的因而是真正的人理解为他自己的劳动的结果。"① 同时,马克思洞察到黑格尔哲学本质上是西方近代形而上学的完成,是一种自我意识哲学,即以自我意识的哲学语言来表达现代性的理性、自由等原则的哲学,是一种现代性意识或意识形态,是一种"非批判的实证主义和同样非批判的唯心主义"②。因此,马克思认为,黑格尔仍然站在现代国民经济学的立场上,与国民经济学家一样没有突破私有制和现代资本的基础和界限,没有在现实的经济关系中揭示出劳动异化的本质和克服劳动异化的必然性,即黑格尔"把劳动看作人的本质,看作人的自我确证的本质;他只看到劳动的积极的方面,没有看到它的消极的方面。劳动是人在外化范围之内的或者作为外化的人的自为的生成。黑格尔惟一知道并承认的劳动是抽象的精神的劳动"③。因此,对于黑格尔而言,"人的本质的全部异化不过是自我意识的异化。自我意识的异化没有被看作人的本质的现实异化的表现,即在知识和思维中反映出来的这种异化的表现。……因此,对异化了的对象性本质的全部重新占有,都表现为把这种本质合并于自我意识:掌握了自己本质的人,仅仅是掌握了对象性本质的自我意识"④。

马克思认为,黑格尔的自我意识哲学即现代性的形而上学的本质

---

① 马克思、恩格斯:《马克思恩格斯全集》第3卷,第319—320页。
② 同上书,第318页。
③ 同上书,第320页。
④ 同上书,第321—322页。

特征是：意识的内在性原则，即自我意识设定对象，然后又在意识的内部扬弃对象，复归到自我意识自身；这种自我意识哲学必然是抽象的主体性哲学、主客二元对立的哲学、思辨哲学意识；黑格尔"只是为历史的运动找到抽象的、逻辑的、思辨的表达，这种历史还不是作为一个当作前提的主体的人的现实历史，而只是人的产生的活动、人的形成的历史"①。因此，对于异化的扬弃和人的本质力量的占有及过程，黑格尔是这样理解的：精神的本质是感性、宗教国家权力等，而它的真正形式则是思维着的精神，即逻辑的、思辨的精神；同样地，主体也仅仅是意识或自我意识，而这一意识的对象也仅仅是一种抽象的意识，而这一抽象的意识的运动的结果就是自我意识和自身的同一，即绝对知识。由此可见，这一运动不再朝向自身的外部，而仅仅在自身内部运动。在马克思看来，黑格尔的自我意识哲学反映了现代性的特征和原则："对象本身对意识来说是正在消失的东西。"②即是说，在黑格尔那里，自我意识的外化所设定的仅仅是物性，即仅仅是抽象物、抽象的物，而非现实的物。在其中被设定为主体的人也并非现实的人，甚至也不是自然界，而是人的纯粹抽象，即黑格尔意义上的自我意识。③黑格尔理解的人、主体，无非是自觉到自身是绝对自我意识的主体，也就是神或者绝对精神，就是自觉到并且因此而实现了的观念，"现实的人和现实的自然界不过是成为这个隐蔽的非现实的人和这个非现实的自然界的谓语、象征。因此，主语和谓语之间的关系被绝对地相互颠倒了：这就是神秘的主体—客体，或笼罩在客体上的主体性，作为过程的绝对主体，作为使自身外化并且从这种外化返回到自身的、但同时又把外化收回到自身的主体，以及作为这一过

---

① 马克思、恩格斯：《马克思恩格斯全集》第3卷，第316页。
② 同上书，第322页。
③ 参见同上书，第323页。

第三章　历史唯物主义的创立与马克思的现代性批判

程的主体；这就是在自身内部的纯粹的、不停息的圆圈"①。因此，在黑格尔的哲学中，否定或外化的扬弃无非也就是对这一无内容的抽象进行抽象的、无内容的扬弃，即否定的否定。那些自我对象化的具体的、内容丰富的、活生生的、感性的活动，就转变为这一活动的"纯粹抽象，绝对的否定性，而这种抽象又作为抽象固定下来并且被想像为独立的活动，即干脆被想像为活动。因为这种所谓否定性无非是上述现实的、活生生的行动的抽象的无内容的形式……脱离现实精神和现实自然界的抽象形式、思维形式、逻辑范畴"②。

在《手稿》中，依据对象性的活动原理，马克思对黑格尔的现代性形而上学进行了深刻的批判。关于对象性的活动原理，马克思说："当现实的、有肉体的、站在坚实的呈圆形的地球上呼出和吸入一切自然力的人通过自己的外化把自己现实的、对象性的本质力量设定为异己的对象时，设定并不是主体；它是对象性的本质力量的主体性，因此这些本质力量的活动也必须是对象性的活动。对象性的存在物进行对象性活动，如果它的本质规定中不包含对象性的东西，它就不进行对象性活动。它所以只创造或设定对象，因为它是被对象设定的，因为它本来就是自然界。因此，并不是它在设定这一行动中从自己的'纯粹的活动'转而创造对象，而是它的对象性的产物仅仅证实了它的对象性活动，证实了它的活动是对象性的自然存在物的活动。"③

马克思的对象性的活动原理主要阐释了如下观点：一方面，存在（实存）是对象性的关系中的存在；另一方面，对象性的存在就是直接的对象性的活动。马克思认为，对象性的存在依赖于对象性的关系而存

---

① 马克思、恩格斯：《马克思恩格斯全集》第 3 卷，第 332—333 页。
② 同上书，第 333 页。
③ 同上书，第 324 页。

在，而非对象性的存在就是非存在，或者说只是纯粹的活动即自我意识那种抽象的主体设定了的存在物的存在。实存必须被理解成对象性的存在，而存在物的存在关系则必须被理解成对象性的关系。马克思说："一个存在物如果在自身之外没有自己的自然界，就不是自然存在物，就不能参加自然界的生活。一个存在物如果在自身之外没有对象，就不是对象性的存在物。一个存在物如果本身不是第三存在物的对象，就没有任何存在物作为自己的对象，就是说，它没有对象性的关系，它的存在就不是对象性的存在。"就是说，"非对象性的存在物是非存在物"，或者说，"非对象性的存在物，是一种非现实的、非感性的、只是思想上的即只是想像出来的存在物，是抽象的东西"。① 依据对象性的活动原理，马克思开始瓦解黑格尔哲学的抽象主体与抽象客体对立的二元论，批判了抽象的物质和形而上学的"实体"概念。马克思认为，抽象的物质的方向就是唯心主义的方向。② 因此，只有在对象性的关系中才能够理解人和自然界的实在性，没有与人形成对象性关系的物只能是非存在物；或者说"被抽象地理解的，自为的，被确定为与人分隔开来的自然界，对人来说也是无"③。人和自然界的实在性就是"人对人来说作为自然界的存在以及自然界对人来说作为人的存在"；而对人来说的直接的感性自然界，则"直接是人的感性，直接是另一个对他来说感性地存在着的人"。④

在马克思看来，不仅实存是在对象性的关系中构成的，而且对象性的存在本身就是对象性的活动；现实的、对象性的存在就是对象性的活动；对象性的存在物必然是在对象性的活动中的存在物，只有在它的本

---

① 马克思、恩格斯：《马克思恩格斯全集》第3卷，第325页。
② 参见同上书，第307页。
③ 同上书，第335页。
④ 参见同上书，第308、311页。

质规定中包含着对象性的东西才能进行对象性的活动,而对象性的存在则直接被理解为对象性的活动。因此,黑格尔哲学的那种依靠孤立的主体来设定抽象的主体性的思路,便被马克思彻底否定了。马克思把"主体性"直接理解为"对象性的本质力量的主体性",即在具体的对象性的活动中理解活生生的、具体的、现实的对象性的主体性。既然现实的存在是对象性的活动,因此,任何存在物,比如自然界,"无论是客观的还是主观的,都不是直接同人的存在物相适合地存在着"①。相反地,现实的存在本身只能表现为活动过程,即人通过人的劳动而诞生的过程,是自然界对人来说的生成过程。或者说,"在人类历史中即在人类社会的形成过程中生成的自然界,是人的现实的自然界","通过工业——尽管以异化的形式——形成的自然界,是真正的、人本学的自然界"。② 马克思的对象性的活动原理引发了一种存在论的变革。

二、"粗糙的物质生产"与马克思的现代性批判的推进

《神圣家族》是马克思和恩格斯的第一部合著。马克思以论战的方式批判了以布鲁诺·鲍威尔为代表的青年黑格尔派的自我意识哲学,揭示了思辨哲学即现代性观念论的秘密,进一步批判了现代国家的自由、权利、平等的形式化和抽象性。《神圣家族》推进了马克思的现代性批判理论。

---

① 马克思、恩格斯:《马克思恩格斯全集》第3卷,第326页。
② 同上书,第307、310页。

以鲍威尔为代表的青年黑格尔派的自我意识哲学,就其本质而言是黑格尔自我意识哲学的翻版,是一种思辨唯心主义或者说是黑格尔的思辨唯心主义"漫画的形式"的表现。马克思对鲍威尔自我意识哲学的批判就是要揭穿思辨哲学的幻想。马克思说:"在德国,对真正的人道主义说来,没有比唯灵论即思辨唯心主义更危险的敌人了。它用'自我意识'即'精神'代替现实的个体的人,并且同福音传播者一道教诲说:'精神创造众生,肉体则软弱无能。'显而易见,这种超脱肉体的精神只是在自己的想像中才具有精神力量。"① 鲍威尔等青年黑格尔派的自我意识哲学也称"批判哲学"或"纯粹批判",这是一种批判的神学或神学的批判。它的基本特征是:将"批判"理解为某种超验的存在物;唯一的人的本质仅仅是自我意识或精神自我;群众不过是这一自我意识的独立物,而观念或精神才是历史的真正发源地;将自我意识视为一种绝对的、至高无上的超验性的存在物,要求在天上的云雾中,即在意识和精神中寻找到现代社会和历史的基础和发源地,将现实世界、坏的感性、私有制、物质生产视为与"无限的自我意识普遍性"相对立的东西,即精神和观念的抽象物。

马克思批判了这种现代性的思辨唯心主义,揭示了自我意识哲学或思辨唯心主义的秘密,阐释了"尘世的粗糙的物质生产"是历史的发源地的唯物主义思想,从而深化了对市民社会的经济关系的理解,为颠覆现代性的形而上学基础指明了方向。

马克思进一步批判了鲍威尔的自我意识哲学。他指出,思想一旦离开利益,就一定会使自己出丑;"历史活动是群众的事业,随着历史活动的深入,必将是群众队伍的扩大";"思想从来也不能超出旧世界秩序的

---

① 马克思、恩格斯:《马克思恩格斯全集》第 2 卷,第 7 页。

范围：在任何情况下它都只能超出旧世界秩序的思想范围。思想根本不能实现什么东西。为了实现思想，就要有使用实践力量的人"。[1]在马克思看来，鲍威尔将自我意识理解为实体，即所谓"实体的自我意识"，将之从属人的东西转变为一种独立的主体，但它不过是一幅讽刺人脱离自然的形而上学的神学漫画；这种自我意识的本质与人无关，而是纯粹的理念，自我意识才是理念的现实存在，是人化了的理念，所以它的属性是无限的；人的一切属性就突兀且神秘地转变为了想象中的"无限的自我意识"的属性。正是通过这一神秘的抽象化的思维过程，鲍威尔将自我意识改造成了一种没有任何具体规定性内容的"一和一切"，以及"世界、天空和大地的万能的创造者"。在"思辨结构的秘密"一节中，马克思用果实的例子形象地分析了这一"思辨的创世说"的思维过程：首先从个别抽象出一般，进而将一般独立化转变为实体和主体，最后让个别在一般中消融，使之也同样成为一般的产物，即概念的产物。马克思说："思辨哲学家最感兴趣的就是把现实的、普通的果实的存在制造出来，然后故弄玄虚地说：苹果、梨、扁桃、葡萄存在着。但是我们在思辨的世界里重新得到的这些苹果、梨、扁桃和葡萄却最多不过是虚幻的苹果、梨、扁桃和葡萄，因为它们是'一般果实'的生命的各个环节，是理智所创造的抽象本质的生命的各个环节，因而本身就是理智的抽象产物。"[2]因此，思辨哲学的秘密也就是黑格尔现象学的秘密。对此，马克思说："这种办法，用思辨的话来说，就是把实体了解为主体，了解为内部的过程，了解为绝对的人格。这种了解方式就是黑格尔方法的基本特征。"[3]归纳起来看，鲍威尔的错误在于：把自我意识视为超验的存在物，以自我

---

[1] 参见马克思、恩格斯：《马克思恩格斯全集》第2卷，第103—104、152页。
[2] 同上书，第74页。
[3] 同上书，第75页。

意识取消现实的个体的人；自我意识将外在于它的世界看作幻觉，即在自己头脑中的奇思妙想，从而否认坏的感性以及任何差别，对任何有别于活动的痛苦、有别于知识的感觉和欲望、有别于头脑的心灵统统予以否认，认为一切差别和矛盾不过存在于自我意识或头脑之中，而真正的自我意识不过是一种认识上的宁静；从而在他看来，思想与利益、精神与群众均处于一种对立状态，而一切确定的东西，诸如国家、私有财产、物质生产等等，都不过是自我意识的无限普遍性之下的独立存在物。即是说，他根本无法理解国家、现代解放以及政治解放的本质，因为观念根本不可能对什么东西加以直接实现；为了对某一种观念加以实现，就必须有使用实践力量的人来为之奋斗。同样，政治的基础不是观念，市民社会以及市民社会的经济关系才是现代国家的自然基础。

在对鲍威尔的思辨唯心主义的批判的基础上，马克思揭示了历史的真正基础和发源地，对历史唯物主义思想进行了初步阐释，揭示了现代社会的历史前提，推进了现代性批判理论。

鲍威尔从自我意识出发，宣称历史的发源地在天上的云雾中，把历史发展过程中自然科学和工业所起的重要作用排除在外。这是一种唯灵论的历史观，因为它没有理解现实的人的活动，否定物质的、感觉的、实物的基础，把实物的、感性现实的世界改造为思维的东西或自我意识的纯粹规定性，把现实的人抽象为一种抽象的观点；认为现实的人只是偶性，只是批判的批判借以表现自己为永恒实体的人间的容器，主体不是人类中个人所实现的批判，而是批判的非人类的个人，"并非批判是人的表现，而是人是批判的异化，因此批判家完全生活在社会之外"[①]。马克思说："难道批判的批判以为，只要它从历史运动中排除掉人与自然界的

---

① 马克思、恩格斯：《马克思恩格斯全集》第 2 卷，第 204 页。

第三章　历史唯物主义的创立与马克思的现代性批判

理论关系和实践关系，排除掉自然科学和工业，它就能达到即使是才开始的对历史现实的认识吗？难道批判的批判以为，它不去认识（比如说）某一历史时期的工业和生活本身的直接的生产方式，它就能真正地认识这个历史时期吗？诚然，唯灵论的、神学的批判的批判仅仅知道（至少它在自己的想像中知道）历史上的政治、文学和神学方面的重大事件。正像批判的批判把思维和感觉、灵魂和肉体、自身和世界分开一样，它也把历史同自然科学和工业分开，认为历史的发源地不在尘世的粗糙的物质生产中，而是在天上的云雾中。"[1]

马克思直接提出了"历史的发源地在粗糙的物质生产中"的思想，认为要联系自然科学、工业、生活本身来揭示历史的本质和发源地，要联系生产方式来寻找历史的基础和动力。这是历史观的重大变革，标志着马克思的现代性批判理论有了最初的历史唯物主义基础，形成了自己的基本范畴和规范体系。在稍后的《关于费尔巴哈的提纲》《德意志意识形态》中，马克思正式创立了历史唯物主义，为现代性批判奠定了坚实的基础。

此外，在《神圣家族》中，通过对鲍威尔有关自由、权利等的现代政治观点的批判，马克思深化了《德法年鉴》时期的现代政治批判主题，对启蒙运动以来西方现代社会的"自由""平等"进行了深入的批判。在马克思看来，"自由""平等"不是抽象化和形式化的存在，而是历史的产物，是物质生产和市民社会经济关系的产物，必须联系现代社会的生产方式、经济关系、客观条件来讨论自由、平等权利；鲍威尔主张的自由的人性是一种唯灵论自由观，现代资本主义社会的自由，其基础存在于市民社会的经济关系中，自由的人性以及对之的承认不过是对利己的

---

[1] 马克思、恩格斯：《马克思恩格斯全集》第2卷，第191页。

市民个人的承认,是对构成个人的全部生活内容即形成现代市民生活内容的全部精神与物质因素的运动的承认;鲍威尔主张的所谓"普遍人权"不过是作为现代国家的自然基础的市民社会成员的权利,体现的不过是资产阶级的权利;现代国家通过这一普遍人权而获得了自身合法性的自然基础,而它自己偏偏没有创立这一自然基础,普遍人权论的本质就是对现代市民社会的维护,为现代市民社会的私有财产关系提供理论上的辩护,它不过是一种现代社会的自由主义观念;"平等"与"自我意识"原则具有内在一致性,"平等"不过是德国式的"自我意识"概念的法国式表达方式而已;抽象的"自由""平等"与"自我意识"一样,都仅仅停留在现代政治和现代性的范围内,未触及现代市民社会的经济基础和经济关系,因而仍然是现代社会的抽象原则。

三、"感性的活动"与马克思的现代性批判的社会存在论根据

在《关于费尔巴哈的提纲》《德意志意识形态》中,马克思继续推进对市民社会的研究。在"感性的活动"原则基础上,马克思完成了哲学存在论的根本变革,创立了历史唯物主义(即实践的唯物主义),最终找到了现代性批判的社会存在论根据,揭示了现代社会的内在本质、基本原则和主要建制,批判了现代性的"观念论副本",揭示了现代性意识形态的虚假性,颠覆了现代性形而上学的基础,全面推进和展开了对现代性的批判。这表明,马克思的现代性批判理论趋于完成。

在《手稿》中,马克思以对象性的活动为原则开启了哲学存在论的

第三章 历史唯物主义的创立与马克思的现代性批判

变革。经过《神圣家族》,到《关于费尔巴哈的提纲》和《德意志意识形态》时期,他完成了这场哲学革命。在这里,马克思以"感性的活动"为原则,实现了哲学存在论的革命,创立了历史唯物主义,颠覆了现代性形而上学的基础,揭示了现代性意识形态的虚幻性,开辟了一条基于历史的本质性和社会现实,而不是从理性、精神等现代性观念来揭示现代社会的存在论路向,从而最终找到了现代性批判的社会存在论根据。马克思发起的哲学存在论变革的成果就是历史唯物主义;"感性的活动"是马克思的哲学革命的基础和原则。从路向上看,马克思的哲学革命是存在论路向(即社会存在论路向),它根本上区别于西方近代传统的知识论或观念论路向。

在《关于费尔巴哈的提纲》中,马克思对"感性的活动"原则是这样表述的:"从前的一切唯物主义(包括费尔巴哈的唯物主义)的主要缺点是:对对象、现实、感性,只是从客体的或者直观的形式去理解,而不是把它们当做感性的人的活动,当做实践去理解,不是从主体方面去理解。因此,和唯物主义相反,唯心主义却把能动的方面抽象地发展了,当然,唯心主义当然是不知道现实的、感性的活动本身的。费尔巴哈想要研究跟思想客体确实不同的感性客体,但是他没有把人的活动本身理解为对象性的活动。"①

这里的意思很清楚,"感性的活动""现实的、感性的活动"或"感性的人的活动"就是"实践的活动",也可以说是"对象性的活动"。在此基础上的哲学是存在论即社会存在论路向的,是实践或社会生活路向的,是历史唯物主义路向的,它根本上区别于从前的一切唯物主义和唯心主义。因此,马克思强调:"全部社会生活在本质上是实践的……实践

---

① 马克思、恩格斯:《马克思恩格斯选集》第1卷,第133页。

活动的唯物主义……哲学家们只是用不同的方式解释世界，问题在于改变世界。"①

在《德意志意识形态》中，马克思对"感性的活动"概念进行了系统性阐发。他指出，"对实践的唯物主义者即共产主义者来说，全部问题都在于使现存世界革命化，实际地反对并改变现存的事物……这种活动、这种连续不断的感性劳动和创造、这种生产，正是整个现存的感性世界的基础"；费尔巴哈"没有把感性世界理解为构成这一世界的个人的全部活生生的感性活动"。② 其中，"感性的活动"原理的核心被表述为："意识在任何时候都只能是被意识到了的存在，而人们的存在就是他们的现实生活过程……不是意识决定生活，而是生活决定意识。""以一定的方式进行生产活动的一定的个人，发生一定的社会关系和政治关系。经验的观察在任何情况下都应该根据经验来揭示社会结构和政治结构同生产的联系，而不应当带有任何神秘和思辨的色彩。社会结构和国家总是从一定的个人的生活过程中产生的。但是，这里所说的个人不是他们自己或别人想象中的那种个人，而是现实中的个人，也就是说，这些个人是从事活动的，进行物质生产的，因而是在一定的物质的、不受他们任意支配的界限、前提和条件下活动着的。思想、观念、意识的生产最初是直接与人们的物质活动，与人们的物质交往，与现实生活的语言交织在一起的。人们的想象、思维、精神交往在这里还是人们物质行动的直接产物。表现在某一民族的政治、法律、道德、宗教、形而上学等的语言中的精神生产也是这样。人们是自己的观念、思想等等的生产者，但这里所说的人们是现实的、从事活动的人们，他们受自己的生产力和与之相

---

① 马克思、恩格斯：《马克思恩格斯选集》第1卷，第135—136页。
② 参见同上书，第155、157—158页。

第三章 历史唯物主义的创立与马克思的现代性批判

适应的交往的一定发展——直到交往的最遥远的形态——所制约。意识在任何时候都只能是被意识到了的存在,而人们的存在就是他们的现实生活过程。如果在全部意识形态中,人们和他们的关系就像在照相机中一样是倒立成像的,那么这种现象也是从人们生活的历史过程中产生的,正如物体在视网膜上的倒影是直接从人们生活的生理过程中产生的一样。……我们的出发点是从事实际活动的人,而且从他们的现实生活过程中还可以描绘出这一生活过程在意识形态上的反射和反响的发展。……不是意识决定生活,而是生活决定意识。"①

对于现代性批判而言,马克思开启并完成的这场感性的活动基础上的存在论变革,其意义是特别重大的。在这场哲学变革中,马克思创立了历史唯物主义,把社会存在看作历史的基础,认为"社会存在决定意识",把社会存在定性为生产方式、生产活动、生产力、生产关系、社会结构、物质生产、物质活动、个人的生活过程,并把它们规定为现实的个人、社会历史、思想、观念、意识的基础、界限、前提和条件,在历史唯物主义基础上揭示了现代社会的本质和特征,揭示了现代性形而上学和意识形态的秘密和根源,彻底颠覆了现代性形而上学的基础,揭示了现代社会的社会关系、经济关系、历史的本质性及其历史生成过程,为现代性批判理论提供了历史唯物主义基础和社会存在论根据。

"感性的活动"原则对于马克思的现代性批判的重大意义在于:第一,感性的活动的社会存在论揭示了现代社会的经济基础和社会关系,为马克思的现代性批判提供了历史唯物主义基础;第二,感性的活动的社会存在论让马克思发现和形成了社会现实观,为揭示现代社会的社会现实提供了依据;第三,感性的活动的社会存在论揭示了现代社会的历

---

① 马克思、恩格斯:《马克思恩格斯选集》第1卷,第151—152页。

史的本质性和历史的生成原则,为马克思揭示现代资本主义社会的历史本质、真相和来历提供了根据。

1. 依据感性的活动的社会存在论,马克思揭示了现代社会的经济基础和社会关系,为现代性批判提供了历史唯物主义基础。 马克思认为,感性的活动是社会的基础和发源地,社会存在决定意识,感性的活动就是人们的物质生产活动,它是一切历史的前提和发源地。因此,感性的活动的人的活动即劳动及其产生的经济关系、经济基础以及经济结构是社会的现实基础。在《德意志意识形态》中,依据感性的活动的社会存在论原则,马克思以"生产方式""物质生产""经济关系""经济基础""人们的实际生活过程"以及"现实的个人及其社会关系"为基础和出发点,第一次系统阐发了历史唯物主义原理,从而实现了哲学存在论上的根本变革。马克思说:"这种历史观就在于:从直接生活的物质生产出发阐述现实的生产过程,把同这种生产方式相联系的、它所产生的交往形式即各个不同阶段上的市民社会理解为整个历史的基础,从市民社会作为国家的活动描述市民社会,同时从市民社会出发来阐明意识的所有各种不同的理论产物和形式,如宗教、哲学、道德等等,而且追溯它们产生的过程。这样做当然就能够完整地描述事物了(因而也能够描述事物的这些不同方面之间的相互作用)。这种历史观和唯心主义历史观不同,它不是在每个时代中寻找某种范畴,而是始终站在现实历史的基础上,不是从观念出发来解释实践,而是从物质实践出发来解释各种观念形态。"①

可以看到,除了个别用词的精确度或内容的完备性方面的差异,马克思这里所表述的原理与其后来在《〈政治经济学批判〉序言》中所表述

---

① 马克思、恩格斯:《马克思恩格斯选集》第 1 卷,第 171—172 页。

第三章　历史唯物主义的创立与马克思的现代性批判

的原理是一致的："人们在自己生活的社会生产中发生一定的、必然的、不以他们的意志为转移的关系，即同他们的物质生产力的一定发展阶段相适合的生产关系。这些生产关系的总和构成社会的经济结构，即有法律的和政治的上层建筑竖立其上并有一定的社会意识形式与之相适应的现实基础。物质生活的生产方式制约着整个社会生活、政治生活和精神生活的过程。不是人们的意识决定人们的存在，相反，是人们的社会存在决定人们的意识。社会的物质生产力发展到一定阶段，便同它们一直在其中运动的现存生产关系或财产关系（这只是生产关系的法律用语）发生矛盾。于是这些关系便由生产力的发展形式变成生产力的桎梏。那时社会革命的时代就到来了。随着经济基础的变更，全部庞大的上层建筑也或慢或快地发生变革。"[①]

正是以"感性的活动"原则之上的社会存在论为基础，马克思才创立了历史唯物主义，从而最终找到了现代性批判的基础和根据。在现代社会的分析问题上，由观念论、唯心史观转变到了唯物史观，马克思哲学也获得了"历史科学""革命的科学"的历史地位，"这个由历史运动产生并且充分自觉地参与历史运动的科学就不再是空论，而是革命的科学了"[②]。在"感性的活动"原则的社会存在论基础上，马克思揭示了现代社会的基础和历史性本质。在马克思看来，现代社会的基础并不是意识、自我意识、精神和形而上学的怪影，而是生产方式、生产力、生产关系、物质生产、经济基础。必须从生产方式和经济关系来理解现代社会的历史基础，不能像黑格尔等人那样，只从意识、自我意识、理性来理解现代社会的历史基础。现代社会的内在本质和特征不是唯灵论的自

[①] 马克思、恩格斯：《马克思恩格斯选集》第2卷，第2—3页。
[②] 马克思、恩格斯：《马克思恩格斯选集》第1卷，第236页。

由、自我意识、理性,而是支撑现代社会和一切观念论的生产方式和经济基础。不能从意识、精神出发来理解现代社会,不能从观念出发来解释实践,而是从物质实践出发来解释各种观念形态;不是意识决定存在,而是社会存在决定意识。现代社会的发展动力不是理性或自我意识的批判,而是经济基础及其运动结构,是社会经济结构及其发展过程,是生产方式及其变革过程,是人们的现实生活过程及其展开。社会的物质生产力发展到一定阶段,便同它们一直在其中运动的现存生产关系或财产关系发生矛盾,这些关系便从对于生产力发展的积极形式转变为否定性的生产力之桎梏。而在这时,"社会革命的时代就到来了"。因此,对现代社会的发展和变革的考察,必须首先将如下二者区分开来:一是在生产的经济条件方面所发生的物质性的、可以用自然科学加以量化处理的变革;二是法律、政治、宗教、艺术或哲学,即意识形态,即人们借以意识到这个冲突并力求将之克服的那个东西。对于现代社会的发展和变革的判断,"不能以它的意识为根据;相反,这个意识必须从物质生活的矛盾中,从社会生产力和生产关系之间的现存冲突中去解释"[1]。从这里出发,马克思发现了现代性的"观念论副本"和现代性意识形态的秘密,最终寻找到了颠覆现代性形而上学的根据。在马克思看来,意识只是被意识到了的存在,而人们的存在就是人们的现实的生活过程,不断发展着自身的物质生产和物质交往的人们在改变自身现实的同时也必然要同时改变自己的思维和思维的产物。意识的一切形式和产物不可能以精神的批判的方式来解决,也不能把它们消融在自我意识之中或单纯地化为"怪影""幽灵""怪想"而对其加以消灭,唯一能够将之消灭的方式是实际地推翻一切唯心主义谬论所由产生的现实的社会关系。历史以及宗教、

---

[1] 马克思、恩格斯:《马克思恩格斯选集》第2卷,第3页。

第三章　历史唯物主义的创立与马克思的现代性批判

哲学和任何其他理论的真正推动力不是批判，而是革命。[①]因此，马克思找到了批判现代性的"观念论副本"和现代性意识形态的现象学方法，即从感性的活动的社会存在论上瓦解观念论的虚幻基础，澄明意识、观念的真实基础，破除现代性问题上的意识形态和神话学。在马克思看来，现代性意识或观念本身是现代资本主义社会的物质关系的直接产物，是对现代社会关系和经济基础的反映。即使现代性的观念形而上学化了，从而成为一种对现实关系的虚幻表现，它也是由现代社会的现实关系，即由市民社会的矛盾本身所造成的。诚如马克思所说："如果这些个人的现实关系的有意识的表现是虚幻的，如果他们在自己的观念中把自己的现实颠倒过来，那么这又是由他们狭隘的物质活动方式以及由此而来的他们狭隘的社会关系造成的。"[②]

马克思对现代性的"观念论副本"和现代性意识形态的批判，是一种存在论意义上以现象学方法做出的批判，而不是用一种新的哲学或观念论对另一种现代性哲学或观念论所做的批判。在感性的活动的社会存在论基础上，马克思找到了理解和把握现代社会基本特征和结构的根据，最终确定了现代性批判的根据和基本规范体系。在马克思看来，现代社会之所是的根据和特征，即现代社会之所以成为现代社会，并区别于传统社会或前现代社会的根据，不是理性、精神或自我意识，也不是其他的"怪影""幽灵""怪想"，而是生产方式、物质生产、经济基础、经济结构、现实的社会关系、人们的实际生活过程；就现代社会的基础和特征而言，就是资本主义生产方式，是现代私有制的经济基础、私有制基础上的社会关系，是资本和劳动的对立的社会关系，近代形而上学、资

---

① 参见马克思、恩格斯：《马克思恩格斯选集》第1卷，第172页。
② 同上书，第151页。

本、现代技术是现代社会的基本建制和本质特征。

我们从上述的论析中可以发现,马克思对"市民社会"内涵的理解也发生了变化。日本学者城塚登指出,"市民社会"概念在马克思那里有一个从具体形象到抽象形象的转变过程,这种转变引起了混乱,马克思放弃了现代政治解放的理想。需要说明的是,马克思的"市民社会"概念确实发生了转变:马克思之前将其作为资产阶级革命和现代政治解放之结果的市民社会即资产阶级社会,现在被定义为作为社会历史的基础的生产关系、交往关系、经济基础和经济结构。在马克思看来,市民社会就是一切历史阶段上既受生产力制约也同时制约生产力发展的交往形式,它包括在生产力发展的一定阶段上的一切物质交往、整个商业活动和工业生活。马克思指出,只要生产、交换和消费发展到一定阶段,就会产生相应的社会制度、家庭、等级以及阶级组织,即相应的市民社会;而只要有了一定的市民社会,就会有作为特定的市民社会的正式表现的相应的政治国家。[①] 在历史唯物主义的视野中,马克思的市民社会就是指一定社会历史中的生产关系、经济基础、社会经济结构、交往形式、生产关系的总和。由此可见,马克思"市民社会"概念的转变,只是把它从一个描述性概念转变成了一个解释性概念;即马克思使用"市民社会"这一术语,试图解释人类历史的基础和发源地,不存在混乱的情况。马克思把原来资产阶级社会含义的市民社会,转变为生产关系、交往关系、经济基础含义的市民社会,并把它看作政治关系、国家权力和意识形态竖立其上的整个社会的现实基础,看作全部历史的真正发源地和舞台,并用它来分析现代市民社会或现代资本主义社会,以便揭示和把握现代社会的历史的本质性和真相。与此相关联,对于《黑格尔法哲学批判》

[①] 参见马克思、恩格斯:《马克思恩格斯选集》第4卷,2012年,第532页。

中的"本质的矛盾"、《德法年鉴》时期"市民社会和政治国家的矛盾"的提法，马克思在这里已经明确化和具体化，并把它表述为生产方式、生产力、生产关系、经济基础、物质生产、经济结构的矛盾运动。这些具体化和明确化的概念表述最终成为马克思的现代社会批判的基本规范，这是现代性批判理论基本规范的根本变化，对于当代的现代性批判话语具有重要意义。

2. 依据感性的活动的社会存在论，马克思形成了社会现实观，为把握现代社会的社会现实提供了根据。在感性的活动的社会存在论基础上，马克思强调"现实中的个人""人们的现实生活过程""从事实际活动的人们""现实的实践活动""现实的基础"，形成了现实观即社会现实观。社会现实的发现对于马克思的现代性批判具有重要意义。

马克思的现实观是对黑格尔"现实"概念的批判性的继承和超越。洛维特说："给予现实概念中的这种变迁以推动力的，恰恰就是黑格尔，就是他史无前例地把现实的、当前的世界提升为哲学的内容。"[①] 黑格尔有关"现实"概念的基本思想是：（1）现实是本质与实存的统一。就是说，现实不仅关联于本质，而且也关联于实存，是二者思辨的辩证统一。黑格尔既克服了把现实仅仅归结为本质性领域即理念领域，并与现象世界领域相分隔的传统做法，又避免了把现实等同于单纯的存在、实存、事实的做法。在黑格尔那里，只有符合理性或本质性的存在才是现实，并且只有在理念的本质性中才能实现对实存的思辨或思想，即只有深入到对象的本质性之中才能真正地把握现实。因此，黑格尔说："哲学必然与现实和经验相一致。甚至可以说，哲学与经验的一致至少可以看成是考验哲学真理的外在试金石，同样也可以说，哲学的最高目的就在于确

---

① 洛维特：《从黑格尔到尼采——19世纪思维中的革命性决裂》，第184页。

认思想与经验的一致,并到达自觉的理性与存在于事物中的理性的和解,亦即到达理性与现实的和解。"①(2)现实不仅是本质与实存的统一,而且是历史展开中的必然性。黑格尔说:"现实性在它的展开中表明它自己是必然性。"②在黑格尔那里,现实不是现成的、静止不变的存在,而是历史性的生成,是一种历史发展的趋势或倾向。对此,卢卡奇有精准的评价:"这样一来,现实的问题就以全新的面目出现了。现在——照黑格尔的话来说——生成表现为存在的真理,过程表现为事物的真理。这就意味着,历史发展的倾向构成比经验事实更高的现实。"③黑格尔把现实理解为历史的展开和生成,赋予其思想以历史性和现实感,这一点深刻地影响了马克思。

当然,黑格尔的现实观是有局限性的。其主要表现为,他把现实的历史运动的主体设定为绝对精神;他认为客观精神作为概念中辩证地展开的整个社会现实领域,还不是真正的客观和现实,只是绝对精神发展过程中的一个环节,没有达到真理;因此,客观精神仍然要被绝对精神所超越。在黑格尔那里,现实的基础仍然是绝对精神,历史性也只是绝对精神本身的产生和发展运动。马克思认为,黑格尔所做的,不过是"为历史的运动找到抽象的、逻辑的、思辨的表达",这种意义上的历史还无法成为一个被当作前提的主体的人的现实历史;在黑格尔那里,全部的绝对精神的外化历史和这一外化的全部消除,不过是"抽象的、绝对的思维的生产史,即逻辑的思辨的思维的生产史"。④黑格尔把现实的基础归结为神秘的绝对精神,消解了现实的真实的历史,这遭到了马克

---

① 黑格尔:《小逻辑》,第 42 页。
② 同上书,第 301 页。
③ 卢卡奇:《历史与阶级意识》,第 268—269 页。
④ 参见马克思、恩格斯:《马克思恩格斯全集》第 3 卷,第 316、318 页。

第三章　历史唯物主义的创立与马克思的现代性批判

思的批判，也是马克思要批判性地脱离黑格尔的现实观的关键之点。

需要承认的是，突破黑格尔现实观的绝对精神基础，把现实的基础安置在感性世界的实存中，对于这一步工作的开展，费尔巴哈起了积极作用，并有助于马克思的现实观的变革。费尔巴哈把黑格尔那里作为现实之基础的绝对精神指证为"神学的已死的精神"，并将之称为"神学最后的避难所""神学的最后一根理性支柱"，动摇了黑格尔现实观的神秘性基础。诚如洛维特所说："费尔巴哈对黑格尔哲理神学的感性化和有限化，绝对是我们如今所有人——有意识地或者无意识地——处身于其上的时代立场。"① 那么，费尔巴哈的现实观有什么根本缺陷呢？简单地说，费尔巴哈仅仅将现实理解为"感性直接性""感性的对象"，而并非"感性的活动"。在费尔巴哈的感性直接性中，所谓"现实"仅仅是一种单纯的感性实存和感性直观，他仅仅把现实当成可以通过感觉或直观而直接给予我们的东西，并未涉及任何本质性的问题领域。因此，与黑格尔相比较，费尔巴哈所理解的现实并没有历史性内容和历史感。对此，马克思、恩格斯都曾有过准确的评价。马克思说："当费尔巴哈是一个唯物主义者的时候，历史在他的视野之外；当他去探讨历史的时候，他不是一个唯物主义者。在他那里，唯物主义和历史是彼此完全脱离的。"② 恩格斯指出，与黑格尔相比，"费尔巴哈的惊人的贫乏又使我们诧异"，法、经济、政治等社会实存"对费尔巴哈是一个不可通过的区域"。③ 由此可见，重建社会现实的基础，用真正的"在其中展开活动的客观精神领域"即真正现实的基础来瓦解黑格尔的绝对精神，这一任务就落到了马克思身上。洛维特评价说："马克思反对费尔巴哈的人本学，又恢复了黑格尔的客观

---

① 洛维特：《从黑格尔到尼采——19世纪思维中的革命性决裂》，第108页。
② 马克思、恩格斯：《马克思恩格斯选集》第1卷，第158页。
③ 参见马克思、恩格斯：《马克思恩格斯选集》第4卷，第243页。

精神学说。……他之所以针对费尔巴哈捍卫黑格尔,乃是因为黑格尔理解普遍者的决定意义,而他之所以攻击黑格尔,乃是因为黑格尔在哲学上把历史的普遍关系神秘化了。"①

正是在这个意义上,卢卡奇说:"黑格尔和马克思是在现实本身上分道扬镳的。"②与黑格尔的现实观分道扬镳,取决于一种社会存在论的变革,取决于历史唯物主义的创立。唯有如此,马克思才能真正以这种现实观为基础,把握现代资本主义社会的本质,揭示现代社会的基本特征。在感性的活动的社会存在论基础上,马克思完成了现实观之基础的重建任务。当黑格尔将现实的本质性定向到客观精神,而客观精神又在被绝对精神的超越中而变得神秘化时,马克思则把真正的现实定向为人们的现实生活过程:意识在任何时候都只能是被意识到了的存在,而人们的存在就是他们的现实生活过程。③在马克思看来,社会现实的本质性和必然性根植于人们的现实生活过程之中,即根植于感性的活动基础上形成的经济关系及其变动结构中;必须将社会现实把握为一定的社会关系和经济关系,把握为人们在实践的人的活动中不断生成的生产方式及其变动结构;社会现实不仅是实存,而且也是本质,这一本质并不存在于黑格尔的绝对精神和思辨的思维之中,而是直接地存在于人们的感性的活动、人们的现实生活过程之中;只有生产方式,"更确切地说,它是这些个人的一定的活动方式,是他们表现自己生命的一定方式、他们的一定的生活方式",才是在社会历史中具有"普遍者的决定意义"的东西。④

社会存在论基础上现实观的发现,对于马克思的现代性批判具有

---

① 洛维特:《从黑格尔到尼采——19世纪思维中的革命性决裂》,第127页注释1。
② 卢卡奇:《历史与阶级意识》,第67页。
③ 参见马克思、恩格斯:《马克思恩格斯选集》第1卷,第152页。
④ 参见同上书,第147页。

第三章 历史唯物主义的创立与马克思的现代性批判

特别重大的意义。它标志着马克思在历史唯物主义基础上真正切中了现代资本主义社会的社会现实,把握到了现代社会的历史的本质性。在马克思看来,不能从形式性、抽象性的存在来看待现代社会,也不能从感性直观来看待现代社会的本质;现代社会的本质不是"理性""自我意识""绝对精神",而是对现代社会历史具有"普遍者的决定意义"的现实,生产方式、经济基础、经济关系及其变动结构、人们的现实生活过程、资本生产、现代技术乃是现代社会真正的现实。只有马克思才真正揭示了现代社会的社会现实,即真正揭示了如伽达默尔所理解的现代社会的本质性的东西——作为"人类社会基本结构的生产关系"①。在这层意义上,海德格尔对马克思有很高的评价。海德格尔认为,社会现实的本质就是"经济发展以及这种发展所需要的架构",而"马克思懂得这双重现实"。②

感性的活动基础上的现实观的确立,社会现实在社会存在论基础上的重新开启,标志着马克思真正揭示了现代社会的本质和基本特征,现代或现代社会真正取得了形态学的内涵。马克思用"生产方式""经济基础""经济关系及其变动结构""资本生产""人们的现实生活过程"来规定"存在",揭示现代性意识形态的本质和内在虚妄性。马克思的现代性批判理论取得了真正的科学形态即历史科学形态。

3. 依据感性的活动的社会存在论,马克思揭示了现代社会的历史的本质性。感性的活动的社会存在论及其社会现实观中,必然蕴含了历史的本质性和历史的生成原则。"历史的本质性"原则的确立,对于马克思的现代性批判理论的重要意义是:马克思澄清了现代社会的历史前提和

---

① 伽达默尔:《哲学解释学》,夏镇平、宋建平译,上海译文出版社,2004年,第116页。
② 参见费迪耶等辑录:《晚期海德格尔的三天讨论班纪要》。

历史发展规律,揭示了现代资本主义社会的历史前提、本质真相和来历。

马克思高度赞赏黑格尔哲学具有的历史感,同时也批评了黑格尔把历史主体归结于绝对精神的逻辑的、泛神论的神秘主义,认为黑格尔只是用抽象的、逻辑的、思辨的表达方式来理解历史运动;他所理解的历史生成和运动仍然是思维、自我意识的发展和运动,是一种抽象化、形式化的理念或概念运动。因此,从历史的生成原则看,黑格尔哲学中包含着一种他无法解决的矛盾。一方面,黑格尔第一次将整个自然的、历史的和精神的世界描述为一个连续的过程,揭示了历史运动及其规律性——这是他的伟大功绩。另一方面,黑格尔的哲学中存在着一个无法解决的内在矛盾:历史发展过程按其实质来说绝不可能因为所谓"绝对真理"的发现而结束,而他又悖论式地认为自己就是这种"绝对真理的化身"。[1]

在感性的活动的社会存在论基础上,马克思真正揭示了历史的本质性和历史的生成原则。在马克思看来,历史的基础不是思维、理性和任何社会意识形式,也不是国家政治权力等政治上层建筑,而是生产方式、经济关系、经济基础及其变动结构,即这种不以个人意志为转移的个人的实实在在的物质生活。而这些个人之间的相互制约的生产方式与交往形式,才是国家真正的现实基础,是自由和权利的现实基础。换言之,并不是国家政权和法律权利创造出了这些生产方式和现实的经济关系;恰恰相反,后者才是创造出国家政权和法律权利的真正力量。[2] 历史的主体不是自我意识、绝对精神,而是现实的人、现实的人的活动、生产物质生活条件的人,是实践的人的活动即劳动,是现实的、有生命的个人

---

[1] 参见马克思、恩格斯:《马克思恩格斯选集》第3卷,第398—399页。
[2] 参见同上书,第378—379页。

本身，是人的现实生活及其过程；历史发展和运动的根源和动力不是天上云雾中的思维、自我意识的思维形式的矛盾运动，而是生产方式的矛盾运动，是社会的经济基础及其变动结构的矛盾运动。马克思指出，历史的真实基础是实践的人的活动即劳动及其现实的能动的生活过程，而不是意识或想象的主体的想象活动，"只要描绘出这个能动的生活过程，历史就不再像那些本身还是抽象的经验主义者所认为的那样，是一些僵死的事实的汇集，也不再像唯心主义者所认为的那样，是想象的主体的想象活动"①。

感性的活动就是现实的、活生生的人的能动的生活过程，它蕴含着历史的本质性和历史的生成原则。这意味着现实的主体是感性活动的主体，它才是从事实践的人的活动即劳动的真正主体，是能动性与受动性的辩证矛盾统一。而这一矛盾之客观的展开过程就是真正的历史，即对象性世界的自在改变和主体的自为活动相一致的历史过程，以及现实的主体与对象性世界之现实活动及其社会关系的展开和变动过程。历史的本质性就是现实的主体在感性的活动或实践的人的活动即劳动中所实现的现实生活过程。因此，马克思说："对社会主义的人来说，整个所谓世界历史不外是人通过人的劳动而诞生的过程，是自然界对人来说的生成过程，所以关于他通过自身而诞生、关于他的形成过程，他有直观的、无可辩驳的证明。"② 在马克思看来，历史不是从自我意识和观念中产生的，而是在实践的人的活动即劳动中的生成和创造；历史性或历史的本质性正是在实践的人的活动即劳动中生成的，是人们的现实生活过程的展开；历史总是与一定的生产方式、生产力状况、工业状况联系

---

① 马克思、恩格斯：《马克思恩格斯选集》第1卷，第153页。
② 马克思、恩格斯：《马克思恩格斯全集》第3卷，第310页。

在一起的。马克思说:"一定的生产方式或一定的工业阶段始终是与一定的共同活动方式或一定的社会阶段联系着的,而这种共同活动方式本身就是'生产力';由此可见,人们所达到的生产力的总和决定着社会状况,因而,始终必须把'人类的历史'同工业和交换的历史联系起来研究和探讨。"[1] 对此,卢卡奇论述道:在马克思那里,现实是生成,而不是现成性的,"生成表现为存在的真理,过程表现为事物的真理。这意味着,历史发展的倾向构成比经验事实更高的现实"[2]。所谓"生成的真理"指的就是那一已被创造出来但还未到来的未来,即那一正在不断变为现实的新东西——它是连接过去与未来、具体的历史的过去与具体的历史的未来的中介。当具体的"这里"与"现在"转化为一般过程之时,生成就不再是一种不可捉摸的环节或者无声的逝去的直接性,而是一种最深刻且最广泛的具有中介性与决定性的环节,是新事物诞生所必须经历的环节。[3]

在感性的活动的社会存在论基础上,马克思把握到了现代社会的现实和历史的本质性。这是马克思的现代性批判理论的创造性贡献。海德格尔说:"马克思在体会到异化的时候深入到'历史的本质性的一度'中去了,所以马克思主义关于历史的观点比其余的历史学优越。但因为胡塞尔没有,据我看来萨特也没有在存在中认识到历史事物的本质性,所以现象学没有、存在主义也没有达到这样的一度中,在此一度中才有可能有资格和马克思主义交谈。"[4] 海德格尔的评价是客观的。对于现代性批判而言,马克思的历史观点的优越性主要表现为:有了历史的本质性的

---

[1] 马克思、恩格斯:《马克思恩格斯选集》第1卷,第160页。
[2] 卢卡奇:《历史与阶级意识》,第268—269页。
[3] 参见同上书,第298—299页。
[4] 海德格尔:《海德格尔选集》上卷,孙周兴选编,上海三联书店,1996年,第383页。

第三章　历史唯物主义的创立与马克思的现代性批判

优势,马克思才能澄清现代社会的历史前提、本质真相和来历,破除有关现代资本主义社会历史起源问题上的种种神话学——把现代资本主义社会看作自然的、永恒的、无历史前提的人类社会的终极文明类型;有了历史的本质性的优势,马克思才能深入到现代社会的社会现实和历史的本质性之中,发现现代资本主义社会的历史性本质及其历史发展规律、趋势和走向;有了历史的本质性的优势,马克思才能立足于人类社会或共产主义社会的原则高度,历史地、辩证地展开对现代资本主义社会的批判,肯定其历史的文明作用,指证其历史的过渡性质,揭示现代资本主义社会被人类社会扬弃和超越的必然性,从而划定现代性批判上的两条界限:既划定与无批判的实证主义的界限,又划定与浪漫主义和伦理批判主义的界限。

对于现代性批判理论而言,马克思的历史唯物主义就是要把握人类社会的历史性原则,揭示现代资本主义社会的历史的本质性,揭示人类社会和历史发展的过程和规律,说明资本主义生产方式的历史联系和它在一定历史时期存在的必然性,从而说明它灭亡的必然性。[①] 通过对历史性原则和历史的本质性的分析,马克思揭示了现代社会的历史前提、本质真相和来历,为现代性批判提供了社会存在论基础和根据。

马克思认为,生产力和交往形式之间的矛盾是一切历史冲突的根源。纵观整个人类历史发展过程,"起初是自主活动的条件,后来却变成了自主活动的桎梏,这些条件在整个历史发展过程中构成各种交往形式的相互联系的序列,各种交往形式的联系就在于:已成为桎梏的旧交往形式被适应于比较发达的生产力,因而也适应于进步的个人自主活动方式的新交往形式所代替;新的交往形式又会成为桎梏,然后又为另一种交

[①] 参见马克思、恩格斯:《马克思恩格斯选集》第3卷,第400、402页。

往形式所代替。由于这些条件在历史发展的每一个阶段都是与同一时期的生产力的发展相适应的,所以它们的历史同时也是发展着的、由每一个新的一代承受下来的生产力的历史,从而也是个人本身力量发展的历史"①。社会历史的形成和发展过程是由生产力和交往形式之间的矛盾及其过程所决定的。换言之,社会的物质生产力一旦发展到了一定阶段,就必然与在其中运动的一切现存生产关系或财产关系产生矛盾性关系。随着生产力的进一步发展,旧有的生产关系变成生产力发展的桎梏,到那时,社会革命的时代便到来了。即是说,在经济基础不断变更的历史运动中,全部庞大的上层建筑也必然或慢或快地发生变更。②同样,现代资本主义社会的历史性的本质矛盾和冲突也根源于生产力与交往形式之间的矛盾。一旦现代资本主义生产关系或交往形式成为高度发展的生产力的桎梏时,现代资本主义社会就将被未来的人类社会扬弃和超越。后者在扬弃和超越现代资本主义生产关系与交往形式的同时,乃表现为"最后的革命",即共产主义和所有过去的运动不同的地方在于:"它推翻一切旧的生产关系和交往关系的基础。"③ 同时,有了历史的本质性的优势,马克思也强调,历史的本质性的展开是一个过程,当现代社会的历史必然性还未消失,生产力和生产关系的矛盾和冲突仍然在可调整的范围内时,现代资本主义社会的消亡是不现实的。因此,马克思说:"现在的社会不是坚实的结晶体,而是一个能够变化并且经常处于变化过程中的有机体。"④

---

① 马克思、恩格斯:《马克思恩格斯选集》第 1 卷,第 204 页。
② 参见马克思、恩格斯:《马克思恩格斯选集》第 2 卷,第 32—33 页。
③ 马克思、恩格斯:《马克思恩格斯选集》第 1 卷,第 202 页。
④ 马克思、恩格斯:《马克思恩格斯选集》第 2 卷,第 84 页。

四、历史唯物主义与马克思对现代性的全面批判

在感性的活动的社会存在论基础上,马克思创立了历史唯物主义,从而开启了:对现代性的全面批判,即对现代性的形而上学批判,或者说对现代性意识形态的批判;对现代资本主义社会的对抗性质以及人的异化存在状况的批判;对现代资本主义社会的文明限度及其出路的诊断。

1. **马克思对现代性的形而上学基础的颠覆**。一般所谓"形而上学",是指哲学在理念、知识、理论、意识、思维中构建起这样一个世界,即超感性世界,并且把它看作独立自存的、本质性的和真实的世界;而真正的现实的世界或世俗的世界,只不过是这个超感性世界或本质性的世界之阴影般的存在。现实的世界或世俗世界之具有现实性或真实性,只不过因为它分有了这个超感性世界的本质性、神性、理念或精神。在这种意义上,形而上学就是最广义上的柏拉图主义。现代性的形而上学,就其本质来说,乃是理性形而上学,是唯心主义观念论。在它看来,构成现代世界的基础和本质乃在于理性、知识、思维、意识、自我意识,现代社会中的事物唯当分有理性的本质时,才能成为现实的;"理性""观念"本身是脱离其现实基础和实情独立自存的本质性领域,现代社会的一切现实事物之客观性、现实性、必然性都不过是理性、自我意识、绝对精神自身内部的展开或复归,是理性、思维、逻辑出自其"无人身的人类理性怀抱"的推论或思辨的自洽性。

就现代性形而上学最宽泛的意义而言,凡是离开现代社会的社会关系、经济关系、经济基础,只是抽象地、形式地、纯粹地依据所谓"理性""观念"来看待现代社会的本质真相和来历,在现实基础之外去构造

独立的观念世界,并用这种观念去规定现代社会的本质和特征的唯心主义观念论哲学,都可以被称为现代性形而上学。就现代性形而上学的特征而言,它是自我意识哲学、现代主体性哲学或二元论哲学,是一种知识论路向的哲学。按照马克思的说法,这种现代性形而上学是"抽象的无内容的"哲学,是一种"普遍的,抽象的,适合于任何内容的,从而既超脱任何内容同时又恰恰对任何内容都有效的,脱离现实精神和现实自然界的抽象形式、思维形式、逻辑范畴"。① 按照当代哲学家伽达默尔的说法,现代性形而上学是以黑格尔为代表的把现代世界的实体性内容加以抽象化、形式化的德国唯心主义,是一种"断言的天真""反思的天真""概念的天真";因此,当代思想的任务就是要揭穿这种德国唯心主义天真的假设,让这种假设再也不能被认为是正确的。② 就现代性形而上学的主要表现来看,它是对现代社会基础和现代私有制经济关系的真实或歪曲的反映,它的基础是现代社会的现实基础,但是它否认和遮蔽这种基础,这就是现代性意识形态的本质和功能;它是现代社会的历史性本质和经济基础范围内的观念和意识形式,但它未触及现代社会的历史性本质,未批判和突破现代社会的前提,把现代资本主义社会当作自然的、超历史的永恒存在;从思想观念上层建筑的层面看,现代性形而上学离开"自由""平等""权利""人权"等的现实基础和经济关系,把它们概念化、形式化和普遍化,以为它们可以躺在"无人身的人类理性怀抱"里而独立自存和永恒存在,最根本地体现了现代性意识形态的特征,现代自由主义就是这种现代性意识形态的主要表现。可以说,现代的形而上学就是唯心主义观念论,是现代性的意识和意识形态。

---

① 参见马克思、恩格斯:《马克思恩格斯全集》第3卷,第333页。
② 参见伽达默尔:《哲学解释学》,第121页。

第三章　历史唯物主义的创立与马克思的现代性批判

在《德法年鉴》时期，从市民社会和政治国家分离的视角，马克思把现代解放定向为市民社会的政治解放，开启了对现代性意识尤其是现代性政治观念论的批判。在《手稿》《神圣家族》中，在"对象性的活动"原则基础上，立足于市民社会的经济关系和资本与劳动的对立，马克思批判了以黑格尔为代表的现代性形而上学和以鲍威尔为代表的抽象的"自我意识"和"自由"观念，揭示了现代性形而上学和思辨哲学的秘密，这意味着马克思开始瓦解现代性的形而上学基础。在《关于费尔巴哈的提纲》《德意志意识形态》《哲学的贫困》《共产党宣言》等著作中，在感性的活动的社会存在论意义上，马克思创立了历史唯物主义，批判了现代性形而上学的知识论路向，开启了社会存在论路向，揭穿了一切现代性意识形态和观念论的虚幻性，揭示了现代社会的历史性本质和现实基础，彻底颠覆了现代性形而上学的基础，完成了对现代性形而上学的批判。

在感性的活动的社会存在论基础上，马克思的历史唯物主义把握到了社会现实和人们的现实生活过程领域，从概念、逻辑、反思的超感性世界返回到前概念、前逻辑、前反思的本源世界，亦即那个使得知识论路向上的全部观念论问题得以可能的现实世界。马克思说，德国哲学是"从天国降到人间"；和它完全相反，"这里我们是从人间升到天国"，青年黑格尔派等的哲学家没有一个想到要提出关于"德国哲学和德国现实之间的联系问题"、关于"他们所作的批判和他们自身的物质环境之间的联系问题"。[①] 历史唯物主义的创立，社会存在论路向的开启，标志着现代性形而上学基础的彻底瓦解。

在社会存在论基础上，依照现象学的方法，马克思洞察到了意识、

---

① 参见马克思、恩格斯:《马克思恩格斯选集》第 1 卷，第 145—146、152 页。

观念的独立自存状态的虚假性，把它的基础定向到社会现实和现实生活中，揭穿了意识形态和唯心主义观念论的本质真相。在马克思看来，意识在任何时候都只能是被意识到了的存在，而人们的存在就是他们的现实生活过程；在思辨终止的地方，即在现实生活面前，所谓意识、观念、意识形态的"独立性"和"客观性"的外观或者神话就会被破除。马克思说："在思辨终止的地方，在现实生活面前，正是描述人们的实践活动和实际发展过程的真正的实证科学开始的地方。关于意识的空话将终止，它们一定会被真正的知识所代替。对现实的描述会使独立的哲学失去生存环境，能够取而代之的充其量不过是从对人类历史发展的考察中抽象出来的最一般的结果的概括。这些抽象本身离开了现实的历史就没有任何价值。它们只能对整理历史资料提供某些方便，指出历史资料的各个层次的顺序。"①

马克思这里表达的意思很清楚：第一，历史不是像抽象的经验主义者所认为的那样，是一些僵死的事实的汇集；也不是像唯心主义者所认为的那样，是想象的主体的想象活动。历史的基础是社会现实，即现实的经济关系、生产关系及其架构，是人们的实践活动和实际发展过程。唯心主义观念论的问题是，把观念、意识形态等想象的活动当作历史发展的主体，把观念、意识看作独立自存的。人们的现实生活不是意识、自我意识、观念、意识形态那种抽象化、形式化原则可以任意处置或裁剪的单纯的质料，而是历史的真正的发源地，是历史的本质性，意识、观念、意识形态背后有其现实基础。因此，历史唯物主义根本上区别于唯心主义历史观，它并非要在每一个时代中寻找某种范畴，从观念出发来解释实践；相反，它始终坚定地以现实基础为其思考的起点，以物质

---

① 参见马克思、恩格斯：《马克思恩格斯选集》第1卷，第153页。

实践来解释各种观念形态。在唯物史观看来，精神的批判无法消灭"意识的一切形式和产物"，即无法将它们消融在自我意识中或将之化为"怪影""幽灵""怪想"而加以消灭，只有推翻一切唯心主义谬论所产生的现实的社会关系才能消灭观念的幻想。① 在批判以施蒂纳为代表的唯心主义观念论时，马克思对此有进一步阐释。在马克思看来，似乎施蒂纳等"学识渊博的先生们"不是一直生活在"人的王国"，似乎这种"科学的娱乐"就在于去说明这个理论上的空中楼阁多么奇妙；而不是相反，认为这一空中楼阁产生自现实的尘世关系。这些德国人倾向于将既有的一切无意义的论调转变为其他类型的胡说八道，因为他们认为，这些既有的无意义的论调似乎都具有某种需要揭示的特殊意义。但是，真正的问题在于，要从现存的现实关系出发来说明这些理论词句，而想要真正且实际地消灭这些无意义的词句，将它们从人们的意识中去除，就必须处理改变了的环境而不是靠理论上的演绎来实现。②

第二，意识、观念、意识形态"没有历史，没有发展"。这是后来阿尔都塞从马克思那里加以发挥的重要观点。马克思的意思是，意识、观念、意识形态没有自己独立的历史和发展，意识被认为能够自身独立自存的观点，只是虚假的外观，那种观点本身就是一种意识形态。马克思强调，"不是意识决定生活，而是生活决定意识"。生产力、资金和社会交往形式的总和，是每个人和每一代人所能够遇到的真正的现实之物，它们才是哲学家们依此而将之想象为"实体"与"人的本质"之物的现实基础，是哲学家依此而将之神化之物的现实基础。尽管这种现实基础遭遇到以"自我意识"和"唯一者"的身份自居的哲学家们在思想上的

---

① 参见马克思、恩格斯：《马克思恩格斯选集》第1卷，第172页。
② 参见同上书，第174—175页。

反抗，但是，无论如何，就对于人们的发展所起的作用和影响而言，这一反抗不会对之做到哪怕最为轻微的扰动。① 马克思认为，意识、思维、意识形态的所谓"普遍原则"和形式化、逻辑化的"一般原理"，只表现为一种抽象的形式，而这种抽象本身是从对人类历史发展的考察中抽象出来的最一般的结果的概况。归根结底，意识形态是对人们的现实生活过程的反射、反响和描述，甚至人们头脑中的模糊幻象也是物质生活过程的必然升华物，意识形态的基础是现实生活。因此，"道德、宗教、形而上学和其他意识形态，以及与它们相适应的意识形式便不再保留独立性的外观了……发展着自己的物质生产和物质交往的人们，在改变自己的这个现实的同时也改变着自己的思维和思维的产物"②。

第三，意识形态没有绝对的客观性和中立性，不是与现实内容纯然无关的纯粹形式。立足于历史唯物主义和社会存在论，马克思揭示了意识、观念、意识形态的现实基础，破除了意识形态身上的神话。这种神话的主要表现是：把思想观念和意识形态看作"无人身的人类理性怀抱"中孕育出来的、独立自存的、绝对客观的观念体系，看作与现实内容纯然无关的纯粹形式和绝对中立性的思想体系。在马克思看来，只要面临现实的基础和现实的生活过程，这种意识形态的绝对客观性、纯粹形式性和中立性的神话就会破灭，因为意识形态的基础本来就存在于一定的社会现实和经济关系中，现在它反过来遮蔽其现实的基础。这正是意识形态的偏见，这本身就是一种意识形态。思想观念和意识形态的客观性是存在的，但这里的客观性不是指纯粹形式的、与内容无涉的、中立的绝对的客观性；而仅仅是指，思想观念和意识形态真正客观地切中和把

---

① 参见马克思、恩格斯：《马克思恩格斯选集》第1卷，第173页。
② 同上书，第152页。

握了特定的社会现实和历史的本质性,它的客观性是要由特定的社会生活过程和历史性实践来保证的。思想观念和意识形态的产生、根据、冲突、矛盾的根由都在于现实生活、经济关系和社会现实。因此,在《德意志意识形态》中,马克思谈到意识、意识形态与现实生活和社会现实的关系时,多次提到了"经验的观察""通过经验""经验的事实"[①]这样的说法。这当然不是指抽象的经验主义者的那种"经验",而是指通达社会现实、现实生活的过程、道路,进而揭示意识、意识形态的基础、本质和真相。对此,我们可以参照海德格尔对"经验"的解读来加深对马克思的"经验的观察""通过经验""经验的事实"的理解。海德格尔认为,"经验"一词就词语的准确意义来说,意味着一种所谓"eundo assequi",即"行进中""在途中通达某物",或者说通过"一条道路上的行进"来得到某种东西。[②] 他认为,对于现代形而上学的地基进行批判这件事,对物自身进行基本经验是最重要的;可仅仅从"我思"出发是无法对这种经验许以承诺的。[③]

马克思认为,意识、观念、意识形态等之所以能够获得"独立性"的外观,似乎具有客观、真实性,恰恰是源于现实生活和经济基础的矛盾和分裂。由于出现了社会分工,且后者仅仅在物质劳动和精神劳动相分离之时才得以可能,在此种条件下,意识才能够现实地进行想象。它是与现存实践的意识完全不同的东西,它不用通过想象某种现实的东西就可以现实地对某种东西进行想象。仅仅在此种条件下,意识才得以摆脱世界,从而能够完成对纯粹的理论、神学、哲学、道德等的构建。因

---

① 有关马克思的"经验的观察""通过经验""经验的事实"等表述,可以参见马克思、恩格斯:《马克思恩格斯选集》第 1 卷,第 151—153、156 页。
② 参见海德格尔:《在通向语言的途中》,孙周兴译,商务印书馆,1997 年,第 137 页。
③ 参见费迪耶等辑录:《晚期海德格尔的三天讨论班纪要》。

此，如果理论、神学、哲学、道德等与现存的关系产生矛盾，那么，根源也仅仅在于现存的社会关系同现存的生产力发生了矛盾。① 因此，对于历史唯物主义和社会存在论而言，不是意识决定生活，而是生活决定意识，人们自己才是观念、思想等的真正生产者。但这里的"人们"仅仅是现实的、从事活动的活生生的现实的存在，他们由自身的生产力和与之相适应的交往的具体发展所制约。

在《哲学的贫困》中，通过对蒲鲁东"政治经济学的形而上学"的批判，马克思进一步批判了现代性形而上学与观念论。值得肯定的是，蒲鲁东试图将政治经济学与黑格尔的辩证法结合起来，从而期望建立一种政治经济学的范畴体系。但是，马克思认为，蒲鲁东的经济学新范畴体系仍然是"政治经济学的形而上学"，是一种现代性观念论的表现；他不是在运用辩证法，而是把辩证法"降低到极可怜的程度"；他"从黑格尔的辩证法那里只借用了用语"，他自己的"辩证运动只不过是机械地划分出好、坏两面而已"；在蒲鲁东那里，"两个相互矛盾方面的共存、斗争以及融合成一个新范畴，就是辩证运动"。② 蒲鲁东的现代性观念论和范畴论把社会现实、经济关系和一切事物都抽象化为逻辑范畴，给范畴编逻辑秩序，并把范畴看作不依赖现实关系而自生的思想和观念，把范畴、概念、思想看作纯粹的、永恒的、"无人身的人类理性怀抱"中自生的东西。蒲鲁东把经济学家们理解的生产关系看成原理、范畴和抽象的思想，所以他只要把这些思想编一下次序就行了。人的生动活泼的生活是经济学家的材料，而经济学家的教条则是蒲鲁东的材料。他忽略了生产关系的历史运动，只想要将"这些范畴看做是观念、不依赖现实关系而自

---

① 参见马克思、恩格斯：《马克思恩格斯选集》第 1 卷，第 162 页。
② 参见同上书，第 225 页。

第三章　历史唯物主义的创立与马克思的现代性批判

生的思想",并且在"纯粹理性的运动中去找寻这些思想的来历"。①这是一种思辨唯心主义观念论,是现代性的形而上学。在马克思看来,一切存在物,一切生活在地上和水中的东西,只是由于"某种运动才得以存在、生活……历史运动创造了社会关系……工业的运动给我们提供了工业产品";而蒲鲁东的逻辑范畴的绝对方法则是通过抽象,把一切事物变成逻辑范畴,把各种各样的运动化为"抽象形态的运动""纯粹形式上的运动""运动的纯粹逻辑公式",这是抽象的唯心主义观念论的表现。②因此,马克思说:"既然把任何一种事物都归结为逻辑范畴,任何一个运动、任何一种生产行为都归结为方法,那么由此自然得出一个结论,产品和生产、事物和运动的任何总和都可以归结为应用的形而上学。黑格尔为宗教、法等做过的事情,蒲鲁东先生也在政治经济学上如法炮制。"③

在马克思看来,蒲鲁东等人的这种抽象的观念论和逻辑范畴,没有看到生产的社会关系、生产方式、经济关系是意识、思维、范畴的现实基础,是唯心主义的观念论,是那种"想象的主体的想象活动"的翻版。在这里,马克思把它称为"无人身的人类理性怀抱"里自生的原理和范畴。因此,蒲鲁东完全把社会现实的生产关系和范畴、思维、意识之间的关系弄颠倒了。经济范畴只不过是生产的社会关系的理论表现,而蒲鲁东则认为现实关系只是一些原理和范畴的化身,这些原理和范畴过去曾躺在"无人身的人类理性怀抱"里。实际的情况是,"人们按照自己的物质生产方式建立相应的社会关系,正是这些人又按照自己的社会关系创造了相应的原理、观念和范畴。所以,这些观念、范畴也同它们所表

---

① 参见马克思、恩格斯:《马克思恩格斯选集》第1卷,第218页。
② 参见同上书,第220页。
③ 同上。

183

现的关系一样,不是永恒的。它们是历史的、暂时的产物。生产力的增长、社会关系的破坏、观念的形成都是不断运动的,只有运动的抽象即'不死的死'才是停滞不动的"①。在蒲鲁东那里,"假定被当做不变规律、永恒原理、观念范畴的经济关系先于活跃的人而存在;再假定这些规律、这些原理、这些范畴自古以来就睡在'无人身的人类理性怀抱'里";在他那里,"在这一切一成不变的、停滞不动的永恒下面没有历史可言,即使有,至多也只是观念中的历史,即反映在纯粹理性的辩证运动中的历史"。②因此,蒲鲁东的政治经济学范畴体系是政治经济学的形而上学幻想,是唯心主义抽象观念论,是现代社会"观念论副本"的表现。

在《德意志意识形态》中,马克思确定了社会现实、经济基础、现实生活过程对于意识、观念、意识形态的优先性,深入批判了"自由""平等"等西方现代政治观念和自由主义的意识形态。在马克思看来,政治思想只是对现实经济关系和物质生产关系的观念和理论表达。因此,"统治阶级的思想在每一时代都是占统治地位的思想"③,政治思想观念与一定社会的经济基础和现实生活直接联系在一起,统治阶级的思想不能与统治阶级本身分割开来,政治思想本身没有自己的独立性。一旦把统治阶级的思想与统治阶级本身分割开来,把占统治地位的思想同进行统治的个人分割开来,就会构造种种意识形态的神话。自由主义就是现代资产阶级的意识形态。马克思认为,如果对于这类思想的基础——个人和历史环境——完全不加以考虑,那么可以认为,贵族统治时期占据统治地位的概念确乎是"荣誉""忠诚"等,而在资产阶级统治时期占统治

---

① 参见马克思、恩格斯:《马克思恩格斯选集》第1卷,第222页。
② 同上书,第227—228页。
③ 同上书,第178页。

第三章 历史唯物主义的创立与马克思的现代性批判

地位的概念则是"自由""平等"等。可以看到,无论在什么时代,统治阶级总是要为自己编造出上述此类的幻想性的概念,从而将统治的个人与这种占统治地位的思想分割开来,与生产方式发展中的特定阶段所产生的各种社会关系分割开来。这样就会在历史上的种种思想体系中抽象出各种不同的思想、观念,并将它视为历史上真正占统治地位的东西;即是说,将这些仅仅具有个别性特征的思想与概念当成在历史中自行发展的概念的自我规定。[1] 在马克思看来,"自由""平等"只是现代社会统治阶级的经济基础和物质利益在观念形态上的理论表达和法律诉求,德国哲学中表达的"自我意识""意志自由"不过是法国启蒙精神和政治解放的"自由""平等"原则的德国式的特殊表达;作为一种意识形态,自由主义的政治观念和词句不过是资产阶级现实利益的唯心的表达,这种自由主义观念在德国哲学中无非采用了一种特殊的"纯粹概念的自我规定"的表达方式而已,"由于德国的经济关系还远没有达到与这些政治形式相适应的发展阶段,所以市民们只把这些形式当作抽象概念、自在和自为的原则、虔诚的心愿和词句、康德式的意志的自我规定和市民们所应该成为的那种人的自我规定"[2]。在批判施蒂纳时,马克思说明了这种自由主义与资产阶级物质利益和物质生产关系之间的直接关联性,分析了它在德国所具有的特殊表达形式。马克思说:"在康德那里,我们又发现了以现实的阶级利益为基础的法国自由主义在德国所采取的特有形式。不管是康德或德国市民(康德是他们的利益的粉饰者),都没有察觉到资产阶级的这些理论思想是以物质利益和由物质生产关系所决定的意志为基础的。因此,康德把这种理论的表达与它所表达的利益割裂开来,并

---

[1] 参见马克思、恩格斯:《马克思恩格斯选集》第1卷,第180—181页。
[2] 马克思、恩格斯:《马克思恩格斯全集》第3卷,1960年,第214页。

把法国资产阶级意志的由物质动机的规定变为'自由意志'、自在和自为的意志、人类意志的纯粹的自我规定,从而就把这种意志变成纯粹思想上的概念规定和道德假设。当这种强有力的资产阶级自由主义的实践以恐怖统治和无耻的资产阶级钻营的形态出现的时候,德国小资产者就在这种资产阶级自由主义的实践面前畏缩倒退了。"①

在《共产党宣言》中,基于对现代资本主义生产方式的矛盾以及资产阶级的生产关系和所有制关系的分析,马克思进一步批判了现代社会"自由"的政治观念和自由主义意识形态。马克思认为,现代资本主义社会的"自由"观念不是独立自存的,而是资产阶级生产关系和所有制关系在政治、法律思想和理论上的表达,是资产阶级的自由,而不是普遍、抽象、永恒的自由。在现代资本主义社会中,"自由"观念是"资产阶级的生产关系和所有制关系的产物",就好像说资产阶级的法其实是被奉为法律的资产阶级的意志。但问题恰恰在于,这种意志的内容其实是由资产阶级的物质生活条件决定的。②而诸如"个性""独立性"和"自由"等观念只是资产者的个性、独立性和自由,是在现今的资产阶级生产关系的范围内的自由,即"自由就是自由贸易、自由买卖"③。自由是资产阶级生产资料交换手段发展的产物,资本主义社会一旦建立,"起而代之的是自由竞争以及与自由竞争相适应的社会制度和政治制度、资产阶级的经济统治和政治统治";在那里,资产阶级"把人的尊严变成了交换价值,用一种没有良心的贸易自由代替了无数特许的和自力挣得的自由"。④在马克思看来,现代资本主义发展的重要手段是自由竞争,它既是新兴

---

① 马克思、恩格斯:《马克思恩格斯全集》第3卷,1960年,第213—214页。
② 参见马克思、恩格斯:《马克思恩格斯选集》第1卷,第417页。
③ 同上书,第416页。
④ 参见同上书,第403、405页。

资产阶级发展自己力量的手段,是他们瓦解之前的等级制度、将人从各种狭隘的自然联系的束缚中解放出来的手段,又是建构现代政治观念体系的重要手段。如果没有自由竞争,现代资本主义不可能得到发展。竞争所需要的就是平等和自由——没有平等,人们不可能采用同一规则和尺度,竞争就不可能;没有自由,人们就会失去生产和交换自由的可能,竞争也就不可能。因此,如何消除封建特权和优先权,把市民社会的成员从封建等级制度下解放出来,就成为现代市民社会的政治革命的重要内容。在《德意志意识形态》中,马克思就揭示了"自由"观念和资本主义社会中的自由竞争的社会现实之间的关系,即"特权、优先权符合于与等级相联系的私有制,而权利符合于竞争、自由私有制的状态";特权是中世纪的生产方式在政治上的表现,自由、平等的权利是现代的生产方式在政治观念上的表现;"权利""平等"反对"特权""优先权"的斗争,实质上就是资产阶级所有制即纯粹的私有制或现代资本反对封建私有制的斗争,是大工业取代工场手工业、自由竞争代替行会制度的必然结果。① 在《共产主义原理》中,恩格斯也阐述了类似的思想:"凡是大工业代替了工场手工业的地方,工业革命都使资产阶级及其财富和势力最大限度地发展起来,使它成为国内的第一阶级。结果,凡是完成了这种过程的地方,资产阶级都取得了政治权力,并挤掉了以前的统治阶级——贵族、行会师傅和代表他们的专制王朝。资产阶级废除了长子继承权或出卖领地的禁令,取消了贵族的一切特权,这样便消灭了特权贵族、土地贵族的势力。资产阶级取消了所有行会,废除了手工业者的一切特权,这样便摧毁了行会师傅的势力。资产阶级用自由竞争来取代行会和手工业者的特权;在自由竞争这种社会状况下,每一个人都有权经

---

① 参见马克思、恩格斯:《马克思恩格斯全集》第3卷,第229、371、375页。

营任何一个工业部门,而且,除非缺乏必要的资本,什么也不能妨碍他的经营。"① 由此可见,自由主义是现代资产阶级物质利益的理论表达,是现代资本主义社会的意识形态。

2. 马克思对现代资本主义社会的对抗性质和人的异化存在状况的批判。在历史唯物主义和社会存在论基础上,马克思揭示了现代社会的历史性的本质,分析了现代资本主义社会的基本矛盾和对抗性质,揭示了现代社会的困境,阐明了未来社会新的文明类型的可能性。

从现代性意识的动摇之日起,马克思就认识到了现代人的生存困境。可以说,从那时候起,马克思就发现了现代性的问题。在《黑格尔法哲学批判》中,马克思把现代社会的矛盾称为"本质性的矛盾",即市民社会自身的矛盾,并认为这个矛盾根源于市民社会与政治国家的分离。在《德法年鉴》时期,马克思揭示了市民社会自身的矛盾,认为现代解放只是政治解放,是市民社会的政治革命,而不是人类解放,现代社会的问题根源于市民社会与政治国家的分离以及人的社会生活的二重性。在《手稿》《神圣家族》中,在对市民社会进行初步的政治经济学解剖的基础上,马克思深化了对市民社会与政治国家分离的认识,尤其是第一次把现代社会的问题归结为异化劳动的结果,认为现代社会的矛盾和对立主要是资本和劳动的对立,并对现代社会的异化问题展开了批判。同时,马克思初步阐发了共产主义理论,指明了现代文明的出路。

在《德意志意识形态》中,在感性的活动的社会存在论基础上,马克思深刻地揭示了现代资本主义社会的矛盾和现代性的问题。大致说来,依照历史唯物主义原理,马克思认为现代资本主义社会的矛盾根源于资本主义生产方式,主要表现为生产力与交往形式(生产关系)之间的矛

---

① 马克思、恩格斯:《马克思恩格斯选集》第 1 卷,第 299—300 页。

盾。现代资本主义社会的矛盾具有对抗性质，如果不在生产关系领域进行革命以便变革资本主义生产方式，那么，现代资本主义社会的矛盾是不可能调和的。生产力和生产关系的矛盾造成了资产阶级和无产阶级之间的对立，无产阶级是现代资本主义社会的掘墓人，是未来社会的承担者。资本主义社会是历史地形成的，必然被未来的人类社会所取代。当然，未来人类社会的出现是有前提和条件的，这些前提和条件要由现代资本主义社会来提供。

关于现代资本主义社会的矛盾的对抗性质及其根源，马克思在《德意志意识形态》《〈政治经济学批判〉序言》《共产党宣言》中有深刻的阐述。前面已经有论述，这里只是摘其要点。在马克思看来，一切历史冲突都根源于生产力和交往形式之间的矛盾，在整个历史发展过程中最开始确实产生出了自主活动的条件，但它本身也很快就变成了这一活动的桎梏。原因在于，在整个历史发展过程中，这些条件形成了各种交往形式的相互联系的辩证序列；即是说，形成了如下的更替序列：新的交往形式替代了已成为桎梏的旧的交往形式，新的交往形式本身又会成为自主活动的新的桎梏，继而又被更新的交往形式所代替；生产力和交往形式的矛盾运动和发展的过程，决定了整个社会历史的形成和发展过程；社会物质生产力发展到一定阶段必然与现存生产关系发生矛盾，这些关系便从生产力的推进器而转变为了桎梏，到了这个时刻，社会革命的时代就要到来了。这意味着，随着经济基础的不断变更，整个庞大的上层建筑也必然或慢或快地发生变更。马克思认为，资本主义社会的根本矛盾根源于资本主义的生产方式，这种矛盾是它自身无法克服的矛盾，因为资本生产是现代资本主义社会的基础。资本是现代资本主义社会支配一切的经济力量，它是一种社会力量。资本生产是历史性地形成的，是资产阶级生存和统治的根本条件，是资本主义社会历史地发展起来的条件。资本生产和资本主义生产关系历史性地成了人们的自主活动的条件和交往形式相互联系序列中的一环,就像它必然成为人们的"自主活动的桎梏"且要"被下一个交往形式相互联系序列超越"一样。总之,资本是现代资本主义社会的本质特征和基本建制,资本生产是决定和支配资本主义社会的本质性力量,资本生产、资本主义生产关系及其架构是现代社会的历史的本质性和社会现实,资产阶级是资本的人格化,资产阶级是现代社会的主导阶级和统治阶级。资本主义生产方式既是现代社会的动力机制,又是现代社会的主要架构。因此,马克思把现代社会直接表述为"现代资本主义社会""现代资产阶级社会""资产阶级时代",现代社会或现时代是在资本范畴中被把握的。因此,马克思说:"资产阶级生存和统治的根本条件,是财富在私人手里的积累,是资本的形成和增殖;资本的条件是雇佣劳动。"[1]在《德意志意识形态》中,通过对分工、行会、工场手工业、机器大工业、商业、资本的原始积累和扩张的历史过程的分析,马克思揭示了资本主义生产方式形成的历史必然性,也分析了现代资本主义社会生产力和生产关系的矛盾及其结果。在《共产党宣言》中,马克思明确地指出:"现代资产阶级本身是一个长期发展过程的产物,是生产方式和交换方式的一系列变革的产物。"[2]

阶级关系不过是人格化了的生产关系,它体现的是人们在现实的生产活动、经济活动和交往过程中的存在关系。现代资本主义社会的矛盾是资本主义生产方式的矛盾,是生产力和资产阶级生产关系的矛盾。因此,从阶级关系上来说,现代资本主义社会的阶级矛盾和对立就表现为资产阶级和无产阶级的对立。资产阶级和无产阶级的对立是资本和劳动

---

[1] 马克思、恩格斯:《马克思恩格斯选集》第 1 卷,第 412 页。
[2] 同上书,第 402 页。

第三章　历史唯物主义的创立与马克思的现代性批判

的对立的展开和具体化，这表明马克思持有必要的阶级立场和阶级分析方法。在马克思看来，虽然现代资产阶级社会是封建社会历史发展的产物，但它并没有因此就消灭了阶级对立。相反，它不过是以新的阶级、新的压迫条件、新的斗争形式来取代旧的阶级和压迫。它与之前的阶级社会不同的地方在于，资产阶级社会有一个明显特点，即阶级对立的简单化，整个社会日益分裂为两大敌对的阵营，即两个直接相互对立的阶级：资产阶级和无产阶级。和资产阶级一样，无产阶级是大工业本身的产物，"资产阶级不仅锻造了置自身于死地的武器；它还产生了将要运用这种武器的人——现代的工人，即无产者……随着资产阶级即资本的发展，无产阶级即现代工人阶级也在同一程度上得到发展"①。只有无产阶级才具有真正意义上的彻底革命的意识，即共产主义意识；只有无产阶级才是真正革命的阶级，它是共产主义革命和重建社会工作的承担者和完成者。"它在社会上已经不算是一个阶级，它已经不被承认是一个阶级，它已经成为现今社会的一切阶级、民族等等的解体的表现"，它"只有在革命中才能抛掉自己身上的一切陈旧的肮脏东西，才能胜任重建社会的工作"。②

现代资本主义社会是一种历史性的存在。因此，要历史地、辩证地看待它的文明作用。马克思揭示了现代社会的历史的本质性，坚持了历史的辩证法。在马克思看来，现代资本主义社会具有伟大的文明作用。从历时性看，它废除了封建特权，在它已经取得了统治的地方把一切封建的、宗法的和田园诗般的关系都破坏了。它无情地斩断了把人们束缚于天然尊长的形形色色的封建羁绊，确立了现代人的自由、平等权

---

① 马克思、恩格斯:《马克思恩格斯选集》第 1 卷，第 406—407 页。
② 同上书，第 170—171 页。

利——虽然这种权利具有形式化、抽象化的特征,但相对于特权,它毕竟是历史的进步。它创造了高度发展的生产力,首次证明了人的活动所能够取得成就的界限,创造出与埃及金字塔、罗马水道和哥特式教堂的奇迹等奴隶时代与封建时代的成就完全不同的成就,即"资产阶级在它的不到一百年的阶级统治中所创造的生产力,比过去一切世代创造的全部生产力还要多,还要大"①。从共时性来看,资产阶级开创了世界历史和全球化。资产阶级发展了大工业,创造了现代交通工具和现代的世界市场,"它首次开创了世界历史,因为它使每个文明国家以及这些国家中的每一个人的需要的满足都依赖于整个世界,因为它消灭了各国以往自然形成的闭关自守的状态"②。扩大产品销路的需要驱使资产阶级奔走于全球各地,它必须到处落户、到处开发、到处建立联系,"资产阶级,由于开拓了世界市场,使一切国家的生产和消费都成为世界性的了……资产阶级,由于一切生产工具的迅速改进,由于交通的极其便利,把一切民族甚至最野蛮的民族都卷到文明中来了……它按照自己的面貌为自己创造出一个世界"③。总之,"资产阶级在历史上曾经起过非常革命的作用"④。

当然,现代资本主义社会的文明即资本主义文明又有其历史性的限度,造成了现代人的异化状况,产生了现代性问题。马克思对现代社会的困境和现代性问题有许多深刻的分析,对后来的现代性批判话语起了重要作用。这里只是归纳其要点,细节问题后文展开。

第一,关于现代社会困境的根源。在马克思看来,现代社会的困境根源于资本主义生产方式,是资本生产的必然结果,是不可避免的;这

---

① 马克思、恩格斯:《马克思恩格斯选集》第 1 卷,第 405 页。
② 同上书,第 194 页。
③ 同上书,第 404 页。
④ 同上书,第 402 页。

是资本主义文明根基上的问题,其他各种困境和问题只是资本生产所造成的问题的表现;只有用新的文明类型取代资本主义文明类型,推翻资产阶级私有制的基础,对现代资本主义社会进行社会重建的工作,才能走出现代资本主义社会的困境,解决现代性的问题。

第二,关于现代社会困境和现代性问题的表现。马克思认为,现代资本主义社会的困境和问题首先表现为,自主活动的条件变为自主活动的桎梏,"它造成了大量的生产力,对于这些生产力来说,私有制成了它们发展的桎梏,正如行会成了工场手工业的桎梏、小规模的乡村生产成为日益发展的手工业的桎梏一样。在私有制的统治下,这些生产力只获得了片面的发展,对大多数人来说成了破坏的力量,而许多这样的生产力在私有制下根本得不到利用"①。

从人与自然的关系来看,资本主义生产方式、资本生产遵循的是利润、剩余价值最大化的原则,其哲学基础是形而上学及其抽象的二元论。在这种二元论哲学中,"对象本身对意识来说是正在消失的东西"②。因此,一切资本的对象包括自然界都是正在消失的东西,自然界成为资本生产征服的对象,自然界由人的无机的身体变成了纯粹的有用物。人和自然界的原初关系被资本生产和现代工业斩断了,"把人对自然界的关系从历史中排除出去了,因而造成了自然界和历史之间的对立"③,现代资本主义文明造成了严重的生态危机。

从生活世界和人的存在状况来说,在现代资本主义社会,由于资本主义生产方式和私有制造成了现代社会的异化状态。而人的感性的活动或自主的活动创造的对象则不被人控制,反过来成为支配社会和人的异

---

① 马克思、恩格斯:《马克思恩格斯选集》第1卷,第195页。
② 马克思、恩格斯:《马克思恩格斯全集》第3卷,第322页。
③ 马克思、恩格斯:《马克思恩格斯选集》第1卷,第173页。

己力量。在私有制条件下,一切生产力发展和交往活动的成果成了一种"普遍的因而是不堪忍受的力量"。生产力、个人的全面依赖关系、世界历史性的共同活动作为人的自主性的活动本来是由人们的感性的活动或自主的活动创造的,是人的本质力量的证明和表现,但是在私有制的条件下,这些力量都作为完全异己的力量威慑和驾驭着现代人。随着人的活动扩大为世界历史性的活动,每一个人越发被一种异己的力量所支配,即被一种日益扩大的世界市场的力量所支配。现代大工业不仅使工人对资本家的关系,而且使劳动本身都成为工人不堪忍受的东西。个人的力量和关系由于分工而转化为物的力量,并对人进行统治,现代人都处在"孤立的、生活在每天都重复产生着孤立状态的条件下"。①资本生产、雇佣劳动、私有制的存在,以及现代社会的全部生存条件都变成了对于人来说的偶然的东西、自己无法加以控制的东西。生产力是与大多数人相对立的,"生产力表现为一种完全不依赖于各个人并与他们分离的东西,表现为与各个人同时存在的特殊世界……生产力好像具有一种物的形式,并且对个人本身来说它们已经不再是个人的力量,而是私有制的力量,因此,生产力只有在个人是私有者的情况下才是个人的力量"。在现代社会中,生产力与人的活动相分离,因此,现代人"丧失了一切现实的生活内容,成了抽象的个人"。在那里,只存在偶然的个人,而不是有个性的人,"他们同生产力并同他们自身的存在还保持着的唯一联系,即劳动,在他们那里已经失去了任何自主活动的假象,而且只能用摧毁生命的方式来维持他们的生命"。自主活动和物质生活的生产彻底分离,以致物质生活一般都表现为目的,而物质生活的生产即劳动则表现为手段。②

---

① 参见马克思、恩格斯:《马克思恩格斯选集》第 1 卷,第 166、169、195—196、199 页。
② 参见同上书,第 208—209 页。

第三章　历史唯物主义的创立与马克思的现代性批判

在那里，"一切等级的和固定的东西都烟消云散了，一切神圣的东西都被亵渎了"，人们处在一种虚无主义的精神状态中。① 在资产阶级私有制和雇佣劳动的条件下，"对于无产者来说，他们自身的生活条件，即劳动，以及当代社会的全部生存条件都已变成一种偶然的东西，单个无产者是无法加以控制的，而且也没有任何社会组织能够使他们加以控制"②。在大工业和全球商业竞争中，每个人的一切生存的条件、制约性与片面性都最简单地降格为两种形式——私有制和劳动（即雇佣劳动）。③

从政治、国家和个人的自由层面上看，现代资本主义国家是资产阶级统治的工具，是资产阶级利益的代表，"现代的国家政权不过是管理整个资产阶级的共同事务的委员会罢了"④。对人来说，它是一个虚假的共同体，而不是真实的共同体。在现代资本主义社会中，"个人自由只是对那些在统治阶级范围内发展的个人来说是存在的，他们之所以有个人自由，只是因为他们是这一阶级的个人"⑤。那里的自由只是自由劳动，即自由的雇佣劳动。马克思认为："现代国家，即资产阶级的统治，是建立在自由之上的。……劳动在所有文明国家中已经是自由的了；现在的问题不在于解放劳动，而在于消灭这种自由的劳动。"⑥ 即是说，这里的自由不过是一种没有良心的贸易自由，是自由竞争以及与这一自由竞争相适应的社会、政治制度以及资产阶级的经济与政治统治。可以说，资产阶级社会中只有资本具有个性和独立性，而在其中活动着的个人反倒失去了个性

---

① 参见马克思、恩格斯：《马克思恩格斯选集》第1卷，第403页。
② 同上书，第200页。
③ 参见同上书，第207页。
④ 同上书，第402页。
⑤ 同上书，第199页。
⑥ 马克思、恩格斯：《马克思恩格斯全集》第3卷，1960年，第223页。

与独立性。① 总之，在马克思看来，现代资本主义社会是一个"文明过度"的社会，在现存的资本主义生产关系下"只能造成灾难"。②

3. 现代资本主义社会文明的限度及其出路。在马克思看来，现代资本主义社会的困境、问题和危机根源于资本主义生产方式，根源于生产力和资产阶级生产关系的矛盾，根源于资产阶级私有制本身，来自现代资本主义文明的根基处，根植于现代资本主义社会的历史性的本质。因此，要摆脱现代社会的困境、克服现代性危机，只有对现代资本主义社会进行根本性的革命，进而进行共产主义革命和重建社会的工作，消灭资产阶级私有制，实现人类解放，建立未来新社会或共产主义社会、真正的共同体和自由人的联合体，开启人类文明新类型的道路。在历史唯物主义和社会存在论的基础上，马克思从共产主义或未来社会的原则高度出发，从根基上批判了现代资本主义社会，诊断了现代社会的危机，指明了现代资本主义社会的出路。

在《德意志意识形态》中，马克思在阐述历史唯物主义原理、批判资本主义现代性时，得出了以下结论："（1）生产力在其发展的过程中达到这样的阶段，在这个阶段上产生出来的生产力和交往手段在现存关系下只能造成灾难，这种生产力已经不是生产的力量，而是破坏的力量（机器和货币）。与此同时还产生了一个阶级，它必须承担社会的一切重负，而不能享受社会的福利，它被排斥于社会之外，因而不得不同其他一切阶级发生最激烈的对立……从这个阶级中产生出必须实行彻底革命的意识，即共产主义意识……；（2）……一切革命斗争都是针对在此以前实行统治的阶级的；（3）……而共产主义革命则针对活动迄今具有的性质，消灭

---

① 参见马克思、恩格斯：《马克思恩格斯选集》第1卷，第415—416页。
② 参见同上书，第170、406页。

劳动,并消灭任何阶级的统治以及这些阶级本身……;(4)无论为了使这种共产主义意识普遍地产生还是为了实现事业本身,使人们普遍地发生变化是必需的,这种变化只有在实际运动中,在革命中才有可能实现;因此,革命之所以必需,不仅是因为没有任何其他的办法能够推翻统治阶级,而且还因为推翻统治阶级的那个阶级,只有在革命中才能抛掉自己身上的一切陈旧的肮脏东西,才能胜任重建社会的工作。"①

马克思要阐述的思想是:现代资本主义社会生产力和生产关系之间的矛盾,资产阶级和无产阶级之间的对立,必然使推翻现代资本主义社会的革命发生,从而使得资本主义社会走向终结,因为生产力和交往形式之间的矛盾造成了"资产阶级再不能做社会的统治阶级了,再不能把自己阶级的生存条件当做支配一切的规律强加于社会了……因为它甚至不能保证自己的奴隶维持奴隶的生活,因为它不得不让自己的奴隶落到不能养活它反而要它养活的地步。社会再不能在它统治下生存下去了,就是说,它的生存不再同社会相容了",因此,"资产阶级的灭亡和无产阶级的胜利是同样不可避免的"。②

这就意味着,资本主义社会的文明类型必然被一种新的文明类型所超越。因此,无产阶级作为历史主体实现的现代社会革命是彻底的社会革命,而不是现代市民社会范围内的政治解放;它是重建社会,而不是对现代社会进行改良。这种革命触及了资本主义生产关系的基础,是消灭雇佣劳动或抽象劳动、消灭现代资产阶级私有制的社会革命。马克思说:"对实践的唯物主义者即共产主义者来说,全部问题在于使现存世界革命化,实际地反对并改变现存的事物。"③在《共产党宣言》中,马克思

---

① 马克思、恩格斯:《马克思恩格斯选集》第1卷,第170—171页。
② 参见同上书,第412—413页。
③ 同上书,第155页。

直接提出了"消灭私有制"的目标,强调共产主义革命就是同传统的所有制关系实行最彻底的决裂。马克思的现代资本主义社会批判的原则高度在于:在人类解放或共产主义的立场上,批判了现代资本主义社会的生产方式,触及了资产阶级私有制的经济基础,阐明了未来新的文明类型的可能性。因此,马克思强调,市民社会是旧唯物主义的立足点,而人类社会或社会的人类则是新唯物主义的立足点。马克思认为,在人类社会或未来社会,人的自主活动及其成果即生产力的发展不再与人分离,而与人自身的发展相一致,人的感性的活动及其结果不再是异己的存在,而是人能够自由地驾驭和支配自己的创造物。"在资产阶级社会里,活的劳动只是增殖已经积累起来的劳动的一种手段。在共产主义社会里,已经积累起来的劳动只是扩大、丰富和提高工人的生活的一种手段。"① 也就是说,在私有制的消灭以及随着实行共产主义而达到的对生产关系的调节以及这种调节所带来的人对于自身产品的异己关系的消灭的条件下,供求关系的魔力也必将消失,交换、生产以及人与人之间相互关系的方式也必然重新受到人们自己的支配。② 这是一种真正的共同体状态,其中,个人力量和人与人之间的关系由于劳动分工而不得不转化为物的现象(即异化)也必然被消灭,因为个人已经驾驭了这些物的力量,旧式分工已经被消灭。在那里,阶级的个人被有个性的个人取代。马克思说:"只有在共同体中,个人才能获得全面发展其才能的手段,也就是说,只有在共同体中才可能有个人自由。在过去的种种冒充的共同体中,如在国家等等中,个人自由只是对那些在统治阶级范围内发展的个人来说是存在的,他们之所以有个人自由,只是因为他们是这一阶级的个人。从

---

① 马克思、恩格斯:《马克思恩格斯选集》第 1 卷,第 415 页。
② 参见同上书,第 167 页。

前各个人联合而成的虚假的共同体,总是相对于各个人而独立的;由于这种共同体是一个阶级反对另一个阶级的联合,因此对于被统治的阶级来说,它不仅是完全虚幻的共同体,而且是新的桎梏。在真正的共同体的条件下,各个人在自己的联合中并通过这种联合获得自己的自由。"①

在马克思看来,在未来社会或人类社会,许多生产工具必定归属于每一个个人,而财产则归属于全体个人。"现代的普遍交往,除了归属于全体个人,不可能归属于各个人……迄今为止的生产方式和交往方式的权力以及社会结构的权力被打倒……无产阶级的普遍性质以及无产阶级为实现这种占有所必需的能力得到发展,同时无产阶级将抛弃它迄今的社会地位遗留给它的一切东西。"② 马克思强调,只有在人类解放时或在共产主义社会中,自主活动才同物质生活结合在了一起,而这种结合又是与每个人走向完全的个人的发展以及劳动的自发性的消灭相适应的。到那时,劳动实现了向自主活动的转化,过去受制约的交往实现了向个人本身的交往的转化;联合起来的个人"实现了对全部生产力的占有","私有制也就终结了";不像在过去的历史上,人的任何的特殊的条件均表现为偶然性,而是每个人自身的独自活动才是偶然的。③

在历史唯物主义和社会存在论基础上,马克思坚持了现代资本主义社会批判问题上的辩证立场。在马克思看来,现代资本主义社会是一种历史性的存在,有其历史的本质性,它既不是永恒不变的、超历史的存在,也不是马上就会灭亡的;现代资本主义社会有它自身的根本矛盾和文明限度,必然被未来人类社会和新的文明类型所超越;同时,现代资本主义社会有其历史的文明作用,它为未来人类社会和新的文明类型创

---

① 马克思、恩格斯:《马克思恩格斯选集》第 1 卷,第 199 页。
② 同上书,第 210 页。
③ 参见同上。

造了条件。因此，在马克思那里，超越现代资本主义社会的未来人类社会不是在现代社会之外的彼岸世界；相反，它与现代资本主义社会之间存在着历史性的本质关联；或者说，未来的人类社会和未来文明新类型恰恰是在现代社会历史性地生成的东西。因此，马克思强调，与所有过去的运动不同，共产主义运动旨在推翻一切旧的生产关系和交往关系的基础，并且它是第一次自觉地将前人的创造视为一切自发形成的前提，其运动的目标是要消除这些前提的自发性，使联合起来的个人可以支配这些前提。因此，"建立共产主义实质上具有经济的性质，这就是为这种联合创造各种物质条件，把现存的条件变成联合的条件"①。马克思这里表达的意思是，共产主义是需要物质前提和条件的，并且这种前提和条件不是自然的、天生的，而是前人的创造。因此，共产主义实质上具有经济的性质，共产主义要有必需的现实基础和物质条件。马克思说："各代所遇到的这些生活条件还决定着这样的情况：历史上周期性地重演的革命动荡是否强大到足以摧毁现存一切的基础；如果还没有具备这些实行全面变革的物质因素，就是说，一方面还没有一定的生产力，另一方面还没有形成不仅反抗旧社会的个别条件，而且反抗旧的'生活生产'本身、反抗旧社会所依据的'总和活动'的革命群众，那么，正如共产主义的历史所证明的，尽管这种变革的观念已经表述过千百次，但这对于实际发展没有任何意义。"②

马克思认为，共产主义不能仅仅流于变革的观念状态，它需要有一定的生产力基础，要有革命群众参与的实践行动；否则，它就会重演历史上的周期性的革命动荡。马克思曾经对费尔巴哈有这样的评价，即费

---

① 马克思、恩格斯：《马克思恩格斯选集》第1卷，第202页。
② 同上书，第173页。

第三章　历史唯物主义的创立与马克思的现代性批判

尔巴哈"和其他的理论家一样,他只是希望确立对现存的事实的正确理解,然而一个真正的共产主义者的任务却在于推翻这种现存的东西。……费尔巴哈在力图理解这一事实的时候,达到了理论家一般所能达到的地步,他还是一位理论家和哲学家"[1]。因此,马克思的实践的唯物主义或历史唯物主义与以往的一切哲学有本质区别,它不是停留于"理论""观念""应当"层面的思辨哲学,而是实践哲学,其目的在于改变现代资本主义社会,实现人类解放和共产主义。那么,共产主义所需要的物质条件、现实基础、生产力基础由谁来提供呢?马克思有明确的答案:"共产主义对文明来说不是应当确立的状况,不是现实应当与之相适应的理想。我们所称为共产主义的是那种消灭现存状况的现实的运动。这个运动的条件是由现有的前提产生的。"[2] 共产主义不是"应当"的状况,而是消灭现存状况的现实的运动,它所必需的物质条件、现实基础、生产力基础是在现代资本主义社会中历史地形成的。具体而言,共产主义需要两个前提:生产力的巨大增长和高度发展,世界历史性的形成。而这两个前提都是由现代资本主义社会历史性地生成的,现代资本主义社会将为共产主义创造这两个前提。之所以说它是绝对必需的实际性前提,是因为只有生产力的发展才能消灭贫穷和极端贫困的普遍化;不然,在极端贫困的前提下,人们又要重新开始为争取必需品进行斗争,所有陈腐污浊之物又必然要死灰复燃。只有在生产力的巨大增长和高度发展的前提下,世界历史才得以可能;而只有在世界历史的前提下,共产主义才不会仅仅作为一种地域性的东西而存在;而交往的力量本身才得以发展为一种普遍的因而对于历史来说也必然是不堪忍受的力量,它们才会从地方的、

---

[1] 马克思、恩格斯:《马克思恩格斯选集》第1卷,第177页。
[2] 同上书,第166页。

笼罩着迷信气氛的状态中得以挣脱。只有在世界历史的形成和交往扩大的前提下，地域性的共产主义才能被消灭。①

依据上述原则和批判现代社会的历史的辩证的立场，在《哲学的贫困》《共产党宣言》中，马克思分别对持宿命论的经济学家、人道学派、博爱学派、种种空想社会主义者进行了批判，批判了这些理论家看待现代社会的困境和问题、文明的作用及其限度时的思想局限性和阶级立场，批判了他们对待现代社会时的非历史性的形而上学观点。

马克思一直坚持现代资本主义批判问题上的辩证法。在《哲学的贫困》中，马克思对持宿命论的经济学家、人道学派、博爱学派进行了批判。在马克思看来，持宿命论的经济学家在理论层面对于资产阶级生产的有害方面保持着漠不关心的态度。这些经济学家可以区分为古典派和浪漫派。古典派以亚当·斯密和李嘉图为代表，他们代表着这样一种资产阶级，即认为无产阶级所遭受的苦难是暂时的、偶然的，他们的使命仅仅是解释在资产阶级生产关系条件下财富是如何获得的，进而将这些获得途径表达为特定的范畴、规律，并描述和证明这些规律、范畴比之前的封建社会更加有利于财富的生产。他们认为，贫困只不过是经济发展过程中暂时的痛苦，如同分娩时所产生的痛苦一样，无论是在自然界本身中还是在人类技艺层面的工业发展中，痛苦的情况每次都要发生。经济学家中的浪漫派则前进了一步，他们看到了资产阶级和无产阶级之间的直接对立状态，认为贫困并非暂时的痛苦，而是如同隶属于资产家的财富那样隶属于无产阶级，是财富大量积累的时代背景下必然出现的普遍情况。但是，他们又十分自命清高，对于用劳动创造财富的活生生的人予以藐视。尤其是，他们的一言一行无不都在仿照他们的古典派前

---

① 参见马克思、恩格斯：《马克思恩格斯选集》第1卷，第166页。

第三章　历史唯物主义的创立与马克思的现代性批判

辈们,甚至比他们更为可恶。因此,马克思说,如果说古典派对现代社会的有害方面与贫困问题的漠不关心尚且出于智性上的天真,那么可以说浪漫派的漠不关心则纯粹是一种卖弄风骚了。

人道学派对资产阶级生产关系的有害方面倒是放在心上,确实对于无产者的苦难以及资产者之间的残酷竞争表达了自己真诚的痛心之情。但他们的解决之道却十分肤浅,仅仅是劝说工人安分守己、好好工作、少生孩子,建议资产者节制生产。可以说,该学派的全部说辞不过是建立在对资产阶级社会理论和实践、原理和结果、观念和应用、内容和形式、本质和现实、法和事实、好的方面和坏的方面等的肤浅区别的基础上。

其中,博爱学派是一种在理论上自圆其说的、完善的人道学派。他们对于对抗的必然性予以断然否认,而一厢情愿地企图将一切人权都变成资产者。他们相信这种理论,并且企图实现它,但前提是这种理论与实践本身不包含对抗的必然性;即是说,无论如何他们都要对那些表现资产阶级关系的范畴予以保存,而对构成这些范畴且同它无法分开的对抗的必然性予以断然否认。从表面上看,他们自以为是在严肃地反对资产者的实践,但事实上他们自己又比任何人都更像一个资产者。

对此,马克思指出,如果说上述这些经济学家是资产阶级的理论家,那么可以说,社会主义者和共产主义者则是无产阶级的理论家。但是,在无产阶级还未彻底地发展且形成为一个阶级,因而无产阶级与资产阶级之间的斗争还未带有政治性以前,"在生产力在资产阶级本身的怀抱里尚未发展到足以使人看到解放无产阶级和建立新社会必备的物质条件以前"[①],这些无产阶级的理论家只能是空想主义者。为了满足被压迫阶级的

---

① 马克思、恩格斯:《马克思恩格斯选集》第 1 卷,第 235 页。

需要，他们只能构想各种类型的空泛体系，而且徒劳地试图探寻一种革新的科学来解决社会的实际问题。马克思认为，当历史的自然前进以及由之带来的无产阶级斗争越发激烈之时，理论家们便不再需要在自己的头脑里找寻科学了。注意到眼前发生的事情，并且把这些事情表达出来，就足够理论家们将之用来实践了。只有在这个时候，"这个由历史运动产生并且充分自觉地参与历史运动的科学就不再是空论，而是革命的科学了"①。

在《共产党宣言》中，马克思把社会主义和共产主义思潮分为三类，即反动的、保守的和空想的社会主义，并对它们进行了批判。如果说自由主义意识形态是对现实社会采取无批判性的立场，那么，各种社会主义和共产主义思潮则是对现代社会采取一种反动的、保守的或空想的浪漫化的批判立场。

第一类是反动的或封建的社会主义。马克思认为，它是站在旧的保守主义的——封建贵族的——立场上对现代资本主义社会加以批判的。这种所谓的"封建的社会主义"，"半是挽歌，半是谤文，半是过去的回音，半是未来的恫吓"。当然，有时它也会装模作样地对资产阶级进行批判，但由于它们"完全不能理解现代历史的进程而总是令人感到可笑"，故而对于自己的批评的反动性质，它们必然也毫不掩饰。它们对于资产阶级的控告，其主要罪状不过是"在资产阶级的统治下有一个将把整个旧社会制度炸毁的阶级发展起来"。对此，它们无不带着怨恨责备资产阶级，"与其说是因为它产生了无产阶级，不如说是因为它产生了革命的无产阶级"。②因此，在政治实践中，封建的社会主义者毫无芥蒂地参与了对工

---

① 马克思、恩格斯:《马克思恩格斯选集》第 1 卷，第 236 页。
② 参见同上书，第 423—424 页。

人阶级的暴力镇压；在日常生活中，他们也违背了自己冠冕堂皇的言辞，屈尊去拾取金苹果，不顾信义、仁爱和名誉地去做着羊毛、甜菜和烧酒的买卖。

小资产阶级的社会主义批判资产阶级制度时，采用的是小资产阶级和小农的尺度，即仅仅从小资产阶级本身的立场出发来为工人发声。虽然他们透彻地看到了现代生产关系的矛盾，揭穿了经济学家的虚伪粉饰，揭示了现代资产阶级社会面临的问题和困境，但是，这种社会主义不过是站在旧的所有制关系的框架内批判现代资本主义社会。它是"反动的，同时又是空想的"，这一思潮"在它以后的发展中变成了一种怯懦的悲叹"。①

反动的社会主义是德国的或"真正的"社会主义，是法国的社会主义同德国旧的哲学信仰的调和，是法国社会主义的现代社会批判的可怜的回声。它是对真正的社会和现实的人的本质的无谓思辨，完全失去了直接实践的意义。这种社会主义成了德意志各邦专制政府及其随从求之不得的、吓唬来势汹汹的资产阶级的稻草人。这种社会主义成了德意志各邦专制政府对付德国资产阶级的武器，直接代表了德国小市民的反动的利益。②

第二类是保守的或资产阶级的社会主义。这种社会主义是站在资产阶级的立场上批判现代社会，为的是消除现代资产阶级社会的弊病，以保障它的继续生存。"社会主义的资产者愿意要现代社会的生存条件，但是不要由这些条件必然产生的斗争和危险。他们愿意要现存的社会，但是不要那些使这个社会革命化和瓦解的因素。他们愿意要资产阶级，但

---

① 参见马克思、恩格斯：《马克思恩格斯选集》第1卷，第425—426页。
② 参见同上书，第428页。

是不要无产阶级。"① 在他们看来，资产阶级所统治的世界无疑是历史上所有存在过的最为美好的世界。因此，它对无产阶级提出了这样的要求，即要求无产阶级配合他们实现自身的体系，走进新的耶路撒冷。可以看出，这种社会主义的终极目标不过是一方面要求无产阶级必须停留在现今的社会里，但是另一方面又要求他们抛弃自己对于这个社会的憎恨。它要求工人阶级厌弃一切革命运动，认为对于工人阶级而言，真正有利可图的东西不是政治改革，而是物质生活条件的改善；并且要求无产阶级不将物质生活条件的改变理解为资产阶级生产关系的废除，而仅仅是行政上的改良。"资产者之为资产者是为了工人阶级的利益。"② 总而言之，资产阶级的社会主义实质上是一种资本主义理论中的改良主义。

第三类是批判的、空想的社会主义和共产主义。马克思指出，本来意义的社会主义和共产主义具有批判的、空想的性质，主要以圣西门、傅立叶、欧文为代表，它是在无产阶级和资产阶级之间的斗争还不成熟的初期出现的，区别于保守的、反动的社会主义。这种社会主义含有批判的成分，它抨击了现存社会的全部基础，看到了阶级的对立，要求消灭阶级对立和私有制，并且提出了关于未来最美好的社会的最美好的计划。但是，它看不到无产阶级的任何历史的主动性，看不到任何政治行动，没有揭示现代社会的历史的本质性。因此，空想社会主义者只是向整个社会（主要是向统治阶级）呼吁他们的未来社会的美好计划，他们拒绝一切政治行动，特别是一切革命行动，只想通过和平的途径达到自己的目的。批判的空想社会主义是对未来社会的幻想的描绘，历史的发展与空想社会主义的意义成反比；即是说，阶级斗争越发展且越发具有

---

① 马克思、恩格斯：《马克思恩格斯选集》第1卷，第429页。
② 同上书，第430页。

确定的形式,这种企图在阶级斗争面前保持中立的幻想就越发失去理论根据与实践意义。①

上述经济学家的理论,反动的社会主义、保守的社会主义和空想的社会主义的理论,从根本上来说,都没有揭示现代社会即现代资本主义社会的历史的本质性,没有站在历史辩证法的立场上看待现代资本主义社会,没有看到现代社会的历史前提、本质真相和来历。对它们的批判和反思,凸显了马克思的现代性批判理论的思想本质,表明了历史唯物主义和社会存在论对于马克思的现代性批判的重要意义,表明了马克思的现代性批判理论与各种现代性意识的界限。伊格尔顿说:在赞美现代的巨大成就方面,马克思主义所做的确乎超越了未来主义,而后者对于这一时代的无情谴责也无不超越了在它之前的反资本主义的浪漫派。因而可以说,马克思主义同时是启蒙运动的继承者和批判者。但正因为如此,就更不能轻率地以当下西方文化论争中颇为时髦的现成用语——无论是对现代主义的赞成还是反对——来对它做出什么界定。马克思主义旗帜鲜明地坚持住了辩证法思想。在马克思那里,"现代历史是文明和野蛮不可分割的历史,既与浪漫主义的怀旧思想相对立,也与现代化的自鸣得意相抵触"②。

---

① 参见马克思、恩格斯:《马克思恩格斯选集》第1卷,第431—433页。
② 伊格尔顿:《历史中的政治、哲学、爱欲》,第108页。

第四章
马克思的资本现代性批判

资本是现代社会的本质特征和基本建制，这是马克思最初研究经济学时就得出的基本结论。随着历史唯物主义的创立以及后期政治经济学批判的深入，马克思更加明确了这种认识。对资本的批判贯穿马克思思想的始终，是马克思的现代性批判理论的重要内容。哲学界有一个有见地的判断：就现当代西方思想家而言，马克思对资本的批判是最犀利、最深刻、最富有创造性的；齐美尔对货币的分析是最深刻的；海德格尔对技术的反思是最犀利、最富有原创性的。当然，这并不是说马克思对其他的现代性特征和要素比如现代技术不进行批判，也不是说海德格尔对现代社会的商品等不进行反思。马克思对资本现代性的批判，是在历史唯物主义基础上的政治经济学批判。我们不能把历史唯物主义的创立和政治经济学的批判看作相互对立的东西。从现代性批判的视角看，政治经济学批判是历史唯物主义基础上的生产方式批判的展开和具体化，是对历史唯物主义批判的证明、支撑和展开。诚如列宁所说："自从《资本论》问世以来，唯物主义历史观已经不是假设，而是科学地证明了的原理。"[①] 通过对现代资本的批判，马克思进一步揭示了现代资本主义生产方式的运动规律，揭示了现代资本主义社会经济基础的实质、展开过程和架构，展开和丰富了马克思的现代性批判理论的核心内容。

---

① 列宁：《列宁选集》第1卷，人民出版社，1995年，第10页。

一、资本：现代社会的本质规定和基本建制

在人类思想史上，马克思是深刻地批判资本的第一人。马克思对现代资本实行的具有原创性的批判，奠定了后来现代性批判理论的基本走向。在马克思看来，资本是现代社会的本质规定和基本特征，资本同近代形而上学、现代技术构成了现代社会的基本建制。对于马克思的现代性批判理论而言，把资本标识为现代社会的基本特征和基本建制，具有特别重大的意义。它标志着马克思的现代性批判理论获得了丰富的实体性内容，从而开启了对现代性社会最深刻、最彻底的历史性批判。在这里，马克思不是"为资本"立论，不只是客观地描述资本运行的规则（虽然这是基本的方面），更不是要确立资本"非历史的永恒"地位（像国民经济学家所做的那样），而是"以资本"立论，通过对资本原则和限度的揭示，马克思为其现代性批判提供了价值判断和革命运动的客观根据。[①] 马克思把资本标识为现代社会的本质规定和基本特征，标识为现代社会的基本建制和运行逻辑，这是现代社会性质和特征定性上的根本变化。就其形态学的意义而言，现代之为现代才获得了实体性的内容和标识性的标准。从表述上看，马克思认为，现代社会之所以是现代社会并区别于传统社会的本质规定和基本特征，不是如同黑格尔所说的"理性""精神""自我意识"，不是如同现代性意识形态所宣扬的"自由""民主""平等"，不是如同国民经济学家所说的"理性经济人""生产资料""劳动资料"，也不是如同后来韦伯意义上的"新教伦理""资本主义精神"，而是资本以及与资本生产联系在一起的"现代商品生产""货

---

① 参见罗骞：《论马克思的现代性批判及其当代意义》，第154页。

第四章　马克思的资本现代性批判

币""工业"和"技术"。因此，在《共产党宣言》、《资本论》及其手稿中，马克思把现代社会直接称为"资本主义社会"，把现时代称作"资本主义时代"，把现代社会的生产方式称为"资本主义生产方式"或"资本主义生产方式"。马克思说："我们的时代，资产阶级时代"[①]，"'现代社会'就是存在于一切文明国度中的资本主义社会"[②]，"资本一出现，就标志着社会生产过程的一个新时代"[③]。"资本"是马克思用来揭示和把握现代社会原则和本质规定的基础范畴，是马克思用来把握现代社会的基本规范。也就是说，作为形态学的现代或现代社会，必须用资本来规定它的实体性内容，标识它的历史时期。现代性也就是资本现代性，现代性批判就是对资本现代性的批判。对此，我们可以进行如下的理解和阐释。

首先，马克思把资本标识为现代社会的本质和基本特征，具有其历史唯物主义的根据，也是历史唯物主义原理的具体展开。只有资本及其本质被马克思揭示和标识出来，资本主义生产方式才获得了实体性内容，现代社会的历史的本质性才真正得到了贯彻和落实。在马克思看来，现代资本主义的生产方式是在资本的历史中产生和运动的，现代资本主义的生产力和生产关系的矛盾运动，也是在资本生产的运动中展开的，是在资本生产及与之相关的私有制、商品、工业、技术的展开中进行的，资本与私有制、商品、技术工业是联系在一起的。资本是纯粹的私有制的表现，是现代纯粹的私有制对传统私有制的胜利，是动产的私有制战胜不动产的私有制的结果，是资本主义私有制战胜以自己的劳动为基础的私有制的结果。"资本主义的生产方式和积累方式，从而资本主义的私有制，是以那种以自己的劳动为基础的私有制的消灭为前提的，也就是

[①] 马克思、恩格斯：《马克思恩格斯选集》第1卷，第401页。
[②] 马克思、恩格斯：《马克思恩格斯选集》第3卷，第313页。
[③] 马克思：《资本论》第1卷，第198页。

说,是以劳动者的被剥夺为前提的。"① 现代资本生产方式的建立表明了商品经济时代的真正到来,资本主义生产方式统治地位的确立就是商品关系的全面实现,资本是商品关系的全面实现和最终展开,是劳动力成为商品的必然结果。马克思说:"有了商品流通和货币流通,决不是就具备了资本存在的历史条件。只有当生产资料和生活资料的占有者在市场上找到出卖自己的劳动力的自由工人的时候,资本才产生,而单是这一历史条件就包含着一部世界史。因此,资本一出现,就标志着社会生产过程的一个新时代。"② 现代大工业本身就是以资本生产为基础和目的的,是资本生产的现实化;现代技术与资本本来就是一体的,二者是一种共谋关系,资本和技术构成了现代社会区别于传统社会的主要标志,是现代资本主义社会的基本建制。"特殊的资本主义生产方式随着资本积累而发展,资本积累又随着特殊的资本主义的生产方式而发展。这两种经济因素由于这种互相推动的符合关系,引起资本技术构成的变化,从而使资本的可变组成部分同不变组成部分相比越来越小。"③

由此可见,马克思的资本批判是历史唯物主义基本性质的批判,是以资本为基础和基本规范,并与私有制、商品、现代工业、现代技术结合起来,对资本主义生产方式进行的批判。通过对资本及其本质的揭示,马克思进一步揭示了现代资本主义社会的历史的本质性,揭示了资本主义生产方式的发展和运动规律,指证了资本主义生产方式的历史性质和过渡性质,破除了国民经济学家和现代性意识形态家把资本主义生产方式视为超历史、永恒性的神话,进而揭示了资本主义文明的作用及其限度,揭示了未来社会文明新类型的可能性。马克思说:"对资本主义生产

---

① 马克思:《资本论》第 1 卷,第 198 页。
② 同上书,第 887 页。
③ 同上书,第 721 页。

方式的科学分析却说明：资本主义生产方式是一种特殊的、具有独特历史规定性的生产方式；它和任何其他一定的生产方式一样，把社会生产力及其发展形式的一个既定的阶段作为自己的历史条件，而这个条件又是一个先行过程的历史结果和产物，并且是新的生产方式由以产生的既定基础；同这种独特的、历史地规定的生产方式相适应的生产关系——即人们在他们的社会生活过程中、在他们的社会生活的生产中所处的各种关系——具有一种独特的、历史的和暂时的性质。"① 因此，我们可以发现，"资本"概念在马克思那里获得了形态学或历史分期的意义，资本是现代社会之所以成为现代社会并区别于其他社会形态的基本根据和标志。无论是在三大社会形态理论还是在五大社会形态理论中，资本都是现代资本主义社会之所是的标志，只有资本才能创造出资产阶级社会。现代社会与传统社会的根本区别在于生产方式：现代社会是资本的生产方式，是现代资本主义生产方式；而传统社会是农业或小农的生产方式。

其次，马克思阐释了为什么说资本是现代社会的本质规定、基本特征和基本建制。在马克思看来，现代性就是资本主义现代性，而资本主义现代性本质上就是资本现代性。从基础来看，马克思认为，"资本本身是资产阶级的基础"② 现代资本主义不是自然的产物，资本主义生产方式也不是永恒的自然规律，而是以往的生产方式矛盾发展的产物，是以往的生产力和交往形式发展运动的结果。资本不是天生的，恰恰相反，它有其特定的历史起源。其中，劳动者与劳动资料的分离是资本得以形成的重要历史前提。这种分离意味着以自己的劳动为基础的私有制的解体和纯粹私有制即资产阶级私有制的出现，也意味着劳动力成为商品和雇

---

① 马克思：《资本论》第3卷，第994页。
② 马克思、恩格斯：《马克思恩格斯全集》第30卷，第293、390页。

佣劳动的出现。这是具有划时代意义的资本原始积累的步骤和过程,是资本历史起源的关键因素。马克思说:"对直接生产者的剥夺,是用最残酷无情的野蛮手段,在最下流、最龌龊、最卑鄙和最可恶的贪欲的驱使下完成的。靠自己劳动挣得的私有制,即以各个独立劳动者与其劳动条件相结合为基础的私有制,被资本主义私有制,即以剥削他人的但形式上是自由的劳动为基础的私有制所排挤。"① 换言之,资本关系的前提是劳动者和劳动实现条件的所有权的分离,而创造资本关系的过程就是劳动者和他的劳动条件的所有权分离的过程。这一过程不但使社会全部的生活资料和生产资料转化为资本,而且也使直接生产者转化为雇佣工人。一旦资本和资本主义生产站稳了脚跟,它就不再满足于以资本为基础来仅仅对这种分离进行维护,而且也必然要以不断扩大的规模再生产为基础从而加大这种分离。因此,资本不是别的,它就是资产阶级本身得以可能的条件。资本一旦形成并占据统治地位,就必然造成生产者和劳动资料、生活资料的分离,造成资产阶级私有制以及资产阶级和无产阶级的对立,这是现代资本主义社会中的一切对立的基础和根源。因此,马克思指出,一切对立只要还没有被把握和理解为劳动和资本之间的对立,就是无关紧要的对立。

从资本在现代资本主义社会中所起的作用来看,马克思说:"资本是资产阶级社会的支配一切的经济权力。"② 在现代资本主义社会,无论是人与自然界的关系还是人与人的关系,无论是社会的物质生活资料生产还是精神生活,无论是国内生产力和经济的发展还是对外的世界交往,无论是生产方式和经济基础还是政治和观念上层建筑,都受到资本的支配

---

① 马克思:《资本论》第1卷,第873页。
② 马克思、恩格斯:《马克思恩格斯全集》第30卷,第49页。

和统治，都遵循资本的逻辑。资本按其本质来说是对无酬劳动的支配权，资本主义生产过程不仅生产商品和剩余价值，而且"还生产资本关系本身：一方面是资本家，另一方面是雇佣工人"[1]。在现代资本主义社会，资本生产是一种"普照的光"，它决定其他一切生产的地位和影响，因而它也决定其他一切关系，"它掩盖了一切其他色彩，改变着它们的特点。这是一种特殊的以太，它决定着它里面显露出来的一切存在的比重"[2]。依照马克思的理解，在资本主义社会，资本决定了现代社会的生成和发展，资本生产的逻辑决定了现代社会的逻辑，现代社会一切事物的发展都打上了资本的烙印，现代社会的文明成就及其文明限度都是由资本的本质及其发展逻辑决定的。诚如马克思所说："只有资本才创造出资产阶级社会，并创造出社会成员对自然界和社会联系本身的普遍占有。由此产生了资本的伟大文明作用。"[3]赫勒曾经区分了现代性的两种成分即现代性的动力和现代性的社会格局，并区分了现代性的三种逻辑，即技术的逻辑、社会地位的功能性分配的逻辑以及政治权力的逻辑（统治与支配的制度）。从这个意义上说，现代社会的动力是由资本提供的，资本生产及其无节制地追求剩余价值的动机创造了现代文明成果，也造就了现代性的困境；现代社会的经济发展及其架构、经济基础和上层建筑架构和社会格局、社会生活的基础都是由资本生产决定的，受到资本生产逻辑的支配；现代社会对旧有的社会格局的摧毁也是借助于资本的力量来实现的。同样，技术受资本支配，并且与资本构成一种共谋关系；社会地位和社会关系的功能性分配的逻辑也是遵循资本的逻辑；政治权力即统治与支配的制度同样由资本生产的逻辑决定。因此，在现代资本主义社会，

---

[1] 马克思：《资本论》第1卷，第666—667页。
[2] 马克思、恩格斯：《马克思恩格斯全集》第30卷，第48页。
[3] 同上书，第390页。

不存在能够逃脱资本支配而自为的存在物，一切事物、人和社会关系都受资本的统治和支配。

从现代资本主义社会的最终归属来看，正是资本及其关系造成和加剧了劳动者和生产资料、生活资料的分离和对抗，导致了资本主义生产方式的矛盾、生产力和资产阶级生产关系的矛盾，即导致和加剧了现代资产阶级私有制的矛盾，导致现代资本主义社会必然被未来社会所超越。这是资本和现代私有制发展和运动的必然结果，是资本和资产阶级私有制本身的历史辩证法。诚如马克思所说："准确地阐明资本概念是必要的，因为它是现代经济学的基本概念……明确地弄清关系的基本前提，就必然会得出资产阶级生产的一切矛盾，以及这种关系超出它本身的那个界限。"① 在马克思那里，现代资本主义生产方式的矛盾以及生产力和资产阶级生产关系的矛盾是在资本生产的基础上展开的。马克思认为，在现代资本主义社会，当劳动力转化为商品从而对旧社会在深度和广度上予以充分瓦解之时，当劳动者转化为无产者，他们的劳动条件转化为资本之时，资本的统治就必然会采取新的形式。到那时，主要剥夺的对象已经不再是独立经营的劳动者，而是资本家对于工人的剥夺。这种剥夺是以资本为基础的现代资本主义社会的必然结果，是通过资本生产本身的内在规律的作用，即通过资本的集中进行的。到那时，资本的垄断就成了依赖于垄断才得以繁荣起来的生产方式本身的桎梏。在生产资料的集中和劳动的社会化已经发展到与它们所具有的资本主义外壳不再能相容的程度之时，这个外壳就必然要被摧毁。"资本主义私有制的丧钟就要响了。剥夺者就要被剥夺了。"② 从资本主义生产方式产生出来的资本主义占有方式，其本身就首先对于资

---

① 马克思、恩格斯：《马克思恩格斯全集》第30卷，第293页。
② 马克思：《资本论》第1卷，第874页。

本主义私有制,即对于个人的、以自己的劳动为基础的私有制进行否定;即是说由于自然过程的必然性,资本主义生产本身就造成了对自身的否定——这是否定的否定。这种否定不是重建私有制,而是在资本主义时代成就的基础上,即在协作以及对土地及靠劳动本身生产的生产资料的共同占有的基础上,重新建立个人所有制。①

因为有历史唯物主义的社会存在论基础和历史的本质性原则,马克思就能够深入到资本的本质中,能够切中现代资本主义社会的社会现实和本质性的矛盾,能够在存在论上论证未来社会或共产主义社会的必然性。在马克思看来,如果不动及资本主义生产方式,不根除劳动和资本的对立,不消灭雇佣劳动,不摧毁现代资产阶级私有制的基础,未来共产主义社会就不可能实现。因此,马克思再次强调,未来共产主义社会的实现必须消灭私有制,消灭雇佣劳动或抽象劳动,用个人所有制取代资产阶级私有制,用靠劳动本身生产并共同占有生产资料来消灭雇佣劳动。这是马克思的共产主义思想的贯彻和深化,它与《手稿》《德意志意识形态》《共产党宣言》中提出的共产主义思想是一致的。因为关联于马克思有关消灭劳动、消灭私有制、超越现代资本主义文明、开启未来社会文明新形态的思想,因此,我们有必要删繁就简地论及马克思《哥达纲领批判》中的相关思想。

《哥达纲领批判》是马克思的现代性批判理论完成的标志。马克思批判了拉萨尔在《哥达纲领批判》中提出的错误观点,阐释了现代社会、共产主义第一阶段即过渡社会和共产主义高级阶段即真正意义上的未来共产主义社会之间的关系。马克思的批判主要针对《哥达纲领批判》中"解放劳动""劳动所得"等错误的提法。在马克思看来,共产主义是对现

---

① 马克思:《资本论》第1卷,第873—874页。

代资本主义社会私有制基础的摧毁；要消灭雇佣劳动，而不是认同现代劳动即雇佣劳动或抽象劳动的前提，不是仅仅把劳动解放到现代劳动的条件和水平上；要消灭私有制，而不是认同私有制的基础和前提；一切在私有制和现代雇佣劳动范围内的解放及其取得的所谓"自由""平等的权利"都是一种有限度的形式化的权利，是现代性的抽象原则的体现。

马克思指出，虽然《哥达纲领批判》提到了"劳动解放"这一对于共产主义来说的原则问题，但它是一种错误的提法。它抽象地提出"劳动是一切财富的源泉"，但是没有具体讨论劳动所适应的社会条件和社会关系，没有揭示现代资产阶级生产关系和雇佣劳动的本质，没有把未来共产主义与消灭现代劳动和摧毁现代资产阶级生产关系的基础联系起来。因此，它只是把劳动解放提高到现代劳动的条件和水平。这是对现代资本主义社会和生产关系的认同，是一种现代性的意识，没有触及现代雇佣劳动和资产阶级私有制的基础。马克思批评道："不应当泛泛地谈论'劳动'和'社会'，而应当在这里清楚地证明，在现今的资本主义社会中怎样最终创造了物质的和其他的条件，使工人能够并且不得不铲除这个历史的祸害。"[1] 同样，马克思也批判了《哥达纲领批判》中"劳动所得""平等的权利"等错误提法。马克思认为，"劳动所得属于社会一切成员"仍然是一句空洞的口号，因为它还是在私有制和现代劳动的基础和范围内的抽象权利。马克思说："'社会一切成员'和'平等的权利'显然只是些空话。问题的实质在于：在这个共产主义社会中，每个劳动者都应当得到拉萨尔的'不折不扣的劳动所得'。"[2] 因此，抽象地谈论"公平""自由""平等的权利"是不够的。"公平"等作为一种法权观念，是

---

[1] 马克思、恩格斯：《马克思恩格斯选集》第3卷，第359页。
[2] 同上书，第361页。

由经济关系来加以调节的;同样,现代国家范围内的"自由""平等"也是抽象的、形式的,没有实质性的内容,因为现代国家是建立在现代资产阶级生产关系基础上的,现代社会就是存在于一切文明国度中的资本主义社会。因此,《哥达纲领批判》提出以合法手段建立自由国家和实现社会主义的目标,是一种改良主义,它放弃了共产主义原则,仍然停留在现代资产阶级和现代性原则的范围内。在马克思看来,《哥达纲领批判》中的"劳动所得""公平的分配""平等的权利"等说法,不过是对资产阶级经济学家理论的拙劣效仿。它把分配理解为一种不依赖于生产方式的东西,它所理解的社会主义仍然是在围绕着分配兜圈子。实际上,关键的问题是要消灭资本主义生产方式,消灭资产阶级私有制,废除现代劳动。只有如此,才能超出现代资产阶级生产关系和现代劳动的范围,从而真正地实现人的全面自由发展。

马克思阐述了共产主义社会劳动的基本性质,描绘了共产主义社会的基本原则,并阐释了共产主义第一阶段即过渡社会的基本原则。马克思认为,同资本主义社会相反,在共产主义社会中,即在一个以生产资料公有制为基础的社会中,生产者不再对自己的产品进行交换,劳动生产的产品也不再被表征为这些产品所具有的价值以及某种物的属性,个人的劳动不经过迂回曲折的道路而表现自身,而是直接作为总劳动的各个组成部分表现自身。只有在这个时候,个人如奴隶般地服从劳动分工的处境才会消失,脑力劳动与体力劳动的对立才会消失。劳动不再仅仅作为谋生的手段,而成为生活的第一需要。生产力和集体财富增长,个人得到全面发展,从而完全超出资产阶级权利的狭隘眼界,"各尽所能,按需分配"成为社会的基本原则。①

---

① 参见马克思、恩格斯:《马克思恩格斯选集》第3卷,第363、365页。

在此基础上，马克思对共产主义社会第一阶段的特征进行了描述："它不是在它自身基础上已经发展了的，恰恰相反，是刚刚从资本主义社会中产生出来的，因此它在各方面，在经济、道德和精神方面都还带着它脱胎出来的那个旧社会的痕迹。"① 在这个阶段之上，虽然按劳分配原则仍然存在（即"每个生产者，在作了各项扣除以后，从社会领回的，正好是他给予社会的"，即是说，这一原则体现了劳动者在分配上的平等原则），但就其本质而言，"在这里平等的权利按照原则仍然是资产阶级的权利"。② 其原因在于，对于劳动者在体力和智力上的差异，它不但予以承认，而且它还是以这种差异为基础的，"就它的内容来讲，它像一切权利一样是一种不平等的权利"③。马克思认识到，"这些弊病，在经过长久阵痛刚刚从资本主义社会产生出来的共产主义社会第一阶段，是不可避免的……权利决不能超出社会的经济结构以及由经济结构制约的社会的文化发展"④。

最后，在马克思那里，资本是一种社会关系，是一种社会历史性的规定。马克思认为，"资产阶级社会是最发达的和最多样性的历史的生产组织"，"在资本处于支配地位的社会形式中，社会、历史所创造的因素占优势"。⑤ 资本的本质被定位为一种社会关系和社会历史性质，这是马克思的创见。从《雇佣劳动与资本》开始，一直到《资本论》及其手稿，马克思都把资本看作一种社会生产关系、一种现代资本主义社会的生产关系，而不是一种物。在《雇佣劳动与资本》中，马克思指出，黑人就

---

① 参见马克思、恩格斯：《马克思恩格斯选集》第3卷，第363页。
② 同上书，第364页。
③ 同上。
④ 同上。
⑤ 马克思、恩格斯：《马克思恩格斯全集》第30卷，第46、49页。

第四章　马克思的资本现代性批判

是黑人，只有在一定的关系下，他才成为奴隶，纺纱机是纺棉花的机器，"只有在一定的关系下，它才成为资本。脱离了这种关系，它也就不是资本了……资本也是一种社会生产关系。这是资产阶级的生产关系，是资产阶级社会的生产关系"①。在《资本论》中，马克思明确指出："资本不是物，而是一定的、社会的、属于一定历史社会形态的生产关系，后者体现在一个物上，并赋予这个物以独特的社会性质。"②这就是说，资本固然会体现在物上，资本可以表现在生活资料、劳动工具和原料等物上，但是，体现和构成资本的物并不是作为物的物性和自在性，而是它的社会性质。生活资料、劳动工具和原料在前资本主义社会的自然生产形态中也是存在的，但那时它们只是作为一般的自在之物而存在，而不是作为资本存在。只有在一定的社会条件下，在一定的生产关系中，即在资本主义社会的条件下和资产阶级生产关系中，它们才变成资本。因此，"资本显然是关系，而且只能是生产关系"③。

资本是现代资本主义社会的生产关系。作为物性的物只是资本表现出来的物，是资本的载体和媒介，而资本是现代社会的存在物。现代社会的物只是资本的表现物，在现代资本主义生产关系中，物被赋予了独特的社会性质即资本的性质。因此，物的形式可以改变和多样化，但只要产生和构成资本的生产关系和社会历史形态不变，资本的本质和资本本身就仍然不发生改变。对此，马克思指出，无论是以棉花代替羊毛也好、以米代替小麦也好，还是以轮船代替铁路也好，只要这些棉花、米、轮船——资本的躯体——与原先作为资本的羊毛、小麦和铁路"具有同样的交换价值即同样的价格，那么资本依然还是资本。资本的躯体可以经

---

① 马克思、恩格斯:《马克思恩格斯选集》第1卷，第340—341页。
② 马克思:《资本论》第3卷，第922页。
③ 马克思、恩格斯:《马克思恩格斯全集》第30卷，第510页。

常改变，但不会使资本有丝毫改变"①。

在马克思看来，资本不是自然的，而是一种特定阶段的社会生产方式；资本具有历史性质，即作为特定社会生产关系的资本不是自然的、超历史的、永恒的存在，而是特定社会历史阶段的存在，是生产方式不断变革的结果，也是将被未来社会所超越和扬弃的社会存在物。马克思说："新的生产力和生产关系不是从无中发展起来的，也不是从空中，也不是从自己设定自己的那种观念的母胎中发展起来的，而是在现有的生产发展过程内部和流传下来的、传统的所有制关系内部，并且与它们相对立而发展起来的。如果说，在完成的资产阶级体制中，每一种经济关系都以具有资产阶级经济形式的另一种经济关系为前提，从而每一种设定的东西同时就是前提，那么，任何有机体制的情况都是这样。"②资本是积累起来的劳动，劳动力转化为商品，劳动者与劳动资料和生活资料的分离，这是资本形成的历史前提和条件。马克思说，"自然界不是一方面造成货币占有者，而另一方面造成只是自己劳动力的占有者。这种关系既不是自然史上的关系，也不是一切历史时期所共有的社会关系。它本身显然是以往历史发展的结果，是许多次经济变革的产物，是一系列陈旧的社会生产形态灭亡的产物"，这种全部产品或至少大部分产品采取商品的形式的情况，"只有在一种十分特别的生产方式即资本主义生产方式的基础上才会发生"。③

马克思揭示了资本的社会历史性质，批判了国民经济学家的错误观点，破除了把资本主义生产方式看作自然的、超历史的、永恒存在的神话。这是马克思的资本现代性批判的重要成果。在马克思看来，国民经济

---

① 马克思、恩格斯：《马克思恩格斯选集》第1卷，第341页。
② 马克思、恩格斯：《马克思恩格斯全集》第30卷，第236—237页。
③ 马克思：《资本论》第1卷，第197页。

第四章　马克思的资本现代性批判

学家把交换价值形式、资本、资本主义生产方式看成社会生产的永恒形式，这是一种非历史的观点，是现代性意识形态，是"政治经济学的资产阶级意识"；资产阶级经济学家把资本看作永恒的、自然的，而不是历史的生产方式，然后又竭力为资本辩护。马克思指出，劳动产品的价值形式是资本主义生产方式的最抽象的但也最一般的形式，这就使资本主义生产方式成为一种特殊的社会生产类型，它具有历史的特征。如果将资本主义生产方式误认为是社会生产的永恒的自然形式，那么价值形式的特殊性就必然被忽视，商品形式及其进一步发展——货币形式、资本形式等——的特殊性也必然被忽视。[1]对此，马克思认为，经济学家们的上述论证方式的荒谬之处在于，它似乎认为这个世界上仅仅存在两种制度，一种是人为的，一种是自然的——人为的之为封建制度，天然的之为资产阶级制度。他们之所以认为资产阶级生产关系是天然的，是因为他们企图证明，正是它使财富的增长与生产力的发展得以按照自然规律进行，它们才是与时间和历史无关的自然规律，是会永远对社会进行支配的永恒规律。这样一来，"以前是有历史的，现在再也没有历史了"[2]。

在此基础上，马克思也开启了对现代社会的商品拜物教、货币拜物教和资本拜物教的批判。马克思认为，商品拜物教及其派生物（即货币拜物教、资本拜物教）的实质就是把商品、货币、资本看作物，并以物与物的关系遮蔽其背后的社会关系，从而导致人们对商品、货币、资本的崇拜，进而在这种对虚幻关系的崇拜中迷失自身，陷入异化的状态。这是现代人的存在困境。马克思批判的目的是要揭穿拜物教的真相，揭示物与物的虚幻关系所遮蔽的人与人之间的真实的社会关系。马克思的批判表明，

---

[1] 马克思：《资本论》第1卷，第99页。
[2] 马克思、恩格斯：《马克思恩格斯选集》第1卷，第232页。

只有变革资本主义的生产方式和生产关系，推翻现代资本主义社会，实现真正意义上的重建社会工作，人类才能彻底摆脱现代性的存在困境。

二、资本与现代人的存在方式和生存状态

资本创造了现代社会的文明形态，决定了现代人的存在方式和生存状态。马克思认为，资本是现代资本主义社会的基础，是现代社会支配一切的经济权力，资本构成了现代社会的历史的本质性，资本和资本生产决定了现代社会的社会生活、政治生活和精神生活过程，资本影响和决定了人们的生活世界。资本是现代性的本质特征和基本建制，现代性由资本决定和支配，是资本生产和资本逻辑的结果。诚如有学者指出的那样，"资本主义社会中所出现的众多方面的现代性，不仅是资本逻辑的外在表现与结果，同时也是资本逻辑的内在条件和内在机理。离开了这些，现代性，资本运动就不可能正常进行。可以说，现代性的各种因素并不是外在于资本逻辑的东西，而是内含于资本逻辑之中"[1]。因此，资本生产和资本逻辑创造了现代社会的文明形态，决定了现代人的存在方式和生存状态。马克思说："如果说以资本为基础的生产，一方面创造出普遍的产业劳动，即剩余劳动，创造价值的劳动，那么，另一方面也创造出一个普遍利用自然属性和人的属性的体系，创造出一个普遍有用性的体系，甚至科学也同一切物质的和精神的属性一样，表现为这个普遍有用性体系的体现者，而在这个社会生产和交换的范围之外，再也没有什么东西表现为自在的更高

---

[1] 丰子义：《马克思现代性思想的当代解读》，载《中国社会科学》2005年第4期。

第四章　马克思的资本现代性批判

的东西，表现为自为的合理的东西。因此，只有资本才创造出资产阶级社会，并创造出社会成员对自然界和社会联系本身的普遍占有。由此产生了资本的伟大的文明作用；它创造了这样一个社会阶段，与这个社会阶段相比，一切以前的社会阶段都只表现为人类的地方性发展和对自然的崇拜。只有在资本主义制度下自然界才真正是人的对象，真正是有用物；它不再被认为是自为的力量；而对自然界的独立规律的理论认识本身不过表现为狡猾，其目的是使自然界（不管是作为消费品，还是作为生产资料）服从于人的需要。资本按照自己的这种趋势，既要克服把自然神化的现象，克服流传下来的、在一定界限内闭关自守地满足于现有需要和重复旧生活方式的状况，又要克服民族界限和民族偏见。资本破坏这一切并使之不断革命化，摧毁一切阻碍发展生产力、扩大需要、使生产多样化、利用和交换自然力量和精神力量的限制。"[1]

马克思这里全面地阐释了资本生产所创造的现代文明状况和人的生存状况。马克思把现代社会的文明形态看作资本的伟大的文明作用的结果。现代文明形态的主要特征是：资本生产破除了传统的自然崇拜，发现和创造了物的新的普遍有用性的体系——这是人的普遍需要的体系，自然界甚至整个地球都要服从于这种人的普遍需要的体系；自然界不再是自为的存在，而是人的加工物、有用物和征服的对象，为了发现新的有用物和物的新的使用属性，自然科学快速发展起来了；一切东西都要以资本生产和商品交换为最高原则，在资本生产和商品交换的范围之外，没有自为的合理的东西；普遍地交换各种不同气候条件下的产品和各种不同国家的产品的需要，克服了民族界限和民族偏见，打破了闭关自守的状态，创造了世界历史，创造了有广泛需要和社会联系的高度文明的

---

[1] 马克思、恩格斯：《马克思恩格斯全集》第30卷，第389—390页。

人；资本破坏了一切阻碍它发展的界限，并使之革命化，先前社会的生产方式和生产关系的限制，自然的限制，政治制度、思想观念、精神力量的限制，生活世界的限制，均被资本生产和资本扩展打破了，生产力得到了高度发展；旧的生活方式被废除，传统的自然人类的生活方式和生活世界被现代人类的生活方式和生活世界取代。总之，这是一个只有资本才能创造出来的资产阶级社会，是一个"新的时代""新的世界"，现代文明形态与传统社会的文明形态之间存在着根本性的差别。

现代社会即现代资本主义社会与传统社会之间的根本差别，在历时性的性质或深度上体现出来了。马克思认为，现代资本主义社会是一个"在它的不到一百年的阶级统治中所创造的生产力，比过去一切世代创造的全部生产力还要多，还要大"的时代，也是一个资本源源不断地创造着财富的时代。"资本的文明的胜利恰恰在于，资本发现并促使人的劳动代替死的物而成为财富的源泉。"①"资本作为财富一般形式——货币——的代表，是力图超越自己界限的一种无限制的和无止境的欲望。任何一种界限都是而且必然是对资本的限制。……剩余价值的量的界限，对资本来说，只是一种它力图不断克服和不断超越的自然限制即必然性。"② 同时，生产力又成为破坏性的力量，造成"创造性的破坏"的时代，财富的分配日益不公，两极分化日益加剧，"只有在以资本为基础的生产方式下，赤贫才表现为劳动自身的结果，表现为劳动生产力发展的结果"③。这是一个人类从对人的依赖关系中摆脱出来的时代，同时又是一个人进入人对物的依赖关系，对商品、货币、资本的崇拜的时代；这是一个废除了封建宗法的特权、人获得了政治上、法律上的自由、平等的时代，同

---

① 马克思、恩格斯：《马克思恩格斯全集》第 3 卷，287 页。
② 马克思、恩格斯：《马克思恩格斯全集》第 30 卷，第 297 页。
③ 同上书，第 608 页。

时又是一个人的尊严变成了交换价值和自由成为贸易自由、买卖自由即自由的形式化和抽象化的时代；这是一个破除了旧的传统观念的束缚、斩断了把人们束缚于天然尊长的封建羁绊的时代，同时又是一个使人陷入赤裸裸的利害关系、冷酷无情的金钱交易、利己主义至上和文化价值的虚无主义的时代；这是一个人的需要和发展得到不断满足、主体性得到充分体现的时代，同时又是一个人陷入异化状况的时代；这是一个科学昌明、技术发展、自然的原始崇拜被破除、人利用自然界为自身服务的力量日益提升的时代，同时又是一个人与自然界的原初关联被斩断、自然界沦为人的有用物、人与自然的对立日益加剧的时代。

现代社会即现代资本主义社会与传统社会之间的根本差别，在共时性的广度上也体现出来了。马克思说："创造世界市场的趋势已经直接包含在资本的概念本身中。任何界限都表现为必须克服的限制。"[①] 这就是说，按照其本性来说，资本力求超越一切空间界限，用时间去消灭空间。一方面，资本的生产必然摧毁一切交往和交换的地域界限，征服整个地球，让整个世界都变成它的市场；另一方面，资本又追求以时间去消灭空间，即是说，资本生产必须将商品交换所花费的时间缩短到最低限度，"资本越发展，从而资本借以流通的市场，构成资本流通空间道路的市场越扩大，资本同时也就越是力求在空间上更加扩大市场，力求用时间去更多地消灭空间"[②]。因此，以资本生产为基础的现代资本主义社会为了实现无限制地追逐剩余价值的欲望，要用时间去消灭空间，从而破除了原先社会状态下的民族偏见和民族界限，使民族历史走向世界历史，加强了人与人之间的世界交往，传播了现代文明。诚如马克思所说："资产阶

---

① 马克思、恩格斯:《马克思恩格斯全集》第30卷，第388页。
② 同上书，第538页。

级,由于一切生产工具的迅速改进,由于交通的极其便利,把一切民族甚至最野蛮的民族都卷到文明中来了。它的商品的低廉价格,是它用来摧毁一切万里长城、征服野蛮人最顽强的仇外心理的重炮。"[1] 同时,马克思指出,资本及其生产造成的世界历史又是资本力量支配的历史,它导致了民族与民族之间、国家与国家之间的冲突,造成了文化的一体化和趋同化,文明的多样性和自身特色日益被资本的全球化力量摧毁。"它迫使一切民族——如果它们不想灭亡的话——采用资产阶级的生产方式;它迫使它们在自己那里推行所谓的文明,即变成资产者。一句话,它按照自己的面貌为自己创造出一个世界。"[2]

由此可见,马克思现代性批判的重要目的在于:在历史唯物主义和社会存在论基础上,深入到现代社会的历史的本质性之中,揭示现代资本主义生产方式的矛盾,揭示现代人的存在方式和生存状态,阐释现代文明形态的作用及其限度,开启人类未来文明新形态,超越现代资本主义文明。因此,关于现代人的存在方式和生存状态,马克思把它们揭示为:从性质上说,这是一种资本和技术人类文明形态下的现代人的存在方式和生存状态,它本质上区别于传统社会的自然人类文明形态下的存在方式和生存状态;从表现上说,这是一种在资本生产和商品关系基础上,以人对物的依赖形式表现出来的存在方式和生存状态,人对人的依赖关系被取代,自然界自为的状态被打破,一切神圣性的东西烟消云散,人类在世俗化和祛魅化的世界中呈现和展开自身的生活方式和存在状态;从结果上来说,马克思把现代人的存在方式和生存状态指证为异化状态,是一种要被自由人的联合体和全面自由发展的个性的人所超越的状态。

---

[1] 马克思、恩格斯:《马克思恩格斯选集》第 1 卷,第 404 页。
[2] 同上。

第四章　马克思的资本现代性批判

必须指出的是,我们不能一看到"异化"概念被用来描述现代人的存在境况,就认为马克思仍然是抽象的人道主义者或伦理批判主义者。实际上,问题不在于是否使用"异化"概念来描述现代人的生存状态,而在于这种批判是否触及了现代社会的历史的本质性和社会现实。在历史唯物主义和社会存在论意义上,马克思揭示了现代人的异化的生存状态,把握到了现代社会的历史的本质性和社会现实。在马克思看来,现代社会人的异化状态不是来自文化和精神状态;恰恰相反,它根源于现代社会即世俗的现实世界的历史的本质性,根源于现代资本主义社会的生产方式和生产关系。同样,对现代人的异化生存状态的克服不是仅仅依靠文化和精神的批判就可以实现的。恰恰相反,它取决于现代资本主义社会生产方式和生产关系的根本改变,取决于一场实践变革,取决于一种人类未来文明新形态的生成。因此,我们可以发现,马克思对现代社会和现代人的存在方式和生存状态的批判,始终是一种历史的本质性原则基础上的批判,是一种历史辩证法的批判,即马克思既揭示了现代资本主义文明的成就,又揭示了现代资本主义文明的限度和资本生产所造成的人的异化生存状态。

在马克思看来,与传统社会的自然人类存在样式相比较,现代社会的资本和技术人类存在样式是根本性质的改变,这说明现代资本主义文明对人类文明的进步和人的生存方式的改善起了重大的历史推动作用。马克思说,资本的出现是工业和运动的奇迹,它是现代之子,它使人获得了政治上的自由,从而打碎了束缚市民社会的桎梏,将整个世界连为一体,"创造了博爱的商业、纯洁的道德、令人愉悦的文化教养";它给"人民以文明的需要来代替粗陋的需要,并提供了满足需要的手段"。[①] 它

---

① 参见马克思、恩格斯:《马克思恩格斯全集》第3卷,第286页。

是发达的私有财产对于不发达的、不完全的私有财产的必然胜利,资本即纯粹的私有制必然战胜以劳动自身为基础的不动产和私有制,公开的、自觉的卑鄙行为必然战胜隐蔽的、不自觉的卑鄙行为,"贪财欲必然战胜享受欲,直认不讳的、老于世故的、孜孜不息的、精明机敏的开明利己主义必然战胜眼界狭隘的、一本正经的、懒散的、幻想的迷信利己主义,货币必然战胜其他形式的私有财产"①。尽管资本生产导致了人对物的依赖关系,但它毕竟取代了人对人的依赖关系状态,并且为人的丰富个性和全面自由的发展创造了条件。马克思说:"人的依赖关系(起初完全是自然发生的),是最初的社会形式,在这种形式下,人的生产能力只是在狭小的范围内和孤立的地点上发展着。以物的依赖性为基础的人的独立性,是第二大形式,在这种形式下,才形成普遍的社会物质变换、全面的关系、多方面的需要以及全面的能力的体系。建立在个人全面发展和他们共同的、社会的生产能力成为从属于他们的社会财富这一基础上的自由个性,是第三个阶段。第二个阶段为第三个阶段创造条件。"②这就是说,资本的欲望是不断追求剩余价值和财富的一般形式,在这种追求中,它毕竟是要违背自己的意志为人的发展创造条件的。资本生产必然造成劳动超过自己自然需要的界限,从而创造出物质要素来发展个人的丰富个性,"这种个性无论在生产上和消费上都是全面的,因而个性的劳动也不再表现为劳动,而表现为活动本身的充分发展,而在这种发展状况下,直接形式的自然必然性消失了;这是因为一种历史地形成的需要代替了自然的需要。由此可见,资本……是发展社会生产力的重要的关系"③。对于资本的文明作用和人的存在状况,马克思有一段很精彩的评价,我

---

① 参见马克思、恩格斯:《马克思恩格斯全集》第3卷,第287页。
② 马克思、恩格斯:《马克思恩格斯全集》第30卷,第107—108页。
③ 同上书,第286页。

们可以从中看出马克思的历史的辩证法立场。马克思说:"古代的观点和现代世界相比,就显得崇高得多,根据古代的观点,人,不管是处在怎样狭隘的民族的、宗教的、政治的规定上,总是表现为生产的目的,在现代世界,生产表现为人的目的,而财富则表现为生产的目的。事实上,如果抛掉狭隘的资产阶级形式,那么,财富不就是在普遍交换中产生的个人的需要、才能、享用、生产力等等的普遍性吗?财富不就是人对自然力——既是通常所谓的'自然'力,又是人本身的自然力——的统治的充分发展吗?财富不就是人的创造天赋的绝对发挥吗?……在这里,人不是在某一种规定性上再生产自己,而是生产出他的全面性;不是力求停留在某种已经变成的东西上,而是处在变易的绝对运动之中。"①

同时,马克思深入到了现代社会的历史的本质性和社会现实之中,揭示了现代资本主义生产方式的矛盾,也揭示了现代文明的限度以及给现代人带来的异化的生存状态。马克思说:"在资本的简单概念中必然自在地包含着资本的文明化趋势等等……同样必须指出,在资本的简单概念中已经潜在包含着以后才暴露出来的那些矛盾。"②这一矛盾本身是资本自身无法克服的,因为资本所面临的这种限制就其本质而言就是它自身的限制。因此,它必然造成现代人的异化生存状态。对此,马克思说:"在资产阶级经济以及与之相适应的生产时代中,人的内在本质的这种充分发挥,表现为完全的空虚化;这种普遍的对象化过程,表现为全面的异化,而一切既定的片面目的的废弃,则表现为为了某种纯粹外在的目的而牺牲自己的目的本身。……古代世界是从狭隘的观点来看的满足,而现代则不给予满足;换句话说,凡是现代表现为自我满足的地方,它

---

① 马克思、恩格斯:《马克思恩格斯全集》第30卷,第479—480页。
② 同上书,第395页。

就是鄙俗的。"[1]因此,并不是如同经济学家们所肤浅地认为的那样,资本是生产力发展的绝对形式。恰恰相反,就其本质而言,资本并非生产力发展的绝对形式;甚至可以说,它连与生产力发展绝对一致的财富形式都不是。[2]只有利用资本来消灭资本、消灭资本生产的生产关系基础、消灭资本主义生产方式、消灭雇佣劳动、建立未来社会人类文明的新形态,才能真正解决资本生产的矛盾、真正消除现代人的异化生存状态。对此,马克思指出:"决不能因为资本把每一个这样的界限都当作限制,因而在观念上超越它,所以就得出结论说,资本已在实际上克服了它,并且,因为每一个这样的限制都是同资本的使命相矛盾的,所以资本的生产是在矛盾中运动的,这些矛盾不断地被克服,但又不断地产生出来。不仅如此。资本不可遏止地追求的普遍性,在资本本身的性质上遇到了限制,这些限制在资本发展到一定阶段时,会使人们认识到资本本身就是这种趋势的最大限制,因而驱使人们利用资本本身来消灭资本。"[3]总之,在对现代社会的存在方式和现代人的生存状态的批判上,马克思始终坚持了历史的辩证法立场。从这层意义上说,卡洪对马克思的评价是公允的。卡洪说,马克思对现代欧洲的政治、社会和文化的原则进行了深刻的批判,揭示出后者在事实上来源于现代经济的本性——资本主义;正是马克思,而非别人,第一个理解了资本主义的这样一种矛盾的本性,即它同时具有压迫力量与解放力量——就这方面而言,许多当代的西方马克思主义者却对之不甚了了。[4]在这个问题上,马克思把自己的历史的辩证法立场归纳如下:"全面发展的个人——他们的社会关系作为他们自己的

---

[1] 马克思、恩格斯:《马克思恩格斯全集》第30卷,第480页。
[2] 参见同上书,第396页。
[3] 同上书,第390—391页。
[4] 参见卡洪:《现代性的困境》,第18页。

共同的关系，也是服从于他们自己的共同的控制的——不是自然的产物，而是历史的产物。要使这种个性成为可能，能力的发展就要达到一定的程度和全面性，这正是以建立在交换价值基础上的生产为前提的，这种生产才在产生出个人同自己和同别人相异化的普遍性的同时，也产生出个人关系和个人能力的普遍性和全面性。在发展的早期阶段，单个人显得比较全面，那正是因为他还没有造成自己丰富的关系，并且还没有使这种关系作为独立于他自身之外的社会权力和社会关系同自己相对立。留恋那种原始的丰富，是可笑的，相信必须停留在那种完全的空虚化之中，也是可笑的。"①

三、资本与现代性的抽象原则

马克思说："个人现在受抽象统治，而他们以前是相互依赖的。但是，抽象或观念，无非是那些统治个人的物质关系的理论表现。"② 在另外几处，马克思也指出了现代社会所建立的普遍性原则是"形式的""抽象的"，具有异化的性质，认为现代社会是"完全的空虚化"。③

抽象性是现代性或现代社会的特征之一，现代社会建立的是抽象原则。这是马克思对现代社会特征的指认。众所周知，把现代社会看作抽象的、形式的社会，这不是马克思的发明。黑格尔在《法哲学原理》中就指出了现代性的抽象特征。在黑格尔看来，市民社会是一个仅具有普

---

① 马克思、恩格斯:《马克思恩格斯全集》第30卷，第112页。
② 同上书，第114页。
③ 参见同上书，第112页。

遍性的形式的领域，人们之间的联系是依靠私人利益和个人需要建立起来的，是"理智的国家"或"物质的国家"，缺乏伦理普遍性。因此，市民社会必须发展到国家领域，只有国家的普遍伦理性才能拯救和克服市民社会的抽象性和形式化。

马克思继承了黑格尔的思想，但是他不赞成黑格尔对现代社会抽象性的原因的分析及其克服现代性的抽象性的方式。从《黑格尔法哲学批判》开始，马克思就开启了对现代性的抽象性的批判。在那里，马克思指认了政治国家的普遍抽象性和市民社会的普遍抽象性之间的同一关系，并批判了黑格尔的思辨的、逻辑的、泛神论的神秘主义。在《德法年鉴》时期，马克思揭示了政治解放的抽象性质，认为现代解放取得的自由、平等权利是一种抽象权利，这种抽象来自市民社会生活本身的抽象，来自市民社会自身的矛盾，人们在市民社会中的联系是建立在实际需要、利己主义的抽象普遍性基础上的，因此"国家的唯心主义的完成同时就是市民社会的唯物主义的完成"[1]。在《手稿》和《神圣家族》中，马克思继续批判了政治解放及其成果的抽象性质，认为国家、私有财产"把人化为抽象"，或者它们"成为抽象的人的产物，而不成为单个的、具体的人的现实"[2]，进而批判了抽象劳动即异化劳动或雇佣劳动，揭示了市民社会的抽象性；认为抽象性是现代社会的特征，现代社会的抽象特征来自抽象劳动，来自劳动和资本的对立；并且认为抽象性也是现代性形而上学或现代性意识形态的基本特征，进而以对象性的活动为原则，对黑格尔的现代性形而上学和思辨唯心主义进行了批判。在《德意志意识形态》中，在历史唯物主义和社会存在论基础上，马克思分析了现代资本主义

---

[1] 马克思、恩格斯：《马克思恩格斯全集》第3卷，第187页。
[2] 马克思、恩格斯：《马克思恩格斯全集》第2卷，第246页。

的生产方式和生产关系，对现代社会的物质生活、政治生活、意识精神领域和整个现代性形而上学的抽象性进行了批判，并且颠覆了思想、观念、现代性意识形态的抽象性得以可能的现实基础。在《1857—1858年经济学手稿》中，从批判资本或资本生产入手，马克思全面批判了现代社会的抽象性特征。

由此可见，马克思对现代社会抽象原则的批判的主要贡献，不仅在于他对现代社会抽象特征的一般性指认，在于他对现代社会的抽象性及其在物质生活、政治生活和意识精神领域的各种表现形式的批判，而且更主要地在于他揭示了现代社会的抽象性的社会根源，揭示了现代社会抽象性之所在的那个历史的本质性领域。马克思深入到市民社会的抽象劳动、物质生产、生产方式和资本生产领域，揭示了现代性的抽象性的社会存在论基础，揭示了在抽象性社会中的现代人所必然面临的普遍异化的命运，阐明了克服现代社会的抽象性、摆脱现代人的普遍异化状态的可能途径：消灭抽象劳动，消灭私有制，摧毁现代资产阶级的生产方式，超越现代资本主义文明，开启未来文明新类型。

深入到现代社会的历史的本质性和社会现实中，马克思深刻地揭示了现代社会抽象性的物质关系基础。在马克思看来，资本是现代资本主义社会的本质规定、基本特征和基本建制，是现代社会一切存在物的存在形式，一切存在物一旦离开资本这个存在物都不是现实的存在物，在资本生产和交换的范围之外，"再没有什么东西表现为自在的更高的东西，表现为自为的合理的东西"[①]。自然界失去了自为的合理存在的理由，沦为资本的有用物；资本家本身就是资本的人格化，受到资本的统治和支配；工人同样如此，"工人只有当他对自己作为资本存在的时候，才作

[①] 马克思、恩格斯：《马克思恩格斯全集》第30卷，第390页。

为工人存在；而他只有当某种资本对他存在的时候，才作为资本存在。资本的存在是他的存在、他的生活，资本的存在以一种对他来说无所谓的方式规定他的生活的内容"[1]。一切存在物和普遍的联系都是依照资本的有用性和利润原则而得以可能的。

现代社会的抽象性根源于资本，根源于来源于资本的抽象性本质。那么，为什么说资本具有抽象性的本质呢？这是马克思的现代性批判理论需要解答的问题。在马克思看来，现代社会中的"人的关系则表现为生产关系和交换关系的纯粹产物"，因此，对"资本"概念的阐明，不能单纯地从劳动出发，而也应该从价值，尤其是从流通中发展起来的交换价值出发，因为从概念上说，无法从劳动直接过渡到资本，就好像说无法从一个个不同的人直接过渡到银行家，也无法从自然直接过渡到蒸汽机一样。[2]马克思认为，现代社会抽象性的根源必须到资本生产所体现的商品交换和价值关系中去寻找。从对商品的交换价值的分析出发，马克思揭示了现代社会抽象性的根源。马克思认为，资本本身就是商品交换尤其是劳动力成为商品的结果，资本的本质是在商品交换中体现出来的；商品成为交换价值，通过这种交换价值的形式，其本身的自然特性就消失了，而获得了一种抽象性形式，形成了可计算性。它抽空了一切实体性内容的差别，把后者化为量上的抽象的差别。在马克思看来，商品之所以需要具有交换价值，即商品与商品的交换都成为特殊的存在，其原因在于，只有商品采取了这样一种形式，它才可以同其他一切商品进行交换。当产品转变为一般商品时，它的自然特性便消失了，它的交换能力的尺度便确定了下来；即将它与其他一切商品以相等的具体比例加以确定时，它就成了一种被称为

---

[1] 马克思、恩格斯：《马克思恩格斯全集》第 3 卷，第 281—282 页。
[2] 参见马克思、恩格斯：《马克思恩格斯全集》第 30 卷，第 215 页。

第四章　马克思的资本现代性批判

自为货币的商品。但此刻它还不是货币一般，而仅仅是作为一定数量的货币的商品。其原因在于，对于交换价值的一切差别的表现，要求货币必须是可以计数的，即它在量上必须是可分的。①

抽象本质上就是抽空，即抽象劳动及其交换价值把一切实体性内容，把人的现实社会关系、丰富的个性、实质性内容的真实性和特殊性都抽空，只剩下抽象的形式和可计算的数量。现代社会的抽象化是资本生产所要求的抽象劳动的结果，是劳动和资本的对立、社会分工和商品交换发展到现代资本主义生产阶段的结果。因此，在马克思看来，在资本主义经济以及与之相适应的资本生产时代，人的内在本质的这种充分发挥必然"表现为完全的空虚化"，这种普遍的对象化过程必然"表现为全面的异化"，而对于一切既定的片面目的的放弃则必然"表现为为了某种纯粹外在的目的而牺牲自己的目的本身"。② 在现代资本主义社会，以抽象劳动为基础的商品交换价值实现了对人和一切社会关系、一切存在物的同一化和抽象化过程。现代人和一切存在物的价值都体现在商品市场中，体现为数量上的差异，人的个性和实体性内容被抹平，被化为可计算性，被抽象为交换价值，人的丰富性和社会关系的真实性、文化等的多样性变成了没有意义的杂多，都仅仅是可以用市场价格来衡量和计算的交换价值的承担者。自然界和一切自为的合理存在的东西，都成为商品并被用交换价值和货币来衡量；人、思想、文化、职业、人的尊严、人的良心、道德和一切社会关系都受到抽象原则的支配和统治，后者"把人的尊严变成了交换价值，用一种没有良心的贸易自由代替了无数特许的和自力挣得的自由……资产阶级抹去了一切向来受人尊崇和令人敬畏的职业的神圣光环。它把医生、律

---

① 参见马克思、恩格斯：《马克思恩格斯全集》第30卷，第115页。
② 参见同上书，第480页。

师、教士、诗人和学者变成了它出钱招雇的雇佣劳动者。资产阶级撕下了罩在家庭关系上的温情脉脉的面纱，把这种关系变成了纯粹的金钱关系"①。马克思在这里描述的是现代社会的抽象性。

在《历史与阶级意识》中，卢卡奇把现代社会的抽象性特征看作"物化"，并批判了现代商品关系中的物化现象和抽象性、可计算性原则。可以说，卢卡奇的批判是对马克思关于抽象性原则的批判课题的再度开启。在卢卡奇看来，当物变成商品时，它的商品形式必然要遮蔽直接的物性，因为物只有在商品的交换价值中才能展现出自身的存在价值。与此同时，物也获得了一种新的物性："这种合理的客观化首先掩盖了一切物的——质的和物质的——直接物性。当各种使用价值都毫无例外地表现为商品时，它们就获得一种新的客观性，即一种新的物性——它仅仅在它们偶然进行交换的时代才不具有，它消灭了它们原来的、真正的物性。"②原有的真正的物性被新的物性即有用性、具有交换价值性所消灭，人与人的真实关系、人与物的真实关系都被消灭了，被可以合理化计算的商品交换价值形式所取代，只剩下抽象的物化关系。卢卡奇说："商品的商品性质，即抽象的、量的可计算性形式表现在这种性质最纯粹的形态中；因此，在物化的意识看来，这种可计算性形式必然成为这种商品性质真正直接性的表现形式，这种商品性质——作为物化的意识——也根本不力求超出这种形式之外；相反，它力求通过'科学地加强'这里可理解的规律性来坚持这种表现形式，并使之永久化。"③由于商品交换的普遍化和现代社会普遍的抽象性和物化，人的社会关系被抽象化为物化关系，人的活动即感性的活动也被物化，被抽空了实际内容和创造性，沦

---

① 马克思、恩格斯：《马克思恩格斯选集》第 1 卷，第 403 页。
② 卢卡奇：《历史与阶级意识》，第 154 页。
③ 同上书，第 156 页。

为由抽象的计算原则和分工所规定的片面的活动，人与人之间也只存在着形式上的抽象的偶然联系。对此，卢卡奇指出，从表面上看，现代社会的真正结构表征为各种独立的、合理化的、形式上的局部规律，而它们间的联系却仅仅"在形式上是必然的"，即"它们在形式上的联系能在形式上被系统化"；但是，实际上，"它们相互之间只有偶然的联系"。①

抽象性原则在生活世界的表现就是人的空虚化和精神文化上的虚无主义。马克思认为，在资产阶级社会，商品的交换价值导致一切神圣的东西都被亵渎了，一切宗教的、美学的、道德的光环和温情脉脉的面纱都被撕下了，传统价值观念遭到了贬损，宗教虔诚、骑士热忱、小市民的伤感这些情感的神圣发作都被淹没在利己主义打算的冰水之中；现代人在精神上赤裸裸一丝不挂，人被扔到了个人的意志和欲望上面，不得不为了财富而建立一种外在的形式的联系，在那里，"生产表现为人的目的，而财富则表现为生产的目的"②。因此，现代资本主义社会是粗俗平庸的，因为它"显得自我满足"，因为它没有实现真正的创造性活动，只是一种感性活动的异化形式，只是一种创造性的破坏活动；人与人之间除了赤裸裸的利害关系再也没有任何别的联系了，而且现代人的意义也迷失在对金钱财富的不断追求之中。随着资本生产和商品经济的发展、神圣价值和传统宗教的世俗化，在世俗世界中出现了商品拜物教、货币拜物教、资本拜物教。于是，现代人日益陷入虚无主义，整个现代社会盛行的只是以功利主义为核心的世俗的文化观念，并且不断诱导人们追求感官享乐、满足感官需要的消费主义。马克思认为，资本的躯体可以经常改变，但是不会使资本有丝毫改变；随着现代社会信用制度和股票市

---

① 参见卢卡奇：《历史与阶级意识》，第165页。
② 马克思、恩格斯：《马克思恩格斯全集》第30卷，第479页。

场的发展，资本的躯体变化了，但资本的本质没有改变。在这种资本的新躯体身上，现代社会的抽象性以及人的空虚化不但没有消失，反而变得越来越厉害，因为从本质上说，这些资本的新躯体只是打破了交换价值的时空界限，并没有减轻抽象性和空虚化的程度，而是加剧了现代社会的抽象化和人的空虚化。马克思说："全部信用制度，以及与之相联系的交易过度、投机过度等等，就是建立在扩大和超越流通和交换领域的界限的必然性上的。"①

现代社会的抽象性原则在政治生活中的主要表现是：把商品交换价值领域形成的抽象的、形式的自由、平等原则当作普遍的、现实的自由、平等原则，流于现代政治生活中的抽象性和形式性，丧失了对现代资本主义社会政治和现代解放的批判能力和超越能力。马克思认为，商品的价值交换过程不但要求自由和平等，而且可以说自由和平等本身就是它的产物；作为纯粹的观念，自由和平等不过是一种交换价值过程的各种要素的理想化的表现，它们不过是一种法律的、政治的和社会的关系上发展了的东西，是现实的二次方上的再生产物罢了。马克思是要表明，现代的"平等""自由"等政治观念是在资本生产和商品交换的基础上产生的，在交换过程中确实有抽象的、形式的平等。因此，相对于传统社会，这是一大进步。但是，一旦离开交换价值领域，一旦进入现实世界，这种形式的、抽象的自由、平等的真相就暴露出来了。如果跳出商品生产和商品交换的过程来考察资本、雇佣劳动和现代商品生产的条件和本质，人们能看到的必然是另一种情形：自由不过是货币持有者的自由，是资本压迫劳动与抽象劳动统治活劳动的自由。资本和货币持有者"在衣袋里装着自己的社会权利和自己同社会的联系"；而所谓"自由的工人"，不过是说工人可以

---

① 马克思、恩格斯：《马克思恩格斯全集》第 30 卷，第 397 页。

自由地将自己的劳动力当作商品来出卖，因为除此以外，他再没有别的商品可以出卖了。"①一旦离开商品生产和商品交换领域，工人和资本、货币持有者之间的关系就不再是平等的了。这种平等和自由是形式上的，"原来的货币占有者作为资本家，昂首前行；劳动力占有者作为工人，尾随于后，一个笑容满面，雄心勃勃；一个战战兢兢，畏缩不前，像在市场上出卖了自己的皮一样，只有一个前途——让人家来鞣"②。

总之，在马克思看来，现代社会的抽象性根源于劳动本身的抽象化，根源于资本主义生产方式、资本生产、社会分工、商品价值交换本身所特有的社会历史性质。在以资本生产和交换价值为基础的现代社会，抽象性和空虚化是不可避免的。它们是现代社会的历史的本质性和社会现实的必然产物，是现代人无法摆脱的命运，在那里，人"在精神上和肉体上被贬低为机器"，"变成抽象的活动和胃"，完成了"死的物质对人的完全统治"。③马克思为现代社会的抽象性原则和现代人的异化状态提供了存在论意义的阐释，为最终超越现代文明的限度、克服现代人的抽象性和空虚化、消除异化状态、开启未来社会文明新类型提供了根据。

四、资本生产与现代性的流动性

相比于传统社会，现代社会的另外一个明显特征是它的运动性、变易性，我们可以把它称为现代性的流动性。在历史唯物主义和社会存在

---

① 参见马克思、恩格斯：《马克思恩格斯全集》第30卷，第106、206、465页。
② 马克思：《资本论》第1卷，第205页。
③ 参见马克思、恩格斯：《马克思恩格斯全集》第3卷，第228、260页。

论基础上，通过对资本的本质和流动性特征的分析，马克思揭示了现代性的流动性特征及其根源。

在马克思看来，现代资产阶级社会是历史性的存在，而不是自然的、超历史的存在，这是由其生产方式、资本的本质、生产力与生产关系的矛盾运动决定的。因此，任何一种把现代资本主义社会看作永恒存在的思想和理论，都是缺乏历史性的现代性意识形态。同时，马克思也认为，现代社会作为特定历史阶段的社会经济形态，在它的过渡的发展阶段范围内，在它的生产力和生产关系的冲突的极致化爆发之前，它仍然处在流动性、变易性、运动性之中。诚如马克思所说："无论哪一个社会形态，在它所能容纳的全部生产力发挥出来以前，是决不会灭亡的；而新的更高的生产关系，在它的物质存在条件在旧社会的胎胞里成熟以前，是决不会出现的。"① 在这个意义上，马克思认为，现代社会"不是坚实的结晶体"，而是一个"能够变化并且经常处于变化过程中的有机体"，"资产阶级社会是最发达的和最多样性的历史的生产组织"。②

马克思对传统社会和现代社会不同特征的基本看法是：传统社会是静态的、封闭的、保守的、停滞的，是力求停留在已经变成的东西上，是"结晶体的社会"；而现代社会是变动不居的、不安定的、开放的、动荡的，力求打破已经陈旧和稳定的东西，是"有机体的社会"。马克思认为，现代社会或现代性的重要特征是流动性。"现代社会是流动性的社会"的说法当然不是马克思的发明。从启蒙运动以来，西方众多的思想家都看到了现代社会的流动性和进步性，并且把它看作启蒙理性的目标和力量之所在。启蒙思想家、国民经济学家和一切现代性的辩护者都不

---

① 马克思、恩格斯：《马克思恩格斯选集》第 2 卷，第 33 页。
② 参见马克思：《资本论》第 1 卷，第 10 页；马克思、恩格斯：《马克思恩格斯全集》第 30 卷，第 46 页。

否定现代社会的流动性和进步性。问题在于,这些思想家对现代社会之流动性和进步性的解释方式与马克思有根本差别。他们要么是把现代性的流动性和进步性看作理性、知识的结果,认为启蒙理性时代就是流动和进步的时代;要么是对现代社会的流动性和进步性采取功利主义的解释方式,认为社会的流动和进步是个人利益的追求所带来的结果;要么是认为现代资本主义社会的流动和进步是一种自然的规律、永恒的规律和普遍性的模式,是一种历史的终结。这些关于现代性流动性的说法本质上都是一种现代性意识形态,把现代资本主义社会的流动看作超历史的、永恒的自然规律。马克思第一次揭示了现代社会流动性的根源、动力、文明作用、限度和最终结果,在现代性批判的历史上具有原创性意义。

马克思认为,现代性的流动性根源于资本生产本身。资本生产自身的矛盾、现代资本主义社会生产力和生产关系自身的矛盾决定了,现代社会的流动性及其构成并不是平稳和风平浪静的,而是动荡、冲突的。从最终结果来看,资本的流动性和现代社会的流动性产生了许多文明的作用,同时也面临着其自身无法克服的限度。因此,它所创造的文明成果和条件可以为一种未来文明新类型的出现提供基础和前提,即在资本的流动性中将产生一种未来文明新类型的可能,社会得以重建,最终消除现代性流动性的后果。

马克思揭示了现代性的流动的本质和根源,开启了现代性流动性的历史唯物主义解释话语。现代社会流动性的历史唯物主义解释话语主要体现在《德意志意识形态》、《共产党宣言》、《资本论》及其手稿中。在这些主要文本中,马克思将"流动性"视为现代社会区别于前现代社会的重要特征,认为现代社会就是对前现代社会的超越,就是不停留在已经取得的现成的东西上面,就是它的不停流动、变易、动荡,就是不安定的运动、变化；进而通过对资本的批判，马克思揭示了现代性流动性的根源、动力、后果和最终归宿，在历史唯物主义和社会存在论基础上，对现代性的流动性做出了创造性解释。在《1857—1858年经济学手稿》中，马克思指出，现代社会的"人不是在某一种规定性上再生产自己，而是生产出他的全面性；不是力求停留在某种已经变成的东西上，而是处在变异的绝对运动之中"①。对于现代性的流动性，马克思在《共产党宣言》中有经典性的表述："资产阶级除非对生产工具，从而对生产关系，从而对全部社会关系不断进行革命，否则就不能生存下去。反之，原封不动地保持旧的生产方式，却是过去的一切工业阶级生存的首要条件。生产的不断变革，一切社会状况不停的动荡，永远的不安定和变动，这就是资产阶级时代不同于过去一切时代的地方。一切固定的僵化的关系以及与之相适应的素被尊崇的观念和见解都被消除了，一切新形成的关系等不到固定下来就陈旧了。一切等级的和固定的东西都烟消云散了，一切神圣的东西都被亵渎了。"②

马克思关于现代社会流动性的思想，引起了当代现代性话语的高度关注，也存在对它不同程度的误读。其中，有一种情形是把马克思的现代社会流动性思想解读为后现代主义。作为晚期资本主义文化逻辑的后现代主义，在形式上确实是批判了现代性，它反对历史性的原则，主张历史的断裂和非连续性，反对任何永恒和持久不变的要素，热衷于差异，反对同一，偏爱变易和流动，反对普遍性和一体化。同时，我们也要看到，后现代主义本质上仍然是一种文化和精神上的浪漫主义和虚无主义的表现形式，是现代性发展到当代的必然结果，也是对现代性的推进，

---

① 马克思、恩格斯：《马克思恩格斯全集》第30卷，第480页。
② 马克思、恩格斯：《马克思恩格斯选集》第1卷，第403页。

它所遵循的仍然是现代性逻辑,仍然是一种现代性意识形态。马克思的思想不能被当作后现代主义来解读。马克思不仅揭示了现代性的流动性和差异性,而且揭示了现代性的流动性的社会历史和经济根源,把握到了现代社会的历史的本质性和社会事实。马克思固然承认历史发展道路的多样性,反对普遍主义,但是,他并不否认历史进步本身。马克思是虚无主义的批判者,揭示了现代性与虚无主义之间的本质关联。马克思揭示了现代社会的历史的本质性,批判了现代社会的意识形态,反对把理性、精神、自我意识看作现代社会的本质和基本特征。但马克思不是从非理性主义和浪漫主义的立场来批判理性、知性和科学,而是揭示理性、知性和科学得以可能的基础和前提。马克思看到了现代社会和现代人的生活世界的分裂、对抗、冲突、不确定性和偶然性,但是马克思不是带着后现代主义那种悲观主义情绪对现代性进行伦理控诉,而是追求未来社会实现人类解放的理想。马克思阐释了现代社会的伟大的文明作用,认为在现代社会提供的生产力和文明成果的基础上,改造现代社会是可能的,开启一种人类文明新类型是可能的。

另一种情形则是将马克思对现代性流动性的阐释误读为一种无批判的实证主义。比如说,赫勒就是以这样的方式来解读马克思的现代性流动性思想的。她指出:"马克思说过,而且他意在赞扬资本主义的伟大:'一切坚固的东西都烟消云散了。'但如果他所说的是正确的,如果一切坚固之物都将蒸发,会怎么样呢?人能够在无所依靠、没有任何稳定与坚固之物的情况下生活吗?这是否就是没有限制的启蒙呢?"[1]这种解读模糊了马克思的现代性批判理论与现代性的无批判的实证主义之间的原则界限。马克思对现代性的文明成果的赞同是一种历史性的分析,坚持

---

[1] 阿格尼丝·赫勒:《现代性理论》,第68页。

了历史的辩证法立场，而不是无批判的实证主义的立场，更不是抽象地赞扬资本主义的伟大。在分析资本主义流动性及其文明成就时，马克思也历史地指证了现代性流动性的冲突、矛盾和最终归宿，认为现代性流动性的最终结果必然导致现代资本主义文明被未来新文明类型所取代。在历史唯物主义和社会存在论意义上，马克思阐明了资本主义在历史上所起的革命作用，从而划清了自身与空想主义和浪漫主义之间的界限。但是，在马克思对现代社会文明作用的肯定的理解中包括了否定的理解。在马克思看来，在特定的历史阶段，资本主义生产方式有伟大的文明作用，正如到了特定的历史阶段，它将被未来文明新类型所超越一样。

还有一种情形是把马克思的现代性流动性思想解读为美学上的现代主义。比如，伯曼就认为，马克思在《共产党宣言》中集中表达了现代性的流动性思想，并且他用马克思的名句"一切坚固的东西都烟消云散了"作为书名，撰写了一部专门论述现代性的著作。在那里，伯曼把现代性的流动性解释称为一种美学上的现代主义。在他看来，现代主义中的那些关于破碎、流逝、瞬间美等特征的解读，事实上均来自马克思的《共产党宣言》，可以说在马克思与美学艺术上的现代主义之间存在着明显的亲缘关系。伯曼甚至认为，应该将《共产党宣言》视为"未来一个世纪的现代主义运动和宣言的原型"，认为它是"第一件伟大的现代主义艺术品"。[①] 我们可以发现，伯曼将马克思的"现代性"混同于美学艺术中的"现代主义"，把马克思的现代性批判理论降到了美学艺术和审美情趣层面。在波德莱尔看来，现代性本质上是一种美学文艺的现代性，它是文艺风格、审美原则、审美情趣以及艺术特征的变化，现代主义审美和艺术是要去把握"永恒"与"过渡""短暂""偶然"之间的"瞬间"，

---

① 参见伯曼：《一切坚固的东西都烟消云散了——现代性体验》，第115、132页。

要在短暂性、偶然性和瞬间性中把握到永恒。因此，现代主义审美的核心是对美的变化和新奇的追求，它表现的是一种强烈的相对主义意识和情感体验。恰恰相反，马克思视野中的现代性则是要透过现代性的流动性在文化美学中所表现出来的形式，揭示现代性流动性的经济基础和社会历史根源，避免了现代性流动性批判的文化相对主义和浪漫主义情绪。

马克思认为，现代性的流动性的根源既不是理性、自我意识，也不是艺术审美、美学情绪、文化心态，而是资本主义生产方式、资本生产以及现代社会的生产关系和经济基础。在《共产党宣言》中，马克思指出，"生产的不断变革""生产关系和社会关系的不断革命"造成了现代性的流动性，因为不停顿地追求利润、财富和剩余价值是资本的本性，"资产阶级除非对生产工具，从而对生产关系，从而对全部社会关系不断地进行革命，否则就不能生存下去"，资本主义生产方式和资本生产的不断变革，必然造成"一切社会状况不停的动荡，永远的不安定和变动"，这就是现代社会的流动性，这就是"资产阶级时代不同于过去一切时代的地方"。[1] 在《1857—1858年经济学手稿》《资本论》中，通过对资本流动性的分析，马克思进一步揭示了现代性的流动性的基础和根源。马克思认为，资本是流通和生产的运动着的统一，是流通和生产的处在过程中的统一，资本实际上是流动资本，"资本在任何一个这样的阶段上都不是滞留不动的，因而它的总过程不会受到阻碍"，"资本表现为处于流动中的，流动着的东西"。[2] 资本的流动性根源于资本的本质和内在逻辑，资本从不停留在某种已经变成的东西之上，它一直处在变异的绝对运动之中，资本的本质和内在逻辑就是要不断打破一切外在的界限，无限地追

---

[1] 参见马克思、恩格斯：《马克思恩格斯选集》第1卷，第403页。
[2] 参见马克思、恩格斯：《马克思恩格斯全集》第31卷，第9、73页。

求利润、财富和剩余价值。"资本只有一种生活本能,这就是增殖自身,创造剩余价值,用自己的不变部分即生产资料吮吸尽可能多的剩余劳动,资本是死劳动,它像吸血鬼一样,只有吮吸活劳动才有生命,吮吸的活劳动越多,它的生命就越旺盛","资本害怕没有利润或利润太少,就像自然害怕真空一样。一旦有适当的利润,资本就胆大起来。如果有10%的利润,它就保证到处被使用;有20%的利润,它就活跃起来;有50%的利润,它就铤而走险;为了100%的利润,它就敢践踏一切人间法律;有了300%的利润,它就敢犯任何罪行,甚至冒绞首的危险。如果动乱和纷争能带来利润,它就会鼓励动乱和纷争"。[1] 由此可见,就其本质而言,资本就是一种"超越自己界限的一种无限制的和无止境的欲望",它打破任何界限的目的就是为了满足这种欲望,因为"任何一种界限都是而且必然是对资本的限制……只要资本不再感到某种界限是限制,而是在这个界限内感到很自在,那么资本本身就会从交换价值降为使用价值,从财富的一般形式降为财富的某种实体存在";即是说,在资本那里,"限制表现为必须克服的一种偶然……资本破坏这一切并使之不断革命化,摧毁一切阻碍发展生产力、扩大需要、使生产多样化、利用和交换自然力量和精神力量的限制"。[2]

在不断克服与超越限制从而追逐利润和剩余价值的资本的不停运动中,资本造成了现代社会的流动性。马克思说:"资本作为资本创造的是一定的剩余价值,因为它不能一下子生出无限的剩余价值;然而它是创造更多剩余价值的不停的运动。剩余价值的量的界限,对资本来说,只

---

[1] 马克思:《资本论》第1卷,第269、871页。
[2] 参见马克思、恩格斯:《马克思恩格斯全集》第30卷,第297、388、390页。

第四章　马克思的资本现代性批判

是一种它力图不断克服和不断超越的自然限制即必然性。"[1] 总之，资本的流动性才是现代社会流动性的根本原因。在马克思的基础上，当代思想家鲍曼也从资本的流动性的视角说明了现代社会的流动性状态。鲍曼说："现代性是一种不可遏制的向前行进——这倒不是因为它希望索取更多，而是因为它获得的还不够；不是因为它变得日益雄心勃勃、更富冒险性，而是因为它的冒险过程已日益令人难堪，它的宏大抱负也不断受挫。之所以这一行进仍须继续下去，是因为它到达的任何一处地方都不过是一临时站点。没有一处地方特别令人垂青，也没有一处地方会比另一处地方更为理想。"[2]

那么，现代性的流动性造成了什么结果呢？这也是马克思的现代性流动性批判话语要回答的问题。在马克思看来，资本的流动性和现代性的流动性具有文明作用，即以资本为本质特征和基本建制的现代性的流动性发现了"物的新的有用属性"，创造了"普遍有用性的体系"，发展了生产力，创造了人的新的需要和普遍的社会联系，造成了世界历史，为未来社会和人的全面发展提供了基础和条件。资本的流动性再生产出新的社会生活和社会关系，创造出新的历史时代，体现了资本具有文明化趋势的可能。资本的流动性在造成人的异化状态的普遍性的同时，也生产了个人感性和个人能力的普遍性和全面性。资本的流动性瓦解了传统社会一切固定的、僵化的关系，克服了把自然神化的现象，克服了民族界限和民族偏见。以资本流动性为基础的现代社会废除了封建特权，建立了政治、法律上的自由、平等权利，尽管这是形式的、抽象的自由和权利，但毕竟是一种历史性进步。

---

[1] 参见马克思、恩格斯：《马克思恩格斯全集》第30卷，第297页。
[2] 鲍曼：《现代性与矛盾性》，第17页。

同时，在马克思看来，资本的流动性和现代性的流动性又具有破坏作用，给现代人带来了灾难。资本流动性让现代人沦于异化的境况，导致了现代社会的冲突和对抗；资本流动性造成了现代社会和现代人的抽象化，以人对物的依赖关系替代人对人的依赖关系，人的生存状况并没有得到改变。恰恰相反，现代人处身于由资本和交换价值所支配的异化状况中，资本和交换价值成了人的现实存在的真正同一的原则。"资本主义生产的'自然规律'遍及社会生活的所有表现；在人类历史上第一次使整个社会（至少按照趋势）隶属于一个统一的经济过程；社会所有成员的命运都由一些统一的规律来决定。"[1] 卢卡奇所说的"统一的规律"，实际上就是资本的生产及其利润和剩余价值的最大化原则。因此，马克思指出，现代社会的人受抽象统治，有用性和交换价值成了衡量现代人和一切存在物的唯一尺度。在资本流动性和现代性流动性的状态下，没有什么存在物是神圣的，一切都可以被撕裂、切割、交换，没有什么东西值得留恋和垂青，从而使现代人陷入空虚化和文化价值的虚无主义之中。资本的流动性和现代性的流动性也引起了世界的动荡，"资本的必然趋势是在一切地点使生产方式从属于自己，使它们受资本的统治。在一定的民族社会内部……资本把所有劳动都变为雇佣劳动……在国外市场方面，资本通过国际竞争来强行传播自己的生产方式"[2]。资本的全球范围流动是充满纷争、冲突和对抗的过程，是资本排除异己、消灭他者的过程，是普遍性和一体化消灭差异化和多样性的过程。它使农村屈服于城市的统治，使未开化和半开化的国家从属于文明的国家，使农民的民族从属于资产阶级的民族，使东方从属于西方。只要资本主义生产方式和

---

[1] 卢卡奇：《历史与阶级意识》，第154页。
[2] 马克思、恩格斯：《马克思恩格斯全集》第31卷，第128页。

资本生产的逻辑仍然在起支配作用,现代国家之间的纷争、对抗、战争、意识形态的冲突就是不可避免的,现代世界的动荡就不可能被消除。资本的流动性和现代性的流动性给人类带来的灾难性后果,证明资本支配的现代性就是一种创造性的破坏力量。资本现代性的创造性的破坏是资本的本性和资本的流动性本身所具有的,它是"隐藏在资本本身的流通之中"的得而又失、失而复得的过程,它"加剧了不稳定、不安全,最终成为把资本主义推进到周期性的危机爆发的主要力量"。[1]

当然,资本流动性也必然遇到自身无法克服的限制。因此,突破资本的限制,超越资本主义文明,开启未来社会人类文明新类型是可能的。马克思说:"在资本的简单概念中已经潜在地包含着以后才暴露出来的那些矛盾……资本不可遏止地追求的普遍性,在资本本身的性质上遇到了限制,这些限制在资本发展到一定阶段时,会使人们认识到资本本身就是这种趋势的最大限制,因而驱使人们利用资本本身来消灭资本。"[2] 由此可见,当资本的流动性和现代性的流动性遇到自身无法克服的限制时,就迫使人们"利用资本本身来消灭资本"。到那时,资本主义文明时代就将终结,一种未来社会新的文明类型由此生成。

---

[1] 参见戴维·哈维:《后现代的状况——对文化变迁之缘起的探究》,第25、142页。
[2] 马克思、恩格斯:《马克思恩格斯全集》第30卷,第390—391页。

第五章
马克思的技术现代性批判

近代形而上学、资本、现代技术共同构成了现代性的基本建制。近代形而上学是现代性得以建构起来的哲学和观念基础；资本是现代社会支配一切的经济权力，是现代社会占主导地位的生产方式；现代技术是现代社会的主要特征和标志，是现代社会的生产方式得以运行的主要动力。资本生产离不开现代技术，现代技术又巩固了资本，并且二者在现代社会已经结盟，构成了现代性的共谋关系。资本和现代技术是现代社会的基本特征，是区别于前现代社会的两大主要标志。从现代社会的本质规定和基本特征来说，在马克思那里，现代性既是资本现代性，又是技术现代性。马克思的现代性批判理论具有丰富的技术现代性批判思想，这是它的重要特色。在历史唯物主义和社会存在论基础上，结合对资本、分工、商业、工业等的批判，马克思揭示了现代技术的社会历史性质和形式，分析了现代技术的文明作用，批判了现代技术的资本主义运用方式及其造成的现代性困境，在社会存在论意义上阐明了未来社会"技术人类生活世界"新类型的理想。

一、技术现代性与现代技术的社会历史性质

把资本纳入现代性批判理论的核心内容，把现代性规定为资本现代性，是近年来马克思哲学研究的重大突破，符合马克思的现代性批判理

论的实际情况，具有重要的理论和现实意义。但是，目前哲学理论界对马克思的现代性批判理论的研究，仍然缺失现代技术批判这一维度，这是有理论偏颇的。我以为，与资本现代性的基本规范和范畴一样，应该把技术现代性纳入现代性批判话语，把现代技术批判纳入马克思的现代性批判理论的内容和体系。我简单列举几点理由。

现代社会和前现代社会的主要区别是资本和现代技术，这是现代社会之为现代社会的两个关键要素。也就是说，如果没有资本生产的基础，没有现代技术的支撑，现代社会就无法历史性地产生和存在。并且，资本和现代技术在现代社会已经成为共谋，离开现代技术的动力支撑，资本的本性和目的是难以得到实现的——尤其在当代社会，这一点变得越来越明显。从现代社会的影响因素和生活世界的变化情况来看，现代技术深刻地影响着现代社会和人们的生活世界，无论是人与自然界的关系，还是人与人的社会关系，抑或是人自身的生活世界和精神价值层面，无不受到了现代技术的支配或统治。如果缺失了技术现代性维度，现代性的许多问题是难以得到理解和解释的。从现代性批判理论的完整性来看，马克思的现代性批判理论的创造性贡献在于：在历史唯物主义和社会存在论基础上，揭示了现代社会的历史的本质性和社会现实，提供了现代社会批判的社会存在论根据，因此，它必然关联到资本的规定和技术的规定。现代技术已经内在于现代社会的历史的本质性中，它就是现代社会中的社会现实和社会存在。因此，马克思是一直把资本、技术、工业、商业、分工联系在一起，对现代资本主义社会进行总体性的批判的。在马克思的现代性批判理论的主要文本如《手稿》、《德意志意识形态》、《资本论》及其手稿中都可以看到这种联系，只是我们原来侧重于从资本、分工等角度来研究它的内容，而忽视了其现代技术批判的重要维度。这种忽视主要根源于传统上形成的对马克思思想的教条主义化和实证主

第五章　马克思的技术现代性批判

义化的解释模式。前者把马克思的思想完全解释为唯经济决定论，于是把技术仅当作生产力的一个要素来解释，而忽视了马克思在历史唯物主义基础上对现代技术的创造性理解；后者把马克思的思想当作知性科学和科学主义来理解，没有揭示马克思对技术进行的历史唯物主义和社会存在论批判的真正内涵和意义。

马克思哲学的基础不再是近代形而上学，而是存在论基础已经发生了根本性变革的当代哲学，是后形而上学思想，是在现代社会的世俗基础上阐释现代世界的原理，是一种"实践的唯物主义"。它的目的是揭示现实的人的现实的生活过程，揭示现代资本主义社会的历史的本质性和社会现实，并参与到现代社会的历史性实践之中，使得现代社会的现实基础发生根本性变革，从而开启未来社会人类文明新类型的可能性。作为后形而上学思想家的马克思，怎么可能不把现代技术纳入自身的哲学思考和理论体系呢？自18世纪开始，现代技术在西方已经得到发展和运用。在马克思所处的19世纪，技术对现代社会的影响越来越大，对现代人包括对马克思所说的资本家、工人的影响也越来越大，对人类生活世界的影响也充分地表现出来了。对于思想的关注点主要集中于现代社会的马克思来说，现代技术必然被纳入他的现代性批判视野。实际上，马克思的现代性批判理论是有明显的现代技术批判视角的，只是没有得到国内学界系统的研究和阐释。与国内学界的情况不同，在当代西方思想家有关技术批判的理论中，马克思技术批判思想的影响则越来越大。马克思的技术批判思想深刻地影响了卢卡奇、霍克海默、阿多诺、马尔库塞、哈贝马斯、斯蒂格勒等人的思想。

马克思的现代性批判理论具有丰富的技术批判的内容。深入现代社会的历史的本质性和社会现实之中，对现代资本主义社会的生产方式和经济基础进行批判，揭示现代社会的经济发展及其架构，是马克思思想的深刻性和优越性之所在。这不需要再进行太多的讨论。但是，我们要追问的问题是，什么是"现代社会或现代资本主义社会的生产方式"呢？如果离开了现代技术的维度，我们可以确定马克思所说的"现时代""资本主义时代""现代社会"吗？如果撇开现代技术，我们还可以切实地谈论和阐释"资本主义生产方式"吗？答案是否定的。实际情况是，在规定"现时代""现代资本主义社会"的本质特征和时代特征时，马克思所持的就是现代技术批判的立场；在阐释"资本主义生产方式"概念时，马克思明确地思考了现代技术问题。所以，在《德意志意识形态》中，对历史的前提和现实的人及其社会关系的形成问题的阐释，马克思采取的是这样的论证思路：技术作为一种生产生活资料的手段，来自人们现有的和能够满足再生产活动的生活资料所具有的特性；因此，这种技术或者生产方式同时也是不同个人与族群所具有的特定的活动与生活方式，是他们展开自己的生命特性的一定的方式；即是说，个人通过什么方式来展现自己的生命，他们自己就是什么样的存在。如此说来，人的存在的具体类型就与他们自己的生产类型保持一致——既与其"生产什么"保持一致，也与其"怎样生产"保持一致。也就是说，每个个体的具体存在样式取决于他进行生产的具体条件。① 进而，马克思提出了"怎样生产"的问题，实际上就是运用哪种技术进行生产的问题。因此，马克思甚至把"一定的生产方式"直接称为"一定的工业阶段"，即一定的技术工业阶段。② 在《哲学的贫困》对生产力、生产方式和社会关系之间的联系的阐释中，马克思也纳入了技术因素来确定"现时代"和"生产方式"的概念和内涵。马克思认为，和麻布、亚麻等具体产品一样，

---

① 参见马克思、恩格斯：《马克思恩格斯选集》第1卷，第147页。
② 参见同上书，第160页。

一定的社会关系也是人们生产出来的，社会关系的产生与发展和生产力关系密切。随着生产力的发展，人们必然要改变原有的生产方式，而生产方式即谋生方式变化，人们的社会关系也必然会发生改变。因此，"手推磨产生的是封建主的社会，蒸汽磨产生的是工业资本家的社会"[①]。由此可见，马克思是从技术层面来思考生产方式的，他把技术作为区分不同时代或社会形态的主要标志：将手推磨的技术看作封建主的社会的标志，将蒸汽磨的现代技术看作工业资本家的社会即技术工业资本家的社会的标志。在《资本论》中，马克思明确地将"怎样生产""用什么劳动资料生产"，即是说用何种技术手段来进行生产，作为"人类劳动力的测量器""劳动借以进行的社会关系的指示器"。马克思明确地把不同的技术当作区分不同的经济时代的标准。马克思认为，相比于传统社会的自然或手工工具，现代机械技术更能表明一个社会生产时代的具有决定性意义的特征。在马克思看来，区分各种经济时代的标准并不是"生产什么"，而是"怎样生产"以及"用什么劳动资料生产"。对于劳动资料本身而言，相较于仅仅充当劳动对象的容器的劳动资料，机械性的劳动资料更能够展示出"社会生产时代的具有决定意义的特征"。[②]

由此可见，技术现代性和资本现代性一样，都是马克思对现代社会基本特征和基本规范的重要规定。马克思的现代性批判理论中包含着丰富的技术现代性批判的内涵。在现代技术尤其是新兴技术突飞猛进发展的当下，马克思的技术现代性批判理论对于理解技术与人的生活世界、技术与人类未来等问题具有重要的理论和现实意义。

在历史唯物主义和社会存在论基础上，揭示现代技术的历史性质和

---

① 马克思、恩格斯：《马克思恩格斯选集》第1卷，第222页。
② 参见马克思：《资本论》第1卷，第210页。

社会形式，是马克思的技术现代性批判的重要特征和目的。海德格尔说："关于技术，诚然人们已多有论述，但鲜有深思。技术在其本质中乃是沦于被遗忘状态的存在之真理的一种存在历史性的天命。"[①] 除了深刻地揭示了资本的本质，马克思对技术的本质也是有深思的。在历史唯物主义和社会存在论基础上，通过把资本、技术、工业、分工等联结在一起，马克思总体性地深思了现代技术的本质，揭示了现代技术的历史性质和社会形式。

关于现代技术的本质，马克思主要围绕三个相互关联的问题来思考：一是，工业革命时代的自然科学何以能够转化成现代技术？二是，现代技术是自然形式（物质形式）的存在还是特定的历史性和社会形式的存在？三是，技术与资本生产是什么关系？

1. 科学转变为现代技术的历史动机及其历史前提。科学和技术是直接联系在一起的，但科学毕竟不同于技术。那么，在近现代历史上，科学是如何转化为现代技术的呢？诚然，马克思不否定自然科学、产业革命与现代技术之间的直接关联性，认为技术是以自然科学为基础的，而产业革命又引起了现代技术革命。但是，马克思不是要流于表象来谈论它们之间的形式上的联系；恰恰相反，他是要追问技术的历史前提，即追问现代技术与自然科学、产业革命之间的本质的、必然的、历史性的关联。这是马克思对技术本质的追问的独特视角和创新之处。

在《诗人何为？》中，海德格尔说："我们不能把机械技术曲解为现代数学自然科学的单纯的实践应用。机械技术本身就是一种独立的实践变换，惟这种变换才要求应用数学自然科学。"[②] 海德格尔的意思是，科学

---

① 海德格尔：《路标》，第 401 页。
② 海德格尔：《林中路》，孙周兴译，上海译文出版社，2004 年，第 77 页。

第五章　马克思的技术现代性批判

固然是技术的基础,但是,技术不是科学的单纯的实践应用,科学要转化为技术,离不开技术本身单独的实践变换要求。我的理解是,海德格尔说的实践变换要求,也就是他针对现代技术的本质说的那种"促逼"。在这种实践变换的促逼下,科学才被应用而变成技术。所谓"实践变换的要求",说的就是特定历史时期出现的实践需要。这一点,也可以从斯蒂格勒关于技术起源的观点中得到说明。斯蒂格勒把海德格尔意义上的"实践变换"称作"技术趋势",即"技术进化的整体性"。他认为,在技术趋势的支配下,技术自身处在持久的进化中,"不仅发明的选择,而且发明的时代,都是由科学的进步和一切相应的技术发展以及经济的需求等条件决定的"[1]。实际上,马克思已经表达了这层意思。在《1857—1858年经济学手稿》中,马克思说:"从自然不可能直接过渡到蒸汽机。"[2] 马克思的意思是:自然科学转变为技术,不是自然的结果,而是历史发展的结果;在工业革命时代,科学要转化为技术,既要有其特定的实践变换需要,也要有满足这种实践变换需要的历史前提。

在马克思看来,现代资本主义社会的实践变换需要就是资本生产的需要,它是工业革命时代科学转化为现代技术的历史动机。当资本生产的需要必然要求应用科学之时,现代技术就必然登上历史的舞台,而现代技术的出现和发展又促进了科学的发展。马克思说:"直接从科学中得出的对力学规律和化学规律的分解和应用,使机器能够完成以前工人完成的同样的劳动。然而,只有在大工业已经达到较高的阶段,一切科学都被用来为资本服务的时候,机器体系才开始在这条道路上发展。"[3] 同时,马克思指出:"在英国,当市场扩大到手工劳动不再能满足它的需求

---

[1] 斯蒂格勒:《技术与时间1:爱比米修斯的过失》,裴程译,译林出版社,2012年,第39页。
[2] 马克思、恩格斯:《马克思恩格斯全集》第30卷,第215页。
[3] 马克思、恩格斯:《马克思恩格斯全集》第31卷,第99页。

的时候,人们就感到需要机器。于是人们便想到应用18世纪时即已充分发展的机械学。"①马克思认为,在工业革命时代,由于有了资本生产这种实践变换,于是对科学就有了历史性的社会需求,力学、化学等科学就必然转化为现代技术,蒸汽机等现代技术就出现了。因此,马克思认为,"自然界没有造出任何机器,没有造出机车、铁路、电报、自动走锭精纺机等等";机器技术是"转化为人的意志驾驭自然界的器官",是"人的手创造出来的人脑的器官",是"对象化的知识力量",是人的"产业劳动"的产物。②马克思表达的意思很明确,即技术作为"转化为人的意志驾驭自然界的器官",只有在资本生产这种实践变换的要求和推动下才可能被采用。也就是说,只有在机器技术使工人能够把自己的更大部分时间用于资本生产的情况下,资本才采用机器技术。③

同时,工业革命时期也具备了实践变换需要,即资本生产需要的历史前提。这些历史前提主要有:一是劳动和资本的对立,即工人和生产资料分离。马克思认为,工人与资本生产的关系是一种奴役关系,一切奴役关系只不过是这种关系的变形和后果罢了,"无产和有产的对立,只要还没有把它理解为劳动和资本的对立,它还是一种无关紧要的对立"④。劳动和资本的分离和对立,是资本生产、科学转变为技术的重要历史前提。新生的技术、技术工业之所以能够在当时的背景下成长起来,只是因为它"把中等阶级中的劳动分子变成工人无产者,把从前的大商人变成了厂主;它排挤了小资产阶级,并把居民间的一切差别化为工人和资

---

① 马克思、恩格斯:《马克思恩格斯选集》第1卷,第247页。
② 参见马克思、恩格斯:《马克思恩格斯全集》第31卷,第102页。
③ 参见同上书,第96页。
④ 马克思、恩格斯:《马克思恩格斯全集》第3卷,第294页。

本家之间的对立"[1]。在这层意义上,马克思认为,技术工业是"完成了的劳动,正像工厂制度是工业的即劳动的发达的本质,而工业资本是私有财产的完成了的客观形式一样"[2]。在由文明创造的生产工具即技术工具出现的情况下,各个人受劳动产品的支配、受劳动的统治,特别是受积累起来的劳动即资本的统治。在这层意义上,"工业革命的主要特征,是工人脱离生产资料、生产工具所有权这个事实,而不是那些改变工业生产方式的一系列的技术发现"[3]。二是旧的生产资料所有制关系的消灭。在《神圣家族》中,马克思说:"工业活动并不因行帮、行会和同业公会的特权的消灭而消灭,相反地,只有消灭了这些特权之后,真正的工业才会发展起来。"[4] 三是现代分工的出现。技术工具出现之后,脑力劳动和体力劳动之间实际上应该已经实行了分工,并且技术工业只有在分工的基础上和依靠分工才能存在。[5] 当然,马克思也看到,技术工具的出现又将促进分工的进一步发展,即"机械方面的每一次重大发展都使分工加剧,而每一次分工的加剧也同样引起机械方面的新发明。……机器的发明完成了工场劳动同农业劳动的分离"[6]。由此可见,工业革命时代的科学转变为技术不是自然的结果,而是社会历史关系的产物,现代技术的出现有其特定的实践变换需要,资本和资本生产是现代技术的历史前提。

2. 现代技术的历史性质和社会形式。什么叫技术?这是一个争论不休的问题,不同的学科对此有不同的说法和解释。这里仅举几个哲学

---

[1] 马克思、恩格斯:《马克思恩格斯全集》第2卷,第296页。
[2] 马克思、恩格斯:《马克思恩格斯全集》第3卷,第293页。
[3] 锡德尼·维伯、比阿特里斯·维伯:《资本主义文明的衰亡》,秋水译,上海人民出版社,2001年,第128页。
[4] 马克思、恩格斯:《马克思恩格斯全集》第2卷,第148页。
[5] 参见马克思、恩格斯:《马克思恩格斯选集》第1卷,第246页。
[6] 同上。

家的解答的例子。海德格尔认为，作为一种解蔽方式，技术存在于解蔽和无蔽状态的发生领域之中，只有在无蔽即真理的发生领域技术才能够成为其本质；现代技术也是一种解蔽，其中起支配作用的解蔽乃是一种"促逼"，即它蛮横地向自然界提出要求，要求自然界为其提供可以被开采及贮藏的诸种能量，而这种促逼着的解蔽就是"集置"，就是现代技术的本质。[1]斯蒂格勒认为，技术是人的本质和存在方式，技术是外在于人类的躯体而对人的本质的替补；技术既是一种毒药，也是一种解药。哈贝马斯认为，技术是为了特定目的而引导人们不断地、更加有效地控制自然的科学方法，借助于对自然的控制，也为人对人的有效统治提供了纯粹的概念和工具；技术是人类对对象化过程的科学的合理的支配力量。[2]马克思没有给技术下明确的定义，但是通过他关于技术的诸多论述，我们还是可以归纳出他对技术的含义的基本理解。如上所述，马克思认为，技术是"转化为人的意志驾驭自然界的器官"，是"人的手创造出来的人脑的器官"，是"对象化的知识力量"。现代技术是在现代资本主义生产关系和资本主义生产方式的条件下，现代人所特有的一种历史性的本质的力量，即一种为了增强自身力量、实现自身目的而发明出来的驾驭自然界的力量。现代技术是现代人的生存方式和生活世界样式，也是现代社会的物质资料生产方式。一方面，技术体现了人与自然界的关系，是自然界的人的本质与人的自然的本质的统一；另一方面，技术也体现了人与人之间的社会关系，尤其是特定历史阶段的社会生产关系，现代技术构成了现代人类的生产方式和生活世界。对此，在《手稿》中，马克思说："工业是自然界对人，因而也是自然科学对人的现实的历

---

[1] 参见海德格尔：《演讲与论文集》，孙周兴译，商务印书馆，2018年，第12、14—15页。
[2] 参见哈贝马斯：《作为"意识形态"的技术与科学》，第41、91页。

关系。因此，如果把工业看成人的本质力量的公开的展示，那么自然界的人的本质，或者人的自然的本质，也就可以理解了；因此，自然科学将失去它的抽象物质的方向或者不如说是唯心主义的方向，并且将成为人的科学的基础，正像它现在已经——尽管以异化的形式——成了真正人的生活的基础一样；说生活还有别的什么基础，科学还有别的什么基础——这根本就是谎言。在人类历史中即在人类社会的形成过程中生成的自然界，是人的现实的自然界；因此，通过工业——尽管以异化的形式——形成的自然界，是真正的、人本学的自然界。"[1]

在《1857—1858年经济学手稿》中，马克思对资产阶级经济学家进行了批判，认为他们把人们的社会关系和受这些关系支配的物所获得的规定性看作物的自然属性。因此，这是一种"粗俗的唯物主义"，也是一种"同样粗俗的唯心主义"，是一种拜物教，因为它"把社会关系作为物的内在规定归之于物"，从而"使物神秘化"了。[2]从现代性批判的角度看，马克思这里的批判同样适用于对现代技术的批判。也就是说，马克思并不否认技术具有物质的形态，是生产资料的物质形态，是生产工具或劳动资料，是生产力发展的要素以及生产力发展水平的表现。马克思认为，不能离开自然界来谈技术、技术工业，否则就是唯心主义方向。马克思这里要反对的是，把技术的自然属性视为技术的唯一本质，把作为技术的内在规定的社会关系仅仅归之于物，从而使技术神秘化。在马克思看来，如果脱离技术的历史性和社会形式，脱离人和人之间的社会关系，尤其是社会生产关系，抽象地看待技术，把技术仅仅归入生产工具或劳动资料的范畴，那么这就是在对技术进行"粗俗的唯物主义"和

---

[1] 马克思、恩格斯：《马克思恩格斯全集》第3卷，第307页。
[2] 参见马克思、恩格斯：《马克思恩格斯全集》第31卷，第85页。

"同样粗俗的唯心主义"的解释。这是成问题的。在马克思看来,这种看法的要害不在于把机器技术看作一种生产力,而在于仅仅把它看作一种生产力,而没有看到机器技术和技术工业本身就是现代资本主义的生产方式,它们体现的是现代社会的社会关系,是现代社会的生产关系,主要是资本家和工人之间的社会生产关系。在《资本论》中,马克思进一步批判了这种对技术本质的错误解释。在他看来,这种错误解释的实质是一种技术的拜物教,也是一种技术主义决定论,因而也就是一种抽象物质的方向。它掏空了技术的历史要素,即是说,它离开特定的历史关系以及社会生产关系,即离开资本主义生产方式以及资产阶级生产关系来谈论现代技术,是一种抽象的"排除历史过程的、抽象的自然科学唯物主义"。[1] 马克思指出,当这种"抽象的自然科学唯物主义"的持有者超出自身的专业范围时,就必然在他们的"抽象的和意识形态的观念"中暴露出自己的问题。[2] 事实上,早在《德意志意识形态》中,在阐释自己的历史唯物主义原则的时候,马克思对这种技术本质问题上的唯心史观就有深刻的批判。马克思说:"现实的生活生产被看成是某种非历史的东西,而历史的东西则被看成是某种脱离日常生活的东西,某种处于世界之外和超乎世界之上的东西。这样,就把人对自然界的关系从历史中排除出去了,因而造成了自然界和历史之间的对立。"[3]

除了揭示现代技术的历史前提和历史性质,马克思也揭示了现代技术的社会形式。在《资本论》中,马克思说:"生产方式的变革,在工场手工业中以劳动力为起点,在大工业中以劳动资料为起点。因此,首先应该研究,劳动资料如何从工具转化为机器,或者说,机器和手工业

---

[1] 参见马克思:《资本论》第1卷,第429页。
[2] 参见同上书,第428—429页。
[3] 马克思、恩格斯:《马克思恩格斯选集》第1卷,第173页。

工具有什么区别。"① 马克思阐释了工场手工业中的传统工具与现代大工业中的机器（技术）的本质区别，认为这种区别不是由传统工具和机器（技术）本身的自然属性决定的，而是由各自背后的社会关系性质决定的；劳动资料如何从传统工具转化为现代机器（技术），这个问题只有深入到现代资产阶级社会的历史性和社会关系中才能得到合理的解答。对此，马克思指出，技术、技术工业是"自然界对人的现实的历史关系"，"在人类历史中即在人类社会的形成中生成的自然界，是人的现实的自然界"；"通过工业——尽管以异化的形式——形成的自然界，是真正的、人本学的自然界"；抽象物质的方向就是唯心主义的方向。② 由此可见，在马克思那里，"技术"本质上是一个社会范畴，技术的发明和应用受到社会关系的支配。只有与资本主义的生产方式、技术的自然属性背后的社会关系性质联系起来，我们才能真正揭示现代技术的本质。

在马克思的思想语境中，现代技术不仅仅是生产力、生产工具或劳动资料，它还是一种社会生产关系，是现代资本主义的生产关系，是现代社会的生产方式，是现代人的生活世界样式。马克思说："构成资本的生产资料、劳动工具和原料，难道不是在一定的社会条件下，不是在一定的社会关系内生产出来和积累起来的吗？难道这一切不是在一定社会条件下，在一定的社会关系内被用来进行新生产的吗？并且，难道不正是这种一定的社会性质把那些用来进行新生产的产品变为资本的吗？"③技术不能仅仅被理解为物或生产力，它还应该被理解为关系，因为生产力和社会关系本身就是相互关联的。在生产力的发展以及技术的发明和应用的过程中，人们就会自主地改变自己的生产方式，而在生产方式即

---

① 马克思：《资本论》第 1 卷，第 427 页。
② 参见马克思、恩格斯：《马克思恩格斯全集》第 3 卷，第 307 页。
③ 马克思、恩格斯：《马克思恩格斯选集》第 1 卷，第 341 页。

谋生方式的变化过程中，人们也就会自主地改变自己的社会关系。因此，马克思强调，手推磨只能产生封建主的社会，蒸汽磨只能产生工业资本家的社会。黑人不是天生的奴隶，而只有在一定的社会关系中，他才可能转变为奴隶。纺纱机不是天生的资本，而仅仅是一种纺棉花的机器，只有在一定的关系中，它才可能转变为资本；即是说，一旦从这种关系中解脱，纺纱机就不再可能是资本了，就如同说黄金本身并不是货币、砂糖也不是砂糖的价格一样。这意思是说，作为物，纺纱机是纺棉花的机器，是机器技术；但在资本主义生产关系条件下，它就获得了由资本规定并与之相适应的形式。由此可见，现代技术是有其特定的历史性质和社会形式的。对技术进行关系的分析，揭示现代技术所体现出来的社会关系性质和历史的实体性内容，我们才能真正揭示技术的本质。

3. 技术与资本生产。 现代技术一旦被赋予特定的社会规定性，即技术一旦被赋予资本主义生产关系的规定性，技术就获得了由资本规定的形式，表现为固定资本的属性。因此，现代技术与资本生产之间存在着本质性的、必然的关联。把对现代技术的批判与对资本的批判联结在一起，是马克思的首创，也是马克思的现代性批判理论最具创造性的表现。在一定意义上可以说，马克思的技术批判思想也就是资本批判思想；反之亦然。在马克思看来，资本和现代技术是现代性的共谋关系。

马克思认为，资本的本性和目的决定了，机器技术、技术必然被纳入资本生产的逻辑中。资本的本性和目的是价值增殖，是增加剩余价值。那么，怎样才能增加剩余价值呢？在《资本论》中，就是在提出这样一个问题的语境下，马克思从"相对剩余价值"概念着手讨论机器和现代工业，从而揭示了技术与资本生产的关系。马克思区分了绝对剩余价值和相对剩余价值，前者是通过延长工作日产生的，后者是通过缩短必要劳动时间产生的。假定在工作日的长度不变的情况下，那么实际上唯一可变的就是通过技术发明和应用、技术革新缩短必要劳动时间。技术的发明和应用、技术革新的结果是提高劳动生产率，增加劳动生产力，从而增加剩余价值。马克思认为，对于资本生产而言，解决上述问题的答案不在于缩短工作日，而在于应用技术手段以便缩短必要劳动时间；这可以达到双重效果，即既可以使商品变便宜，又可以增加剩余价值。马克思认为，减轻人每天的辛劳绝不是发明机器和使用机器的目的，"像其他一切发展劳动生产力的方法一样，机器是要使商品便宜，是要缩短工人为自己花费的工作日部分，以便延长他无偿地给予资本家的工作日部分。机器是生产剩余价值的手段"①。

机器技术跟资本的生产直接联结在一起，不仅带来了劳动方式的历史性变革，而且，对于技术本身而言，它的本质、作用和形式也发生了深刻变化。马克思分析了这些变化的主要表现。

一是技术一旦按照资本生产的逻辑被发明和应用，人的肌肉充当动力的现象就成为历史上的偶然现象了。马克思说："一旦人不再用工具作用于劳动对象，而只是作为动力作用于工具机，人的肌肉充当动力的现象就成为偶然的了，人就可以被风、水、蒸汽等等代替了……作为工业革命起点的机器，是用这样一个机构代替只使用一个工具的工人，这个机构用许多同样的或同种的工具一起作业。"②

二是技术沦为资本生产的手段，并受到资本的支配。技术成为追逐剩余价值的手段，剩余价值的增加成为技术发明和应用的目的，成为技术发展和技术革新经久不衰的动力。而技术沦为资本生产的手段，技术就完全由资本支配，完全从属于资本。同时，资本也离不开技术。实际

---

① 马克思：《资本论》第1卷，第427页。
② 同上。

上，技术从属于资本生产也是技术可能给人类带来诸多问题的根本原因。马克思说:"我们如果想象一下这种狂热的激发状态同时笼罩了整个世界市场,那我们就会明白,资本的增长、积累和积聚是如何导致不断地、日新月异地、以日益扩大的规模实行分工,采用新机器,改进旧机器。"①对此,日本学者柄谷行人也有类似的说法:"资本不是为了把世界文明,而是仅仅为了自己继续存在,才以技术革新作为使命。即使是看起来似乎无益的方面的技术革新,也为了资本自己的持续性才是不可缺少的。不是来自于人之'自然的'需要,而是来自于'价值'导致的颠倒。"②

三是技术以及自动的机器体系由直接的劳动资料形式变成由资本规定并与资本相适应的形式,知识、技术、技能和社会智力表现为固定资本的属性,成了资本增殖的手段,资本也才能获得充分的发展。在这种情况下,技术就不仅是一种物质形态,而且是一种社会生产关系,现代技术所表现的主要是资本主义生产关系。马克思说:"加入资本的生产过程以后,劳动资料经历了各种不同的形态变化,它的最后的形态是机器,或者更确切些说,是自动的机器体系(即机器体系;自动的机器体系不过是最完善、最适当的机器体系形式,只有它才使机器成为体系)。"③

同样,现代工厂主的最大目标,就是通过科技和资本的结合,实现资本生产的不断增殖。马克思说:"知识和技能的积累,社会智力的一般生产力的积累,就同劳动相对立而被吸收在资本当中,从而表现为资本的属性,更明确些说,表现为固定资本的属性,只要后者是作为真正的

---

① 马克思、恩格斯:《马克思恩格斯选集》第1卷,第355页。
② 柄谷行人:《马克思,其可能性的中心》,中田友美译,中央编译出版社,2006年,第69页。
③ 马克思、恩格斯:《马克思恩格斯全集》第31卷,第90页。

生产资料加入生产过程。"①也只有在技术被资本应用、劳动资料在形式上被规定为固定资本的情况下，资本才能获得充分的发展。马克思说："只有当劳动资料不仅在形式上被规定为固定资本，而且扬弃了自己的直接形式，从而，固定资本在生产过程内部作为机器来同劳动相对立的时候，而整个生产过程不是从属于工人的直接技巧，而是表现为科学在工艺上的应用的时候，只有到这个时候，资本才获得了充分的发展，或者说，资本才造成了与自己相适合的生产方式。可见，资本的趋势是赋予生产以科学的性质，而直接劳动则被贬低为只是生产过程的一个要素。"②

四是技术是区分不同生产时代的根本标志，手工业生产时代和机器生产时代的本质区别，就是机器技术逐步取代了手工工具。在《资本论》中，马克思指出，在前现代社会的工场手工业中，单个或者成组的工人必须通过自己的手工工具来实现每一个产品生产环节上的特殊的局部的过程。在这种生产方式下，"如果说工人会适应这个过程，那么这个过程也就事先适应了工人"。而到了现代社会的机器生产时代，这种"主观的分工原则"便消失了，因为整个生产过程是"客观地按照其本身的性质"而分解为各个组成阶段和局部过程。更为要紧的是，这里的每一个局部如何完成进而如何再结合到一起的环节要素，是由"力学、化学等等在技术上的应用"决定的。③

五是科学被应用于技术的自觉性和主动性得到提高，资本生产促成了技术与科学的紧密联系，科学和技术一样，最终都受到资本的支配。科学原本是探求外部世界的规律而构成的知识体系，其目的是了解宇宙世界的真相、探寻真理。在资本生产的逻辑确立以前，真实客观性而不

---

① 马克思、恩格斯：《马克思恩格斯全集》第31卷，第92—93页。
② 同上书，第93—94页。
③ 参见马克思：《资本论》第1卷，第437页。

是实用性或实践性才是科学的主要特征，科学与自然界之间还是有着某种原初关联的。资本生产的逻辑确立之后，科学的实用性或实践性日益凸显，科学与技术的紧密关系最终确立起来了。直到当下，科学研究过程可以说仍然与技术上的转化和经济上的充分利用紧密相连，"科学在技术中的应用和技术进步又反过来应用于科学研究，成了劳动世界的核心和实体"[1]。

科技史表明，在16世纪以前，科学和技术还处在两个完全不同的领域。只有到了17世纪，培根才尝试将这二者进行接轨，但彼时的这种想法仍然是革命性的。无论如何，在17、18世纪期间，这二者的关系日趋紧密。只有到了19世纪，它们才真正实现了彻底的结合。[2] 这个时期的科学终于被纳入资本生产的目的，科学才被自觉主动地应用于技术领域。马克思认为，随着资本的日趋集中、劳动过程的协作形式日益发展且规模不断扩大，科学才真正地开始自觉地为技术服务。自然界日益变成了有用性，科学从探寻宇宙世界那种不以人的意志为转移的规律的纯粹知识体系，变成了以知识为基础、以技术为手段、以驾驭和征服自然为目的的智力活动。自然科学的飞速发展为技术和经济发展提供了基础。同时，科学和技术一样，都从属于资本，受到资本生产的支配。马克思说："现在资本不要工人用手工工具去做工，而要工人用一个会自行操纵工具的机器去做工。因此，……大工业把巨大的自然力和自然科学并入生产过程，必然大大提高劳动生产率……科学在直接生产上的应用本身就成为对科学具有决定性的和推动作用的着眼点。"[3] 于是，科学和技术的性质都发生了变化，技术成了科学知识的本质，科学不仅是概念和知识体系，

---

[1] 哈贝马斯：《作为"意识形态"的技术与科学》，第89页。
[2] 参见赫拉利：《人类简史：从动物到上帝》，林俊宏译，中信出版集团，2017年，第245页。
[3] 马克思、恩格斯：《马克思恩格斯全集》第31卷，第99页。

而且是征服外部客观世界的方法。诚如霍克海默所说:"技术是知识的本质,它的目的不再是概念和图景,也不是偶然的认识,而是方法,是对他人劳动的剥削以及资本。……人们从自然中想学到的就是如何利用自然,以便全面地统治自然和他者。这就是其唯一的目的。"[1]

技术遵循着资本生产的逻辑,它完全受到资本的支配,它和资本在现代资本主义社会是一种共谋关系。那么,技术本身是资本吗?要揭示现代技术的本质,说清楚技术和资本的关系,马克思的技术现代性批判理论就无法回避这个问题。前已阐明,马克思的技术现代性哲学的创造性贡献之一,就是透过技术的物质形态,揭示了现代技术的历史性质和社会形式,揭示了现代技术的社会规定性,揭穿了现代技术的本质真相。

马克思对这个问题的回答是:机器技术、技术只是生产剩余价值的手段,是资本增殖的手段,是资本的承担者,它本身不是资本。对此,在《资本论》及其手稿中,马克思严格区分了资本和由资本规定并与资本相适应的形式、资本和资本的物质存在方式、资本和表现为资本的属性、资本和资本的承担者、固定资本和表现为固定资本的属性、固定资本和形式上被规定的固定资本、机器本身有使用价值和机器不能创造剩余价值,等等。在马克思看来,作为生产工具或劳动资料的机器技术一旦被应用到资本生产过程中,它就获得了由资本规定并与资本相适应的形式,并从直接的劳动资料形式变成了与资本相适应的劳动资料形式;机器技术等劳动资料在形式上就被规定为固定资本,知识、技术、技能和社会智力也就表现为资本的属性,即表现为固定资本的属性;技术是资本的物质存在方式以及增殖的手段,但其本身并不是资本;虽然技术有使用价值,但它本身并

---

[1] 霍克海默、阿道尔诺:《启蒙辩证法:哲学断片》,渠敬东、曹卫东译,上海人民出版社,2006年,第2页。

不能创造剩余价值。马克思说："如果说资本只有在机器体系中以及固定资本的其他物质存在形式如铁路等等中……才取得自己在生产过程内部作为使用价值的适当的形式，那么这绝不是说，这种使用价值，这种机器体系本身就是资本，或者说它作为机器体系的存在同它作为资本的存在是一回事。正像黄金不再是货币时，它不会丧失黄金的使用价值一样，机器体系不再是资本时，它也不会失去自己的使用价值。"[①]

归纳起来说，马克思对技术的本质、技术与资本的关系的主要观点是：技术本身不是资本；机器本身有使用价值但不能创造剩余价值；要把技术本身和技术的应用区分开来，尤其是要把技术本身和技术的资本主义应用方式区分开来，这二者有本质区别。[②] 由此可见，马克思不反对技术本身，但反对技术的资本主义应用方式；不反对"人使用技术"，但是反对"技术使用人"。马克思认为，除了资本主义的应用方式，未来社会的技术有新社会的应用方式。

二、现代技术的文明作用及其限度

伽达默尔说，工业革命即西欧的迅速工业化开始于19世纪，20世纪无非是继续着19世纪建立的东西，19世纪自然科学的飞速发展为20世纪的技术和经济发展提供了基础，以至于我们只能对19世纪的科学发现带来的实践可能性进行更为一贯、更为合理的利用。科技的作用越来

[①] 参见马克思：《资本论》第1卷，第444页；马克思、恩格斯：《马克思恩格斯全集》第31卷，第94页。
[②] 参见马克思：《资本论》第1卷，第469、483、508页。

重要，它也带来了人们无法回避的问题。因此，"我们必须更为尖锐地提出我们时代的问题：即在一个完全由科学支配的社会现实中人如何能够理解自己"①。毫无疑问，技术在现代社会所起的作用越来越大，它给人类和社会带来的问题也愈益凸显，这也是马克思所处的时代无法回避的现实。这种现实迫使马克思提出这样的时代问题：在一个资本驱动的现代技术时代，人类如何能够实现自己的解放？在某种意义上可以说，异化劳动理论、资本批判理论、人类解放即共产主义思想等，都是马克思对现代技术及其引发的时代问题的思考和应答。

一般说来，建立在感性的活动基础上的社会存在论，是马克思的现代技术批判的存在论根据。有了这种根据，他对技术现代性的批判就保持了一种历史的、辩证的立场：一方面，马克思揭示了现代技术的伟大文明作用；另一方面，马克思也揭示了现代技术文明作用的限度，坚持了技术批判的历史辩证法。在马克思看来，现代技术的文明作用主要体现在以下几个方面。

1. 现代技术为人的解放提供了物质基础和条件。在资本生产的驱动下，现代技术的应用提高了人类驾驭自然的能力，生产力得到了飞速发展，财富不断涌现，从而为人的解放提供了条件。如前所引，在《1857—1858年经济学手稿》中，马克思认为，只有在资本主义制度下自然界才真正成为人的对象、"真正的有用物"；它不再被看作一种自为力量的自我涌现；因而想要脱离这种有用性而对自然规律进行理论认识，不过是一种智性上的狡猾，其目的仍然是"使自然界（不管是作为消费品，还是作为生产资料）服从于人的需要"。马克思的意思是，自然界本来就是作为人的感性的外部世界而存在的，是人的劳动从中生产出和借

---

① 参见伽达默尔：《哲学解释学》，第110、113页。

以生产出自己的产品的材料。但是，在资本生产的驱使下，现代技术得到不断发展和广泛运用。这意味着处理人与自然界关系的能力的质的提高，从而克服了把自然神化的现象，进而使自为的、外在于人的自然界变成了有用的、现实的自然界，即"感性的外部世界"，最终使得自然界服从于人的需要。诚如马克思所说：资本的发展就是要对整个自然界进行探索，从而寻找到"物的新的有用属性"；就是要将不同气候和地理条件下和各种不同国家的产品进行普遍交换；就是要使用新的人工的方式对自然物进行加工，从而在它们那里榨取新的剩余价值；就是要对地球进行探索，从而寻找到新的有用物体以及原有物体的新的使用属性，比如，使原有物成为一种原料、技术中介等的新的属性。因此，资本需要不断推进自然科学的发展直至其最高点。[1] 在现代发达的资本主义社会，技术的不断发明创造和应用乃是提高劳动生产率和突破自然界限的有力手段，"机器是提供劳动生产率，即缩短生产商品的必要劳动时间的最有力的手段，……它作为资本的承担者，首先在它直接占领的工业中，成了把工作日延长到超过一切自然界限的最有力的手段"，技术和机器"在资本家身上获得了意识和意志——就受这样一种欲望的激励，即力图把有反抗性但又有弹性的大的自然界限的反抗压到最低限度"。[2]

同时，生产力前所未有的发展也依赖于技术的发明和应用："资产阶级在它的不到一百年的阶级统治中所创造的生产力，比过去一切世代创造的全部生产力还要多，还要大。自然力的征服，机器的采用，化学在工业和农业中的应用，轮船的行驶，铁路的通行，电报的使用……过去哪一个世纪料想到在社会劳动里蕴藏有这样的生产力呢？"[3] 如此一来，技术的发

---

[1] 参见马克思、恩格斯：《马克思恩格斯全集》第30卷，第389页。
[2] 参见马克思：《资本论》第1卷，第463—464页。
[3] 马克思、恩格斯：《马克思恩格斯选集》第1卷，第405页。

明和应用就为人的解放创造了条件。马克思说:"只有在现实的世界中并使用现实的手段才能实现真正的解放;没有蒸汽机和珍妮走锭精纺机就不能消灭奴隶制;没有改良的农业就不能消灭农奴制;当人们还不能使自己的吃喝住穿在质和量方面得到充分保证的时候,人们就根本不能获得解放。'解放'是一种历史活动,不是思想活动,'解放'是由历史的关系,是由工业状况、商业状况、农业状况、交往状况促成的。"①

2. 以技术为现代工具的资本生产为个人的全面自由发展创造了历史前提。在《1857—1858年经济学手稿》中,从人的全面发展的角度,马克思将社会形态划分成三个阶段:作为最初的社会形式的人的依赖关系,即只有在狭小的范围内和孤立的地点上,人的生产能力才能得到实现和发展;作为第二阶段的形式的以物的依赖性为基础的人的独立性,即人的生产关系发展到了普遍的社会物质变换、全面的关系、多方面的需要以及生产能力全面发展的程度;作为第三阶段的形式的全面发展和丰富的自由个性的个人。其中,第二个阶段为第三个阶段创造条件。②马克思认为,个人的全面自由发展不是自然的产物,而是历史的产物,是以技术为现代工具的资本生产的产物和必然结果。以技术为现代工具的资本生产,形成了"普遍的社会物质变换、全面的关系、多方面的需要以及全面的能力的体系",它还着力于培养社会的人的一切属性,促使人的个性和独立性的形成。③

3. 以技术为基础的大工业消灭了自然形成的闭关自守状态,建立了世界的联系和普遍交往。前面已经有论述,在马克思那里,生产力的高度发展和普遍交往是未来社会即共产主义社会的基本前提和条件,而普

---

① 马克思、恩格斯:《马克思恩格斯选集》第1卷,第154页。
② 参见马克思、恩格斯:《马克思恩格斯全集》第30卷,第107—108页。
③ 参见同上书,第112、389页。

遍交往是依靠以技术为手段的现代大工业开辟出来的。马克思认为，以技术为基础的现代大工业以普遍的竞争为手段，驱使资本奔走于世界各地，从而创造了世界历史。技术工业和资本生产彻底消灭了各国依据自然条件所形成的天然的闭关自守状态，使自然科学彻底服从于资本，并使原本的劳动分工失去了自己原有的自然性质所遗存的最后一点点的假象。①技术、机器技术的发明和应用可以不断降低工业品的价格，工场手工业制度会被大工业制度摧毁，所有那些置身于历史发展之外、以工场手工业为基础的半野蛮国家，随之也就被迫脱离了它们的闭关自守状态。把世界各国人民联系起来，这是现代技术和大工业的必然趋势。它们必然把所有地方性的小市场组建为一个巨型的世界市场，从而实现所谓的文明和进步。诚如马克思所述：由于开拓了世界市场，资产阶级使一切国家的生产和消费都成为世界性的了；资产阶级挖掉了工业脚下的民族基础，古老的民族工业每天都处在不断被消灭的状态；前工业时代的地方与民族性的自给自足与闭关自守状态，必然被民族间的全方位的交往与互相依赖所代替。②

4. 技术工业时代给人的生活世界和生命活动过程带来了新变化。马克思认为，技术工业日益在实践上进入人的生活，改造了人的生活，成了真正人的生活的基础。这就意味着，自然人类生活世界被现代技术改变了，形成了技术人类生活世界。随着技术人类生活世界的形成、人的生活世界的变化，人的生活世界经验必然发生变化和重构，特别是时空经验的变化和重构。

众所周知，牛顿的经典物理学的绝对时空观，尤其是康德的先验时

---

① 参见马克思、恩格斯：《马克思恩格斯选集》第1卷，第194页。
② 参见同上书，第404页。

空观有其特定的适用对象和意义。但是，从本质上说，这种时空观都脱离了人的生活世界和生命的创造过程。与之相反，马克思最早从人类生命和人类活动的视角，把握到了技术人类生活世界中时空经验的变化状态，形成了自己的时空观，对时间和空间有了创新性的理解。关于时间，马克思的说法是："时间实际上是人的积极存在，它不仅是人的生命尺度，而且是人的发展的空间。"① 关于空间，马克思的经典说法是："空间是一切生产和一切人类活动的要素。"② 这是马克思针对技术工业时代人类生活世界和人类生命活动的变动情况而得出的对时空观的新理解，与传统的时空观有本质区别。

从时间的角度看，在技术工业时代，人类生活世界和生命活动过程的变化的主要表现是：技术工业可以节省劳动时间，为人的全面自由发展以及丰富的生命活动过程创造条件。在马克思看来，虽然单纯节约劳动并不是使用技术和机器的特征，节约必要劳动和创造剩余劳动才是它的特征，但是，技术工业和资本生产还是违背自己的意志，"成了为社会可以自由支配的时间创造条件的工具，使整个社会的劳动时间缩减到不断下降的最低限度，从而为全体（社会成员）本身的发展腾出时间"③。这里，马克思把时间和人的发展直接联系起来了，对时间的理解有了扩展："时间是人类发展的空间。一个人如果没有自己处置的自由时间，一生中除睡眠饮食等纯生理上必需的间断以外，都是替资本家服务，那么，他就还不如一头役畜。他不过是一架为别人生产财富的机器，身体垮了，心智也变得如野兽一般。"④ 马克思要表达的意思是：由于技术的运用，社

---

① 马克思、恩格斯：《马克思恩格斯全集》第47卷，第532页。
② 马克思：《资本论》第3卷，第875页。
③ 马克思、恩格斯：《马克思恩格斯全集》第31卷，第103页。
④ 马克思、恩格斯：《马克思恩格斯选集》第2卷，第61页。

会为生产物质生活资料所需要的时间越少，它所赢得的从事其他生产尤其是精神的生产的时间就越多；对于社会整体来说，创造出能够自由支配的时间，其含义就是创造从事科学、艺术等非生产性活动的时间。因此，时间的节省使得社会发展、社会享用、社会活动的全面性成为可能。① 由此可见，在现代社会，技术人类生活世界与自然人类生活世界相比，人的生命活动过程和实践经验发生了质的变化，"在这里，人不是在某一种规定性上再生产自己，而是生产出他的全面性；不是力求停留在某种已经变成的东西上，而是处在变易的绝对运动之中"②。

从空间上看，技术工业和资本生产必然超越空间的界限，用时间去消灭空间，从而推动人的生命活动、生活世界的扩展以及普遍交往的形成，并最终创造有利于人的全面自由发展的条件。马克思说，资本生产和技术工业，"一方面要力求摧毁交往即交换的一切地方限制，征服整个地球作为它的市场，另一方面，它又力求用时间去消灭空间，就是说，把商品从一个地方转移到另一个地方所花费的时间缩减到最低限度。资本越发展，从而资本借以流通的市场，构成资本流通空间道路的市场越扩大，资本同时也就越是力求在空间上更加扩大市场，力求用时间去更多地消灭空间"③。

从技术现代性批判的视角看，马克思是不认同技术的原罪说的。马克思认为，技术问题的根源在于对技术原理即理论理性（技术理性）的无限的、不适当的应用方式，即在于现代技术的资本主义生产方式，在于现代社会"生产力与社会关系之间的这种对抗"。因此，马克思揭示现代技术文明作用的限度，对现代技术的异化进行批判，实际上也就是

---

① 参见马克思、恩格斯：《马克思恩格斯全集》第30卷，第123、379页。
② 同上书，第480页。
③ 同上书，第538页。

第五章 马克思的技术现代性批判

对现代资本主义社会进行批判,对现代资本主义生产方式进行批判。当然,这里的"批判",始终是在澄清前提、划定界限的意义上被使用和理解的,并和马克思的异化劳动理论、历史唯物主义基础、剩余价值学说、政治经济学批判、资本批判理论联结在一起的。马克思关于技术现代性批判和现代技术文明的限度的总体思想是:现代技术,即技术理性的不当运用,也就是技术的资本主义利用方式,导致技术的异化,由此必然带来人的异化状况及其陷入现代性困境;这种异化状况和现代性的困境,可以被概括为一种"技术使用人"而不是"人使用技术"的状态,它主要表现为人的本质的空虚化、可计算性和抽象化,人的艺术感和创造性的消失,人的劳动强度的增加和人被机器淘汰的境况。对此,马克思有许多创造性的阐释。

1. **技术工业与人的内在本质的空虚化**。马克思说:"在资产阶级经济以及与之相适应的生产时代中,人的内在本质的这种充分发挥,表现为完全的空虚化;这种普遍的对象化过程,表现为全面的异化,而一切既定的片面目的的废弃,则表现为为了某种纯粹外在的目的而牺牲自己的目的本身。"① 可见,与自然人类生活世界相比,在技术人类生活世界中,人的内在本质一方面得到了充分发挥,借助于科技的力量和手段,人的本质得到了实现,因为"正是在改造对象世界中,人才真正地证明自己是类存在物。这种生产是人的能动的类生活。通过这种生产,自然界才是表现为他的作品和他的现实。因此,劳动的对象是人的类生活的对象化"②。另一方面,技术工业的无节制发展,技术理性的越界和无限制运用,导致人的内在本质完全空虚化。马克思对这种空虚化有深刻的揭

---

① 马克思、恩格斯:《马克思恩格斯全集》第30卷,第480页。
② 马克思、恩格斯:《马克思恩格斯全集》第3卷,第274页。

示,并开启了后来思想家对这个主题的讨论。具体说来:技术工业和资本生产以资本增殖为目的,把人的自主、自由活动降格为手段,将自然人类生活世界降格为技术人类生活世界,理性畸形化为技术理性,把人的类生活变成了维持人的肉体生存的手段。这种技术人类生活世界的主要特征是:以人对物的依赖关系取代了人对人的依赖关系,人获得了抽象的自由,人借助于技术对自然界进行驾驭,自然界变成了有用物,实现了"死的物质对人的完全统治"①;这是一种"技术使用人"的状态,是一种人从属于技术、受到技术支配的状态。马克思认为,作为人的自主活动、自由活动,劳动是人的生命活动的表现;但是,在技术工业时代,劳动变成了"不能给人以乐趣""令人生厌"的活动,变成了以资本增殖为目标的生产,"劳动为富人生产了奇迹般的东西,但是为工人生产了赤贫。劳动生产了宫殿,但是给工人生产了棚舍。劳动生产了美,但是使工人变成畸形。劳动用机器代替了手工劳动,但是使一部分工人回到野蛮的劳动,并使另一部分工人变成机器。劳动生产了智慧,但是给工人生产了愚钝和痴呆"②。对此,马克思说:"劳动现在仅仅表现为有意识的机件,它以单个的有生命的工人的形式分布在机械体系的许多点上,被包含在机器体系本身的总过程中,劳动自身仅仅是这个体系里的一个环节,这个体系的统一不是存在于活的工人中,而是存在于活的(能动的)机械体系中。……在机器体系中,对象化劳动在劳动过程本身中与活劳动相对立而成为支配活劳动的力量,占有活劳动的资本就其形式来说就是这样的力量。由于劳动资料转变为机器体系,由于活劳动转变为这个机器体系的单纯的活的附件,转变为机器运转的手段,劳动过程便只是

---

① 马克思、恩格斯:《马克思恩格斯全集》第3卷,第262页。
② 同上书,第269—270页。

第五章　马克思的技术现代性批判

作为资本价值增殖过程的一个环节而被包括进来……在机器体系中，对象化劳动在物质上与活力劳动相对立而成为支配活劳动的力量，并主动地使活劳动从属于自己。"①

马克思的意思是，在技术工业时代，技术运用的目的是资本增殖，劳动自身即人的劳动只是机器体系中用于增殖的一个环节，转变为机器体系的单纯的活的附件以及机器运转的手段，资本价值增殖将人的劳动过程作为它的一个环节而包含后者。在机器体系中，对象化劳动在物质上与活力劳动相对立，导致人的本质的异化；人的劳动从属于资本和机器，人进一步被技术和机器分割，人的生命本质异化了，这是技术工业时代现代人的必然命运。以技术为手段的资本增殖过程造就了高度发展的生产力，产生了形式上自由、平等的个体；但是，它又必然带来生产力和生产关系之间的矛盾，造成人的本质的异化，导致现代资本主义的衰退。毫无疑问，马克思对技术工业时代人的本质的异化批判是有创造性的，他对现代技术的预见也多数变成了现实。诚如伊格尔顿所说："资本主义虽未被饥馑者和被剥夺财产者所推翻，但它终将因先进科学技术应用于生产过程而陷于衰落，进而产生出一个由自由平等的个体构成的社会。无论你如何评价对马克思的这种解读方式，毫无疑问的是，他充分意识到了资本主义生产过程正在将越来越多的科技劳动者纳入其轨道。"②

可以说，马克思是最早系统地反思现代技术人类生活世界中人的异化状况、反思技术文明的限度的思想家。马克思的思想深刻地影响了海德格尔、卢卡奇、霍克海默等思想家对技术理性与人的异化问题的批判。

在人的本质的异化与技术的关系问题上，海德格尔在《林中路》中

---

① 马克思、恩格斯：《马克思恩格斯全集》第 31 卷，第 91—92 页。
② 伊格尔顿：《马克思为什么是对的》，第 175 页。

有一个说法："现代科学和极权国家都是技术之本质的必然结果，同时也是技术的随从。……不仅生命力在培育和利用中从技术上被对象化了，而且，原子物理学对各种生命体现象的进攻也在大量进行当中。归根结底，这就是要把生命的本质交付给技术制造去处理。"[①]卢卡奇也看到了技术的合理化对人的本质的深刻影响，认为由于技术的不适当运用，人的个性会被消除。在《历史与阶级意识》中，卢卡奇指出："如果我们纵观劳动过程从手工业经过协作、手工工场到机器工业的发展所走过的道路，那么就可以看出合理化不断增加，工人的质的特性，即人的个体的特性越来越被消除。"[②]沿着同一个主题，霍克海默从人的灵魂的物化、人的本质的空虚化的层面也反思了现代技术的负面作用。他认为，按照技术装置来塑造自己的肉体和灵魂的个体产生了自我异化，技术工业对人的支配"不仅仅为人与其支配对象相异化付出了代价，而且随着灵魂的对象化，人与人的关系本身，甚至于个体与其自身的关系也被神话了。个人被贬低为习惯反映和实际所需的行为方式的聚集物。……工业化却把人的灵魂物化了"[③]。因此，在现代技术时代，技术所依据的原理被转变成支配人和奴役人的技术理性，技术的解放力量转而成为解放的桎梏；人被工具化了，"技术已经变成物化……的重要工具"。[④]

2. 技术工业导致人被纳入可计算性、抽象同一性和直观性的世界。马克思说："个人现在受抽象统治，而他们以前是相互依赖的。但是，抽象或观念，无非是那些统治个人的物质关系的理论表现。"[⑤]这就是说，在

[①] 海德格尔：《林中路》，第304页。
[②] 卢卡奇：《历史与阶级意识》，第149页。
[③] 霍克海默、阿道尔诺：《启蒙辩证法：哲学断片》，第21—22页。
[④] 参见马尔库塞：《单向度的人：发达工业社会意识形态研究》，刘继译，上海译文出版社，2006年，第145、153页。
[⑤] 马克思、恩格斯：《马克思恩格斯全集》第30卷，第114页。

第五章 马克思的技术现代性批判

技术时代，科技原理即技术理性被纳入资本生产的逻辑，它遵循的是效率和数量的原则，"在资本的生产条件下，问题一开始就在于数量，因为追求的是交换价值和剩余价值"①。在技术工业和资本生产的过程中，任何不符合计算与实用规则的东西都是值得怀疑的。同样，由于技术和机器的使用，劳动的差别越来越小，劳动变得越来越简单和重复。对于劳动者而言，性别和年龄的差别再没有什么社会意义了，大家都只是劳动工具，不过因为年龄和性别的不同而需要不同的费用罢了。因此，人的差异性、个性等实体性内容被掏空，变成了抽象的同一性，人在"精神上和肉体上被贬低为机器"，变成了"抽象的活动和胃"。②这种抽象的同一性，也就是海德格尔所说的人的"千篇一律状态"。海德格尔说："在以技术方式组织起来的人的全球性帝国主义中，人的主观主义达到了它的登峰造极的地步，人由此降落到被组织的千篇一律状态的层面上，并在那里设立自身。"③

同样，随着技术工业的发展、技术的不断进步和运用，前工业时代的生产过程包含了人的劳动的实体性内容的情况不再出现。反之，后者仅仅在以生产过程的监督者和调节者的身份出现的人那里表现出来，因为仅在这种情况下它才同生产过程本身发生关系。这样，已经不再是人"把改变了形态的自然物作为中间环节放在自己和对象之间"，而是人"把由他改变为工业过程的自然过程作为中介放在自己和被他支配的无机自然界之间"；这样一来，作为生产过程的主要作用者的人不再存在，他如今仅仅站到了生产过程的旁边，即体现了人在生产行为中的直观性质。④

---

① 马克思、恩格斯:《马克思恩格斯全集》第30卷，第590页。
② 参见同上书，第288页。
③ 海德格尔:《林中路》，第114页。
④ 参见马克思、恩格斯:《马克思恩格斯全集》第31卷，第100页。

283

对于技术理性的支配地位及其把人纳入可计算性和直观性的世界，海德格尔、卢卡奇等人也有深刻的论述。海德格尔说："技术的统治不仅把一切存在者设立为生产过程中可制造的东西，而且通过市场把生产的产品提供出来。人之人性和物之物性，都在自身贯彻的制造范围内分化为一个在市场上可计算出来的市场价值。这个市场不仅作为世界市场遍布全球，而且作为求意志的意志在存在的本质中进行买卖，并因此把一切存在者带入一种计算行为之中，这种计算行为在并不需要数字的地方，统治得最为顽强。"① 卢卡奇也认为，随着技术和机器的运用，劳动过程越发被解析为合理抽象的局部操作的总和，结果就是人与产品之整体性的关联不复存在，而人的劳动也被降格成一系列机械性重复的职能性动作。基于这一机械的合理化进程，按客观计算的劳动定额便出现了；进而，通过对劳动过程进行所谓现代"心理"分析（泰罗制），此种合理的机械化便深深扎根于工人的"灵魂"中，并且被纳入计算的概念中；与此同时，当技术理性开始不断扩张时，劳动过程越发机械化与合理化，人的实际活动便越发失去自身的主动性，转变为一种直观的态度，从而越来越失去自己的意志。②

马克思认为，人与自然界之间的对立是技术工业和技术理性无限制运用的必然结果。在现代技术状况下，作为人的"无机的身体"的自然界则变成了纯粹的客观性，变成了纯粹的有用性。技术支配自然界，导致对自然界的真正蔑视和实际的贬低，"异化劳动从人那里夺去了他的生产的对象，也就从人那里夺去了他的类生活，即他的现实的类对象性，把人对动物所具有的优点变成缺点，因为从人那里夺去了他的无机的身

---

① 海德格尔：《林中路》，第306页。
② 参见卢卡奇：《历史与阶级意识》，第149、151页。

体即自然界"①。依靠技术手段，人对自然的开发利用变得越来越科学、合理，同时也越来越加剧了人与自然之间的对立，自然界沦为纯粹的有用性。马尔库塞也指证了技术理性的不当应用以及自然界被置于纯粹的有用性中的状况。他说："社会是在包含对人的技术性利用的事物和关系的技术集合体中再现生产自身的——换言之，为生存而斗争、对人和自然的开发，日益变得更加科学、更加合理。"②

3. 技术的运用导致人的劳动强度的增加以及人被机器淘汰。人们通常认为，劳动力即人手不足时，技术才会被采用，技术的使用可以提高劳动效率以便弥补劳动力的不足，减轻单个人的劳动负担和压力。马克思认为，这一切都是"经济学家的想象"。实际的情况是，由于技术运用和资本生产的目的不是提高劳动生产率、节约必要劳动时间，而是增加剩余劳动时间、追求资本增殖，因此，技术的运用和机器体系的出现必须以人手的多余为前提。只有在劳动力过剩的地方，机器体系才出现，以便代替人的劳动。机器体系的出现，不是为了弥补劳动力的不足，而是为了把现有的大量劳动力压缩到必要的限度。③对此，马克思说："机器劳动极度地损害了神经系统，同时它又压抑肌肉的多方面运动，夺去身体上和精神上的一切自由活动。甚至减轻劳动也成了折磨人的手段，因为机器不是使工人摆脱劳动，而是使工人的劳动毫无内容。……生产过程的智力同体力劳动相分离，智力转化为资本支配劳动的权力，是在以机器为基础的大工业中完成的。变得空虚了的单个工人的局部技巧，在科学面前，在巨大的自然力面前，在社会的群众性劳动面前，作为微不足道的附属物品而消失了；科学、巨大的自然力、社会的群众性劳动

---

① 马克思、恩格斯：《马克思恩格斯全集》第3卷，第274页。
② 马尔库塞：《单向度的人：发达工业社会意识形态研究》，第133页。
③ 参见马克思、恩格斯：《马克思恩格斯全集》第31卷，第97页。

都体现在机器体系中,并同机器体系一道构成'主人'的权力。"①

马克思认为,技术被运用于资本增殖的目的必然导致两大结果:一是技术、机器运用中的"死劳动"与人的"活劳动"的对立。马克思说:"一切资本主义生产既然不仅是劳动过程,而且同时是资本的增殖过程,就有一个共同点,即不是工人使用劳动条件,而是劳动条件使用工人,不过这种颠倒只是随着机器的采用才取得了在技术上很明显的现实性。由于劳动资料转化为自动机,它就在劳动过程本身中作为资本,作为支配和吮吸活劳动力的死劳动而同工人相对立。"②正是因为有这种对立,人的劳动表面上变得简单了。但是,这是一种无内容的、增加了人的劳动强度的简单化,即机器、劳动的简单化,被利用来把正在成长的人、完全没有发育成熟的人——儿童——变成工人,正像工人变成无人照管的儿童一样,"机器迁就人的软弱性,以便把软弱的人变成机器"③。技术、机器等劳动资料或劳动工具和传统工具的特征完全不一样。在现代技术时代,人的活动只是一种机器的运转,是人服侍机器,是人跟随劳动资料的运动。在原材料方面,人成为一种机器的中介,起到看管机器、防止它发生故障的作用,机器则代替人从而有了技能和力量。机器能工巧匠般地以在自身中发生作用的力学规律为媒介使得自己具有了"灵魂",而人的活动则局限于一种单纯的抽象活动,这一活动在一切条件上均围绕机器的运转来进行决定和调节。虽然科学以机器构造的规律来驱使没有生命的机器如自动机般进行有目的的自我运转,但这种规律却并不属于人的自我意识,反倒是一种对人而言的异己的力量。这种由机器所带来的力量则通过它作用于人,并最终使得这一"死机构"成为独立于人的

---

① 马克思:《资本论》第1卷,第486—487页。
② 同上。
③ 马克思、恩格斯:《马克思恩格斯全集》第3卷,第307页。

第五章　马克思的技术现代性批判

存在，而人则成为死机构的活的附属物。在这种情况下，工具之于人反倒成了有机器官，并因人的技能和活动而获得"灵魂"。简言之，无论如何都是人在利用工具，必须从人本身出发来理解劳动资料的运动，因为只有人的技艺才具有掌握工具的能力。[①]二是采用技术和机器进行劳动，因为它们有着更高的生产率。因此，强化劳动将取代长时劳动。马克思在这里区分了强化劳动与长时劳动。所谓"长时劳动"，是指由于工作时间的延长而增加劳动量的劳动；所谓"强化劳动"，是指由于在一定时间内所要求的劳动的增加，由机器运转的加速而增加劳动量的劳动。

上述两个结果表明，由于技术、机器的引入，在技术工业时代，人们倾向于用非熟练的人即以那些只需要通过重复的运动看管机器的人取代熟练的人。现代技术产业经常是用更简单和更低级的工作来代替更复杂和更高级的工作，人的劳动强度越来越大，人的健康状况进一步恶化。人类的进步是以人类的牺牲为代价而取得的，机器等劳动资料击倒了劳动者，从而出现了一种在现代技术工业史上十分重要的现象，即"机器消灭了工作日的一切道德界限和自然界限"。同样地，它也带来了一个在现代经济学上的悖论，即"缩短劳动时间的最有力的手段，竟变为把工人及其家属的全部生活时间转化为受资本支配的增殖资本价值的劳动时间的最可靠的手段"[②]。马克思认为，采用机器本来应该是人对自然力的胜利，可是当世界受到资本生产支配的时候，这一胜利反倒使人被自然力所奴役；机器原本应该为增加生产者的财富而存在，可是当社会受到资本控制的时候，机器技术反倒让生产者变得贫困。纵观整个现代历史，凡是最先使用机器进行大工业生产的地方，机器必然将大批手工工人弃

[①] 参见马克思、恩格斯：《马克思恩格斯全集》第31卷，第91页；马克思：《资本论》第1卷，第486页。

[②] 马克思：《资本论》第1卷，第469页。

于街头；并且，这一境况并未因机器日益完善、改进或由生产效率更高的机器所替换而有所改善，因为此时它又不断让工人面临失业与贫困化的窘境——机器的进步使得劳动的强度不断增加，使得人的自然肌肉力成为多余的东西。① 即是说，从一开始，机器就在不断剥削人，不断扩大资本的剥削的领域，提高剥削的程度。②

4. 技术工业摧毁了人的艺术感和艺术创造力。在《手稿》中，马克思说："动物只生产它自己或它的幼仔所直接需要的东西；动物的生产是片面的，而人的生产是全面的；动物只是在直接的肉体需要的支配下生产，而人甚至不受肉体需要的影响也进行生产，并且只有不受这种需要的影响才进行真正的生产；动物只生产自身，而人再生产整个自然界；动物的产品直接属于它的肉体，而人则自由地面对自己的产品。动物只是按照它所属的那个种的尺度和需要来构造，而人懂得按照任何一个种的尺度进行生产，并且懂得处处都把内在的尺度运用于对象；因此，人也按照美的规律来构造。"③

从技术现代性批判的意义上看，马克思要表达的意思是：人是自由而有创造性的生命体，人有艺术感和艺术创造力，人可以按照美的规律来进行艺术创造，在创造对象世界中，人证明自身是自由的、能动的类存在物。但是，现代技术和机器的发明应用、技术工业的出现摧残了人的艺术创造力，导致了人的艺术感的消退。马克思说："人越是通过自己的劳动使自然界受自己支配，神的奇迹越是由于工业的奇迹而变成多余，人就越是会为了讨好这些力量而放弃生产的乐趣和对产品的享受。"④ 现代

---

① 参见马克思、恩格斯：《马克思恩格斯选集》第1卷，第356页。
② 参见马克思：《资本论》第1卷，第453、455页。
③ 马克思、恩格斯：《马克思恩格斯全集》第3卷，第273—274页。
④ 同上书，第275页。

技术时代不仅使得过往的那种"神的奇迹"变得多余，而且把科技当作新的宗教和新的神，并被人顶礼膜拜。诚如赫拉利所说："在这里，各个高科技大师正在为我们酝酿全新的宗教，这些宗教信的不是神，而是科技。科技宗教同样提供过往宗教的一切旧奖励：快乐，和平，繁荣，甚至是永恒的生命，但方法却是在生前获得地球科技的协助，而不是死后接受天堂的帮助。"①马克思认为，技术工业不仅让人失去了生产的兴趣和对产品的享受，而且也放弃了对美的欣赏和追求，摧毁了人的艺术感和艺术创造力。

在《手稿》《德意志意识形态》和《资本论》及其手稿中，通过手工业与技术大工业的对比分析，马克思得出的结论是：手工业生产仍然存在"半艺术性"，手工业者有"灵巧的手""个人的技巧"和"有限的艺术感"；在技术工业时代，艺术不过是生产的一些特殊的方式，并且受到生产的普遍规律的支配，技术工业导致人的技能、技巧和艺术感的消退，使人的特色技能和艺术感成为多余的东西。马克思说："在手工业经营下，问题在于产品质量，在于单个工人的特殊技能，师傅作为师傅被认为是精通本行的。他作为师傅的地位，不仅靠占有生产条件，而且靠他个人的一技之长。在资本的生产条件下，问题一开始就不在于这种半艺术性质的关系……在资本的生产条件下，问题一开始就在于数量，因为追求的是交换价值和剩余价值。资本的已经发展的原则恰恰在于，使特殊技能成为多余的，并使手工劳动，使一般直接体力劳动，不管是熟练劳动还是筋肉紧张的劳动，都成为多余的；更确切些说，是把技能投入死的自然力。"②

---

① 赫拉利：《未来简史：从智人到智神》，林俊宏译，中信出版集团，2017年，第319页。
② 马克思、恩格斯：《马克思恩格斯全集》第30卷，第590页。

如果说手工业中的直接劳动是一种创造性的、自由的活动，是一种半艺术性和有技巧的活动，那么，随着技术工业的发展和现代技术在资本生产过程中的应用，随着直接劳动被贬低为只是生产过程的一个要素，人的艺术感和艺术创造性将被摧毁。这是因为，技术工业不需要直接劳动中的那种艺术创造性和技巧，手工业者的技艺日益被看管机器的简单动作所代替。机器技术的原理就在于用机械取代手工劳动中的技巧，以及能够把操作分解为各个组成部分以代替手工业者之间的分工。机器技术的一切改进措施都有其目的和趋势，即尽可能取消人的劳动，用未经训练的人的劳动代替熟练的、有技巧的人的劳动，以降低劳动力的价格和成本。

在传统社会的工场手工业中，生产过程从属于劳动者的直接技巧，每个劳动者都必须熟悉全部工序。凡是用他的工具能够做的一切，他必须都会做，每个想当师傅的人都必须全盘掌握本行手艺。因此，"手工业者对于本行专业劳动和熟练技巧还是有兴趣的，这种兴趣可以升华为某种有限的艺术感"[①]。与之相反，现代社会的技术工业把直接劳动贬低为生产过程的一个要素，它只是科学在工艺上的应用，而不是从属于直接劳动的技巧，因为"当大工业特有的生产资料即机器本身，还要靠个人的力量和个人的技巧才能存在时，也就是说，还取决于手工工场内的局部工人和手工工场外的手工业者用来操纵他们的小工具的那种发达的肌肉、敏锐的视力和灵巧的手时，大工业也就得不到充分的发展"[②]。在半艺术性的手工业中出现的是"特殊化和个别化，是单个人的、但非结合的劳动的技能"；在技术大工业中，"技能则不是存在于工人身上，而是存在于

[①] 马克思、恩格斯：《马克思恩格斯选集》第1卷，第187页。
[②] 马克思：《资本论》第1卷，第439页。

机器中，存在于把人和机器科学地结合起来作为一个整体来发生作用的工厂里。劳动的社会精神在单个工人之外获得了客体的存在"。[①] 由此，在现代技术工业时代，劳动沦为雇佣劳动或抽象劳动，它越发失去其原本所有的技艺性质，劳动的特殊技巧越发转变为一种抽象的、无差别的东西，而劳动也越发转变为纯粹抽象或者纯粹机械的活动。

三、未来社会对现代技术时代的超越：从"技术使用人"到"人使用技术"

马克思的技术现代性批判阐明了技术的文明作用，也指证了技术文明作用的历史性限度。因此，技术的有用性知识不能代替人们对技术的反思力量。对现代技术及其所造成的现代性困境的反思，不是要求我们不断地去滥用某种技术以便满足自身无限发展的潜力，而是要求我们去反思和追问人类究竟要过一种什么样的未来生活，并对这种生活实践的目的与技术之间的关联性进行理性的、公开的、自由的讨论。因此，对现代技术的反思实际上可以归结于这样一个问题：日益被技术化的现代文明究竟会给人类的未来生活世界带来什么样的影响和变化？

毋庸讳言，人们对技术进步和人类的生活世界之间关系的反思仍然处在一种自发状态，人们对它的反思仍然是不深入的，有时甚至还未被置于理性讨论的框架之内。我们如何才能真正把握迄今为止在自然史上已经建立起来的技术进步同社会的生活实践之间的联系，把社会在技术

[①] 参见马克思、恩格斯：《马克思恩格斯全集》第30卷，第527页。

上所拥有的不可遏止的潜能同人类现在和未来的实践力量和生活目的合理地联系起来？这主要取决于一种生命政治的形成以及人们的生命政治意识判断力和有效的实践能力，同时也离不开一种未来性的哲学所开启的对技术与人类生活世界之间的关系的反思力量。马克思的现代性批判理论具有很强的现实性和未来性，他创造性地开启了对技术进步与人类生活世界的关系的深刻反思。

马克思说："新思潮的优点又恰恰在于我们不想教条地预期未来，而只是想通过批判旧世界发现新世界。……如果我们的任务不是构想未来并使它适合于任何时候，我们便会明确地知道，我们现在应该做些什么，我指的就是要对现存的一切进行无情的批判，所谓无情，就是说，这种批判既不怕自己所作的结论，也不怕同现有各种势力发生冲突。"① 作为"新思潮"的马克思哲学，其使命是通过对现代市民社会即资产阶级社会的批判，发现"新世界"，建立未来社会，即"自由人的联合体"，实现人类解放，为人类找寻安身立命之本。由此，马克思的现代性批判理论就不能不去探讨现代技术带来的现代性困境，不能不去揭示造成这种人类困境的根源，进而阐明解决问题的思路和方法。

前已阐释，在技术现代性批判问题上，马克思对现代技术始终保持了一种历史辩证法的立场，而且这种技术现代性的历史辩证法批判的目标和立足点乃是人类解放或人的解放，即未来社会，也就是共产主义或自由人的联合体。站在未来社会的立场上，马克思对现代技术进行了历史辩证法的批判。在《在〈人民报〉创刊纪念会上的演讲》中，马克思经典性地表述了现代技术批判的历史辩证法。

归纳起来说：其一，在现代资本主义社会，与其他事物一样，技术

---

① 马克思、恩格斯：《马克思恩格斯全集》第47卷，第64页。

本身就存在自身的反面和矛盾。技术或"机器具有减少人类劳动和使劳动更有成效的神奇力量,然而却引起了饥饿和过度的疲劳。财富的新源泉,由于某种奇怪的、不可思议的魔力而变成贫困的源泉"。其二,在现代资本主义社会,技术所取得的胜利却似乎是以道德败坏为代价而赢得的。"随着人类愈益控制自然,个人却似乎愈益成为别人的奴隶或自身的卑劣行为的奴隶。甚至科学的纯洁光辉仿佛也只能在愚昧无知的黑暗背景上闪耀。"其三,现代社会的技术发明和进步,在结果上似乎都是"使物质力量成为有智慧的生命,而人的生命则化为愚钝的物质力量"。其四,现代工业和科学造成了现代社会的对抗。这种社会对抗在现代的贫困和衰颓之间表现出来了,也在生产力与社会关系之间表现出来了,并且现代社会的这一对抗是"显而易见的、不可避免的和毋庸争辩的事实"。其五,面对现代技术所造成的现代性问题,我们也可以看出各种思潮和党派对待现代技术的不同态度和立场。"有些党派可能为此痛哭流涕;另一些党派可能为了要摆脱现代冲突而希望抛开现代技术;还有一些党派可能以为工业上如此巨大的进步要以政治上同样巨大的倒退来补充。"只有共产主义党派才真正懂得对待现代技术的历史辩证法,看到了现代技术对建立未来社会的历史性作用。"我们不会认错那个经常在这一切矛盾中出现的狡狯的精灵。我们知道,要使社会的新生力量很好地发挥作用,就只能由新生的人来掌握它们,而这些新生的人就是工人。工人也同机器本身一样,是现代的产物。"[①]

这是马克思站在未来社会的立场上对现代技术进行的历史的辩证法的评价。在马克思看来,技术本身是无辜的,没有原罪,技术具有伟大的文明作用,人们处理人与自然关系的能力、生产力的发展速度均通过

[①] 参见马克思、恩格斯:《马克思恩格斯选集》第1卷,第776页。

技术的发明创造而大大提高了，人的物质生活条件也由此而改善，机器具有减少人类劳动和使劳动更有成效的神奇力量。问题在于，在技术时代，似乎人的境况并未因技术本身而得以改善：技术与机器的发明与运用反而导致了饥馑与工人的过度疲惫；技术作为财富的新源泉却又转变成贫困的源泉；技术的胜利，似乎是以道德的败坏为代价换来的；虽然技术让人类控制自然的力量得以提高，但似乎每一个人反倒越发转变为他人与自身卑劣行为的奴隶；科学的纯洁光辉仿佛也只能在愚昧无知的黑暗背景上闪耀；一切发明和进步，似乎结果是使物质力量成为有智慧的生命，而人的生命则化为愚钝的物质力量。由于有了历史唯物主义基础和社会存在论的根据，也由于有了现代社会的历史的本质性原则，由此，马克思坚持了技术现代性批判的历史辩证法，认为技术出现问题的根源不在于技术本身，不在于技术所依据的原理即理论理性本身，而在于对技术原理即理论理性的无限的、不适合的应用，在于技术的资本主义生产方式，即技术使用的资产阶级生产关系，在于生产力与社会关系之间的这种对抗。技术本身没有问题，科技的原理即理论理性被运用于自然是正当的、有效的。因此，马克思说："工业的历史和工业的已经生成的对象性的存在，是一本打开了的关于人的本质力量的书，是感性地摆在我们面前的人的心理学……人是自然科学的直接对象；因为直接的感性自然界，对人来说直接是人的感性（这是同一个说法），直接是另一个对他来说感性地存在着的人。"[1] 然而，如果技术的原理被运用于处理人与人之间的关系，被运用于马克思所说的感性的活动领域、自由自觉的活动的领域，就一定会出现问题。质言之，现代资本主义社会中的技术出现的问题，不在于把技术原理、理论理性运用于自然，而在于把对付

---

[1] 马克思、恩格斯：《马克思恩格斯全集》第3卷，第306—308页。

自然的那些原理运用到处理人与人的关系上。所以,马克思指出,私有制让人类变得"愚蠢而片面",以致只有当一个对象被我们"拥有"的时候,当它对我们来说"作为资本而存在"的时候,当它被我们所"直接占有"、被我们所吃喝穿住、被我们所"使用"的时候,我们才能将它视为自己的。① 在马克思看来,这并不是说感性的活动、自由自觉的活动领域是非理性的;理性还是要坚持的,只是不能仅仅将其作为理论的理性而使用,而只能将其作为实践理性而在实践活动中使用。因此,马克思强调,"全部社会生活在本质上是实践的……直观的唯物主义,即不是把感性理解为实践活动的唯物主义,至多也只能达到对单个人和市民社会的直观"②。

由此可见,从未来社会即人类解放或自由人的联合体的立场看,马克思不是技术和技术进步的敌人。马克思是要立足于未来社会,即人类解放的高度,批判现代技术的资本主义应用方式,揭示现代技术及其文明成果与未来社会之间的关系,创造性地阐释未来社会即共产主义社会以"人使用技术"的状态取代"技术使用人"的状态的理想。

马克思认为,未来社会是对现代技术时代及其成果的积极扬弃。马克思说:"自我异化的扬弃同自我异化走的是一条路。"③ 马克思的意思是:现代技术及现代技术工业时代为未来社会即真正意义上的人类社会或者共产主义社会、为高度发展的生产力和普遍交往提供了条件。在这个意义上,马克思对运用技术(即科技原理)或技术理性处理好人与自然的关系、发展生产力、提高劳动生产率、改善物质生活条件等方面的文明作用有很高的评价。这是因为,未来新社会是以"旧社会的怀抱中所能产生的

---

① 马克思、恩格斯:《马克思恩格斯全集》第3卷,第303页。
② 马克思、恩格斯:《马克思恩格斯选集》第1卷,第135—136页。
③ 马克思、恩格斯:《马克思恩格斯全集》第3卷,第294页。

全部生产力的存在为前提的"①,未来社会要由技术大工业和世界市场的形成来提供前提和条件。马克思的"未来社会理想"与空想社会主义的"未来社会的幻想"之间有着本质性区别。在马克思看来,未来社会或人类解放不是一种人所创造的对象世界的消失状态,"决不是人的采取对象形式的本质力量的消逝、舍弃和丧失,决不是返回到非自然的、不发达的简单状态去的贫困"②。恰恰相反,未来社会不是别的,而是作为现实性的人的本质的纯粹生成,是人的可以达成的对象性本质的真正实现。马克思强调,共产主义的实现需要生产力高度发展和世界普遍交往这两个条件,而这两个条件的达至都离不开现代技术的文明作用。如果说技术的不正当应用必然导致技术的异化,那么,技术运用的新社会形式的出现、技术的异化状态的被克服也需要经济基础和物质条件。技术的不断进步、生产力的发展可以为未来社会提供物质基础和经验基础。因此,马克思认为,共产主义对我们来说并不是"应当确立的状况""现实应当与之相适应的理想";实际上,"共产主义是那种消灭现存状况的现实的运动",而这一运动本身的条件要从现有的前提中产生出来。③

在《资本论》中,马克思也把现代技术时代称作"自然必然性的王国",把未来社会即共产主义社会称作"真正的自由王国"。马克思认为,在必然王国领域,人的需要会扩大,生产力会不断发展,这个领域内的自由只能是"社会化的人、联合起来的生产者,将合理地调节他们和自然之间的物质变换,把它置于他们的共同控制之下,而不让它作为一种盲目的力量来统治自己;靠消耗最小的力量,在最无愧于和最适合于他们的人类本性的条件下来进行这种物质变换"。但作为"目的的本身的人类能力的

---

① 马克思、恩格斯:《马克思恩格斯选集》第1卷,第275页。
② 马克思、恩格斯:《马克思恩格斯全集》第3卷,第331页。
③ 参见马克思、恩格斯:《马克思恩格斯选集》第1卷,第167页。

发挥"的真正的自由王国,它存在于必然王国的彼岸,而自由王国仅在必要性与外在目的规定所要求做的劳动终止之处才可能实现。因此,按照其本性来说,它存在于真正的物质生产领域的彼岸。与此同时,只有建立在必然王国的基础上,这种自由王国才得以繁荣起来,而现代技术所带来的"工作日的缩短是根本条件"。① 正是在这个意义上,马克思说:"资产阶级历史时期负有为新世界创造物质基础的使命:一方面要造成以全人类互相依赖为基础的普遍交往,以及进行这种交往的工具;另一方面要发展人的生产力,把物质生产变成对自然力的科学支配。"②

在马克思看来,共产主义社会是未来技术人类生活世界的新类型,它可以摆脱"技术使用人"的困境,达到"人使用技术"的状态。哈贝马斯认为,技术进步有自身的规律性的这种观点是不正确的,技术进步的方向在很大程度上取决于公众社会的投入和公开讨论。③ 赫拉利也认为,我们生活在一个科技时代,许多人相信,有了科技就能找出所有问题的解答,只要让科学家和科技研发人员继续努力,总有一天我们能在地球上创造天堂;然而,"科学活动并不是处于某个更高的道德和精神层面,而是也像其他的文化活动一样,受到经济、政治和宗教利益的影响","科学并无力决定自己的优先级,也无法决定如何使用其发现","同样的科技,也可能创造出非常不一样的社会"。④ 在斯蒂格勒看来,我们可以依照达尔文的人类进化论来思考技术进化问题,人类依赖于技术替补而进化的过程也就是技术的进化过程。虽然技术的进化没有确定的方向,

---

① 参见马克思:《资本论》第3卷,第928—929页。
② 马克思、恩格斯:《马克思恩格斯选集》第1卷,第862页。
③ 参见哈贝马斯:《作为"意识形态"的技术与科学》,第94页。
④ 赫拉利:《人类简史:从动物到上帝》,第248、255页;《未来简史:从智人到智神》,第359页。

但人类仍然可以运用理性选择能力去主动地筛选、接纳技术,而不是事后被动地适应技术替补。他们表达的意思是:技术问题的解决、技术的发展方向不取决于技术本身,而是取决于一种新的社会机制以及公众对技术发展方向的理性选择和把握。在马克思看来,技术本身没有原罪,要突破现代技术文明的限度,要摆脱现代技术给人类带来的困境,取决于资本主义生产方式的改变,即取决于一种新的、不同于资本生产的技术利用方式的出现,取决于"新生的人"来掌握现代技术。在马克思看来,共产主义社会是未来技术人类生活世界的新类型,这是一种不同于现代社会的"新的技术人类生活共同体"。这种共同体,也就是如恩格斯所说的"新世界"。这个"新世界""新的技术人类生活共同体"以"纯人类道德生活关系为基础"。其中,每一个人都认识到了人类本质的美好,并且具有自由的、人的自我意识以及自由独立的创造力,并最终实现了人和大自然的统一。[①]

在《手稿》中,马克思对这种未来社会技术人类生活世界的新类型(即新的技术人类生活共同体)有经典的表述。马克思说:"共产主义是私有财产即人的自我异化的积极的扬弃,因而是通过人并且为了人而对人的本质的真正占有;因此,它是人向自身、向社会的即合乎人性的人的复归,这种复归是完全的,自觉的和在以往发展的全部财富的范围内生成的。这种共产主义,作为完成了的自然主义=人道主义,而作为完成了的人道主义=自由主义,它是人和自然界之间、人和人之间的矛盾的真正解决,是存在和本质、对象化和自我确证、自由和必然、个体和类之间的斗争的真正解决。它是历史之谜的解答,而且知道自己就是这种解答。"[②]

[①] 参见马克思、恩格斯:《马克思恩格斯全集》第3卷,第520页。
[②] 同上书,第297页。

第五章　马克思的技术现代性批判

在这里，马克思想要说的是，技术的未来发展方向以及文明化的技术发明和技术应用，取决于这种技术人类生活世界新共同体的出现。在这一新的共同体中，技术的发展方向和应用方式由新生的人来掌握，根本改变了技术运用所具有的社会形式与利用方式，以及现代技术工业的生产关系基础。到那时，技术与人的关系是"人使用技术"，而不是"技术使用人"，是技术服从于人，而不是人服从于技术，技术服从于社会财富的创造和人的自由全面发展的需要。在那里，它在既扬弃了那一人对自然的抽象崇拜以及人对人的依赖关系状态即自然人类生活世界的同时，也扬弃了那种使自然界沦为有用物以及人对物的依赖关系状态，即现代的技术人类生活世界，因为它在将现代技术的文明成果加以积极继承的同时，也将克服现代技术文明的缺陷，使人从"技术使用人"的境况中摆脱出来。到那时，它就实现了一种"人使用技术"的全新社会状态，真正地解决了人与自然之间、人与人之间的矛盾，实现了"人的存在即社会的存在"，即人以一种全面的方式——作为一个总体的人，人拥有了自身全面的本质——建立了自由人的联合体，最终实现了人类解放。到那时，"每个人的自由发展是一切人的自由发展的条件"。[1]

在未来社会"人使用技术"的状态中，也就是在共产主义这种技术人类生活世界的新类型中，技术服从于人的全面自由发展的需要，而不是人受制于技术的支配和统治。科学会和技术、工业有机和谐地结合起来。只会有一门科学，即人作为自然和自然作为人的科学，"人是自然科学的直接对象；因为直接的感性自然界，对人来说直接是人的感性（这是同一个说法），直接是另一个对他来说感性地存在着的人，……自然界是关于人的科学的直接对象。……自然界的社会的现实和人的自然科学

---

[1] 参见马克思、恩格斯：《马克思恩格斯选集》第1卷，第422页。

或关于人的自然科学,是同一个说法"①。

在未来社会"人使用技术"的状态中,也就是在共产主义这种技术人类生活世界的新类型中,"技术使用人"的状况被取代,由新生的人掌握技术。这样一来,技术的应用积累起来的巨大生产力、财富仅仅为扩大、丰富和提升人的生活而服务,成了人的自由全面发展的实现手段,而每一个人均可以在艺术、科学等方面获得自由全面的发展。马克思认为,在未来共产主义社会,真正表现为生产和财富的基石的,并非人的直接劳动,或者是人从事抽象劳动所消耗的时间,而是其所占有的人本身的一般生产力,即"人对自然界的了解和通过作为社会体的存在"对于自然界的统治,它是社会个人的全面发展。如果说在现代社会,"盗窃他人的劳动时间"才是财富的基础,那么在未来社会,财富的巨大源泉不再是直接形式的劳动,"劳动时间就不再是,而且必然不再是财富的尺度,因而交换价值也不再是使用价值的尺度,群众的剩余劳动不再是一般财富发展的条件"。在那里,"以交换价值为基础的生产便会崩溃,直接的物质生产过程本身也就摆脱了贫困和对立的形式",个性得到自由全面的发展;在那里,"并不是为了获得剩余劳动而缩减必要劳动时间,而是直接把社会必要劳动缩减到最低限度";在那里,"由于给所有的人腾出了时间和创造了手段,个人会在艺术、科学等等方面得到发展"。②

在未来社会"人使用技术"的状态中,也就是在共产主义这种技术人类生活世界的新类型中,技术原理即技术理性运用的矛盾得到克服,技术的文明作用和积极成果得到最好的体现,使用技术造成的问题得到解决,人与自然之间以及人与人之间的关系得到真正解决,技术工业所

---

① 参见马克思、恩格斯:《马克思恩格斯选集》第1卷,第301页。
② 参见马克思、恩格斯:《马克思恩格斯全集》第31卷,第100—101页。

第五章 马克思的技术现代性批判

造成的那种把自然界仅当作有用物和抽象的客体的状况得到克服,人类与自然的联合得以实现,一种新的"人化自然"成为现实。诚如马克思所说:"自然界的人的本质只有对社会的人来说才是存在的;因为只有在社会中,自然界对人来说才是人与人联系的纽带,才是他为别人的存在和别人为他的存在,只有在社会中,自然界才是人自己的人的存在的基础,才是人的现实的生活要素。只有在社会中,人的自然的存在对他来说才是自己的人的存在,并且自然界对他来说才成为人。因此,社会是人同自然界的完成了的本质的统一,是自然界的真正复活,是人的实现了的自然主义和自然界的实现了的人道主义。"①

马克思的技术现代性批判思想,尤其是他阐释的未来社会即共产主义社会"人使用技术"将取代"技术使用人"的思想,对于我们反思当下的人工智能问题具有重要的意义。虽然在马克思生活的时代,科技基础和科技的发展状况与21世纪有本质区别,我们也不能强求他准确预见到今天人工智能等新兴技术的成就及其影响,但是,马克思关于未来社会技术人类生活世界新类型的设想会慢慢变成现实。比如,马克思关于未来社会将出现"人不再从事那种可以让物来替人从事的劳动"的设想逐步变成了现实。马克思说:"这种普遍的勤劳,由于资本的无止境的致富欲望及其唯一能实现这种欲望的条件不断地驱使劳动生产力向前发展,而达到这样的程度,以致一方面整个社会只需用较少的劳动时间就能占有并保持普遍财富,另一方面劳动的社会将科学地对待自己的不断发展的再生产过程,对待自己的越来越丰富的再生产过程,从而,人不再从事那种可以让物来替人从事的劳动——一旦到了那样的时候,资本的历史使命就完成了。"②

---

① 马克思、恩格斯:《马克思恩格斯全集》第3卷,第301页。
② 马克思、恩格斯:《马克思恩格斯全集》第30卷,第286页。

同样，马克思提出了未来社会财富的创造较少地取决于劳动时间、较多地取决于科学水平和技术进步的设想，这种设想也已经变成了现实。马克思说："随着大工业的发展，现实财富的创造较少地取决于劳动时间和已耗费的劳动量，较多地取决于在劳动时间内所运用的作用物的力量，而这种作用物自身——它们的巨大效率——又和生产它们所花费的直接劳动时间不成比例，而是取决于科学的一般水平和技术进步，或者说取决于这种科学在生产上的应用（这种科学，特别是自然科学以及和它有关的其他一切科学的发展，本身又和物质生产的发展相适应）。"[1] 近年来，人工智能、生物技术、基因技术等新兴技术迅猛发展，这是势不可挡的；它们将给未来社会和人类带来广泛而深刻的影响，这也是不容否认的事实。马克思的技术现代性批判思想具有创造性、现实性、高远性，也有持久的生命力，它可以为我们关注和讨论技术与现代性问题、技术与未来社会的关系问题提供重要的思想资源。

---

[1] 马克思、恩格斯：《马克思恩格斯全集》第31卷，第100页。

第六章
马克思的现代性批判理论与中国式现代化新道路

马克思的现代性批判理论揭示了现代社会即现代资本主义社会的历史的本质性，揭示了资本现代性的历史前提及其限度，阐明了现代性问题上的历史辩证法。尤其重要的是，通过对资本主义生产方式及其矛盾运动的分析，马克思切中了现代社会的社会现实，揭示了现代社会的本质规定和基本建制，阐明了资本主义文明的历史作用及其限度，指证了西方现代性的历史性质和阶段性特征，以及未来社会文明新类型的可能性。这些是马克思的现代性批判理论最富有创造性的内容。马克思的现代性批判理论对于中国式现代化具有重要意义。同时，我们也可以发现，这种意义从来都不是现成的东西，而是历史生成的东西。马克思的现代性批判理论对于中国式现代化的意义，取决于我们对于马克思的现代性批判理论本身的理解和阐释，取决于我们能否真正地把它把握为思想，并揭示其中所蕴含的历史的本质性原则、社会现实原则、历史辩证法原则；取决于我们能否揭示马克思的现代性批判理论的科学抽象与具体化的纲要之间的辩证关系；取决于我们能否真正领会马克思所揭示的资本主义文明的历史性限度及其未来文明新类型的可能性；取决于我们能否从上述原则高度理解中国式现代化道路的历史特殊性、差异性、巨大的文明成就和世界历史意义；取决于我们如何深入到当下中国的历史的本质性中，把握到中国的社会现实，并参与到中国特色社会主义现代化的伟大实践和中华民族伟大复兴的实践中，进而开启人类文明新形态。

马克思的现代性批判理论不是教条，不是那种缺失了历史的本质性的主观思想，不是那种抽象的现代性意识。恰恰相反，马克思的现代性批判理论是历史唯物主义和历史辩证法的统一，是科学的抽象与具体化的纲要的统一，是理论与实践的统一，是思想性与时代性的统一。随着改革开放以来尤其是党的十八大以来中国特色社会主义道路或中国式现代化新道路之实践的拓展和深化，探讨马克思的现代性批判理论对于中国式现代化道路的意义，显得尤其迫切。马克思的现代性批判理论固然有其理论和学术维度，有其自身的基本规范体系和范畴，但其思想和学术的基础及生命力始终扎根于时代的社会现实之中。同样，借助于马克思的现代性批判理论所揭示的历史的本质性和社会现实原则，借助于马克思的现代性批判理论所揭示的资本的本质、历史的辩证法、资本主义文明的限度等思想，我们可以立足于中国社会的历史性实情，把握当代中国的社会现实，加强我们对中国道路的必然性、特殊性和开启未来人类文明新类型的理解，提升我们对中国式现代化的"四个自信"，从而加深我们对新时代中国特色社会主义思想的理解。

因此，我们从以下四个相互关联的方面来阐释马克思的现代性批判理论对于中国式现代化新道路建构的意义：马克思的现代性批判理论揭示了西方现代性的历史前提和限度，说明了资本现代性是有其特定的历史前提和限度的，阐明了现代性的辩证法，揭明了中国式现代化对待资本主义文明的辩证立场；马克思的现代性批判理论是科学的抽象和具体化纲要的统一，是历史唯物主义的社会存在论基础与具体的辩证法的统一，把握这种统一，就可以理解它对中国式现代化新道路的意义，理解中国式现代化的实践；马克思的现代性批判理论揭示了现代社会的历史的本质性，把握到了现代社会的社会现实，从而为我们把握当代中国的社会现实、理解中国式现代化的实践提供了指引；马克思的现代性批判

第六章　马克思的现代性批判理论与中国式现代化新道路

理论指证了资本主义文明的历史性限度及其被未来新文明类型取代的必然性。由此，我们可以发现，当下中国式现代化道路及其富有勃勃生机的历史性实践，是一种完全不同于资本主义文明的道路和实践，是一种人类文明新类型的生成。在这几个层面上，我们可以加深对马克思的现代性批判理论对于中国式现代化新道路意义的理解，也可以加深对中国式现代化本身的理解。

一、资本现代性的历史前提和限度与马克思的现代性批判理论的辩证法

马克思的现代性批判理论的当代意义，包括它对中国式现代化新道路建构的意义，遭到了很多人的质疑。这并不奇怪，因为自马克思主义诞生起，这种质疑就一直没有停止过，只是随着20世纪90年代苏联解体、东欧社会主义剧变，这种质疑声在以新自由主义为主要代表的当代资本主义意识形态中更加气势汹汹罢了。"马克思主义过时了""共产主义大面积塌方了""告别革命""资本没有替代物""历史终结了""除了资本主义，别无选择"等，成了反思和质疑马克思的现代性批判理论的流行口号和基本命题。这种种针对马克思的现代性批判理论的质疑，其主要的观点是：马克思的现代性批判理论没有现实的解释力了，已经过时了，因为被马克思批判的对象——资本、现代资本主义社会、资本主义文明——不但没有消亡和衰败的迹象，反而是越来越获得了所谓"普遍性的形式"，以至于让其他任何国家和民族都"别无选择"；马克思的现代性批判理论所阐释的许多观点和结论，如阶级分析和阶级对立、无产

阶级革命、工人的贫困化、共产主义的按需分配原则等，都不符合当代资本主义社会的实际情况了，马克思所说的那些情况都没有出现。因此，他们用这些所谓的"事实或经验的反证据"来声称驳倒了马克思的现代性批判理论。

问题的关键是，马克思的现代性批判理论从任何意义上说都不是知性科学或实证科学。因此，那些以种种所谓"事实或经验的反证据"来宣称自己已经证伪了马克思的未来社会构想的说法，无不变得可疑了。

这种种质疑是对马克思的现代性批判理论的严重误读。从思想根源上看，这种误读与意识形态领域本身长期以来的纷争相关：有长期以来尤其是第二国际的理论家形成的对马克思主义的教条主义解释模式的原因，有对马克思主义进行实证主义解释的原因，有对马克思的共产主义理论进行宗教化的解释的原因。但是，其中最主要的原因是：对马克思的现代性批判理论进行知性科学的解释，忽视了马克思的现代性批判理论的历史唯物主义基础和社会存在论根据，没有看到马克思的现代性批判理论在历史性原则和辩证法上的真正创造性，从而流于对马克思的现代性批判理论进行抽象化、形式化的空疏理解。

我们要追问的是，马克思的现代性批判理论可以被当作知性科学来理解吗？马克思的现代性批判理论的历史唯物主义基础和社会存在论定向可以这样来解读吗？马克思的现代性批判理论根本就不是任何意义上的知性科学或实证科学，也不是任何意义上的现代性意识，而是历史科学，是对现代资本主义社会的历史的本质性的揭示，是对现代社会的历史前提、本质真相和来历的揭示，是历史性和辩证法的统一。因此，上述种种声称以当代资本主义社会的所谓"事实或经验的反证据"驳倒了马克思的现代性批判理论的说法，是极其可疑的，是一种意识形态的虚妄和偏见。

第六章　马克思的现代性批判理论与中国式现代化新道路

马克思的现代性批判理论的核心内容和意义是，在历史唯物主义基础上，以社会存在论为根据，揭示了现代资本主义社会的历史前提、本质真理和来历，指出了资本主义文明的历史性作用和历史性限度，为现代社会的批判获得了历史唯物主义的基础和定向。这是马克思的创造性贡献，也是马克思的现代性批判理论区别于其他现代性意识或意识形态、国民经济学、无批判的实证主义、空想社会主义的根本所在。换言之，我们必须基于历史的本质性或历史性原则而不是所谓"知性范畴"和所谓"事实或经验的反证据"来理解马克思的现代性批判理论。在马克思看来，资本的躯体是可以经常改变的。实际上，它在当代资本主义社会也确实经常改变，但是不会因此而使资本的本质和资本主义社会的历史性本质发生丝毫改变。因此，我们判断马克思的现代性批判理论的当代意义、生命力和解释力，就不能仅立足于资本的躯体所发生的变化来判断，而是要立足于资本主义社会的历史的本质性来判断。只要资本的本质没有改变，只要资本仍然是当代社会的支配权力，只要当代社会仍然受制于资本主义生产方式、受到资本原则的支配或统治，那么，马克思的现代性批判理论就不会过时，就仍然具有重要的时代意义。在这个意义上可以说，与新自由主义那种对马克思的现代性批判理论的误读和意识形态偏见相比，萨特、沃勒斯坦、凯尔纳、布罗代尔等思想家对马克思思想生命力和当代意义的评价要公允得多。他们都看到了当代资本主义社会的历史的本质性没有变化的实情，从而得出了比较客观的结论。针对类似于"马克思主义过时论"的论调，萨特有很多批评。尽管萨特被海德格尔批评为没有把握到历史的本质性，但萨特还是看到了，马克思揭示了现代资本主义社会的历史性。因此，他对马克思思想的当代意义有很高的评价。萨特说："马克思主义非但没有衰竭，而且还十分年轻，几乎是处于童年时代：它才刚刚开始发展。由此，它仍然是我们时代的哲学：它是不可超越的，因为产生它的情势还没有被超越。"① 针对马克思的现代性批判理论被当作已经死亡的现代性意识来解读的情况，沃勒斯坦也说："已经死亡的是作为现代性理论的马克思主义，这一理论是与自由主义的现代性理论一起被精心制造出来的，而且它确实在很大程度上受到自由主义的激励。而没有死亡的是作为对现代性及其历史表现，即资本主义的世界经济进行批判的马克思主义。"② 因为这个时代仍然是马克思一直强调的资本主义时代、"资本是资产阶级社会支配一切的经济权力"的时代，所以，马克思的现代性批判理论仍然有生命力和当代价值。对此，美国思想家凯尔纳说："我们仍然生活在资本主义社会，并且，只要我们还生活在资本主义社会，那么马克思主义将仍然是合乎时宜的。"③ 法国历史学家布罗代尔强调了马克思思想对历史性原则的发现的贡献，认为马克思揭示了现代社会历史长时段的本质和特征。因此，他高度评价马克思思想的意义。布罗代尔说："马克思的天才，马克思的影响经久不衰的秘密，正是他首先从历史长时段出发，制造出真正的社会模式……马克思主义是上个世纪中最有影响力的社会分析；它只能在长时段中恢复和焕发青春。"④

马克思说，"新思潮"的优点在于我们不想教条地预期未来，而只是想通过批判旧世界发现新世界，因此，就是要对现存的一切进行无情的批

---

① 萨特：《辩证理性批判》上卷，林骧华、徐和瑾、陈伟丰译，安徽文艺出版社，1998年，第28页。
② 沃勒斯坦：《苏联东欧剧变之后的马克思主义》，载俞可平主编：《全球化时代的"马克思主义"》，中央编译出版社，1998年，第13页。
③ 凯尔纳：《正统马克思主义的终结》，载俞可平主编：《全球化时代的"马克思主义"》，第35页。
④ 布罗代尔：《资本主义论丛》，顾良、张慧君译，中央编译出版社，1997年，第202—203页。

第六章 马克思的现代性批判理论与中国式现代化新道路

判,"从世界的原理中为世界阐发新原理"。[1] 在《〈黑格尔法哲学批判〉导言》中,马克思也认为,真理的彼岸世界消逝以后,历史的任务就是确立此岸世界的真理;人的自我异化的神圣形象被揭穿以后,揭示具有非神圣形象的自我异化,就成了为历史服务的哲学的迫切任务。[2] 马克思想要表达的意思是,揭示现实世界的真理以及现代社会的历史性原则,才是现代社会批判的核心任务。因此,他所说的"为历史服务",也不是为那种仅仅是外在历史形式的理论认识即历史学服务。他并非要将历史当作纯粹的对象来研究,而是要揭示历史原则,要为历史性或历史的本质性服务,这才是现代性批判理论的任务。在这个意义上可以说,历史唯物主义的基础和定向,对现代社会的历史的本质性的揭示,对现代资本主义社会的历史性的揭示,是马克思的现代性批判理论的创造性贡献和核心内容。在这个意义上可以说,马克思的现代性批判理论是历史科学,而不是任何意义上的知性科学或实证科学,不是任何一种意义上的现代性意识或现代性意识形态。马克思的现代性批判理论本质上是一种历史科学。

马克思不像黑格尔等哲学家那样,从理性、主体性、自我意识等出发来规定现代社会的内在本质和基本特征,而是在感性的活动的社会存在论意义上、在历史唯物主义基础上揭示了现代社会的本质规定和基本特征,并展开了对资本主义生产方式和经济基础的批判。在马克思看来,社会存在决定社会意识,意识只是被意识到了的存在,而存在就是人们的现实生活过程。因此,社会历史的基础包括现代社会历史的基础不是在意识、观念和想象的天国,而是在人间、世俗世界、尘世的粗糙的物质生产中。历史的前提是现实的人,是他们的活动和他们的物质生活条

---

[1] 参见马克思、恩格斯:《马克思恩格斯全集》第47卷,第64、66页。
[2] 参见马克思、恩格斯:《马克思恩格斯选集》第1卷,第2页。

件。生产方式及其架构、生产力和生产关系的矛盾运动、经济发展及其所需要的架构是社会历史的基础和动力。在马克思看来，生产力和交往形式之间的矛盾才是一切历史冲突的根源。通过对现代社会生产方式的揭示、对资本主义生产关系的揭示、对资本生产本质的揭示，马克思为现代性批判提供了历史唯物主义基础和社会存在论根据。在马克思看来，现代社会就是现代资产阶级社会，资本主义生产方式和资产阶级生产关系是其基础和历史性的本质，现代文明也就是资本主义文明。这是马克思的现代性批判理论的划时代贡献。正是在揭示了现代社会的历史的本质性的意义上，海德格尔对马克思有很高的评价。在他看来，马克思主义关于历史的观点之所以比其他的历史学要优越，是因为前者使异化问题深入了历史的本质性的维度；而诸如胡塞尔和萨特的现象学与存在主义则并没有在存在中认识到历史事物的本质性，没有达到马克思所达到的维度。在他看来，只有在谈论异化问题时达到这一维度，才有资格与马克思主义交谈。[1] 对此，他进一步认为，如果说马克思以前的哲学只是在知性科学面前亦步亦趋，那么可以说，只有马克思哲学才突破了这一局限，发现了现代社会的双重现实，即经济发展与经济发展所需要的上层架构的双重性。[2]

从现代性批判的角度看，历史唯物主义就是要把握人类社会的历史性原则，揭示人类社会历史尤其是现代社会发展的过程和规律，说明现代资本主义生产方式的历史性质，揭示现代资本主义社会的历史前提、本质真相和来历，揭示现代资本主义社会在特定历史时期存在的必然性，揭示资本主义生产方式和资本主义文明在超过特定历史时期时被扬弃的

---

[1] 参见海德格尔：《海德格尔选集》上卷，第383页。
[2] 参见费迪耶等辑录：《晚期海德格尔的三天讨论班纪要》。

第六章 马克思的现代性批判理论与中国式现代化新道路

必然性,指证资本主义文明的历史性限度。马克思的现代性批判理论就是由此建基并获得根据的。马克思对现代性意识形态即现代性"观念论副本"的批判、对资本现代性的批判、对技术现代性的批判,总之,对现代性的形而上学批判以及对作为现代社会基本建制的资本、现代技术的批判,都是在历史唯物主义基础上展开的,具有社会存在论的根据。我们也可以说,马克思的现代性批判理论是在揭示了现代资本主义社会的历史性的前提下而得以展开的,是对历史性批判的说明、分析和具体化。

马克思建立在历史唯物主义基础上的现代性批判理论,揭示了现代资本主义社会的历史前提、本质真相和来历。这就说明:

第一,资本主义社会不是自然的产物,而是历史长期发展的产物。资本主义生产方式和资本主义文明根本不可能是自然规律,而是特定历史阶段的特定的存在,是资本主义生产方式历史性地战胜前现代社会生产方式的结果,是劳动历史性地转变成抽象劳动或雇佣劳动的结果,是资本的生产方式及其资产阶级私有制的结果,是资本和劳动历史性地分离的结果。因此,任何把现代资本主义社会看作自然的、超历史的、永恒的存在的观点,都是缺失了历史的本质性维度,都是现代性的意识或现代性的意识形态。所以,马克思才不遗余力地对各种现代性的意识形态和"观念论副本"进行批判。

第二,要根据资本的本质和资本主义生产方式而不是会经常变化的资本的躯体来判断现代社会的根本性质和时代特征。在马克思看来,资本的本质和现代资本主义生产方式的本质是现代社会的历史的本质性,而其表现形式和资本的躯体可以变化,也会经常变化。这就是说,资本主义生产方式和资本主义文明是一种历史性的、暂时性的和具有历史过渡性质的存在,这是由它的历史的本质性或历史性决定的。这是一种具有历史必然性的规律,但是这种规律发生作用的过程本身也是历史性的,它取决于现实的、具体的历史性实情和条件。不能以这种资本的历史的本质性和规律性来否定具体的历史性实情的变化性,更不能以具体的历史性实情的变化性来否定资本主义生产方式和资本的历史的本质性和规律性。因此,马克思强调,现代社会并非某种具有坚实性的结晶体,而是一种不断处于变化过程中的有机体。马克思在《〈政治经济学批判〉序言》中指出:"无论哪一个社会形态,在它所能容纳的全部生产力发挥出来以前,是决不会灭亡的;而新的更高的生产关系,在它的物质存在条件在旧社会的胎胞里成熟以前,是决不会出现的。所以人类始终只提出自己能够解决的任务,因为只要仔细考察就可以发现,任务本身,只有在解决它的物质条件已经存在或者至少是在生成过程中的时候,才会产生。"[1]

从这里我们可以发现,马克思的现代性批判理论不能仅仅被理解为一种受限于黑格尔批判所导致的研究视野的转变。按照这种理解,马克思前期只是重视对生产方式和经济基础的揭示和批判,忽视对国家、政治和文化等上层建筑的揭示和批判,是受制于黑格尔"政治国家决定市民社会"的观点;因此,马克思在研究视野上实现了批判性的转换,变成了"市民社会决定政治国家"的视野;进而认为马克思晚期发现了这种视野的问题,从而又转换到对上层建筑对于经济基础反作用的阐释。这种理解仍然忽视了马克思的现代性批判在历史唯物主义与生产方式上的定向,也就忽视了马克思对于现代社会的历史的本质性与历史性的揭秘。实际上,马克思对现代资本主义社会的历史性的批判,其本身就是对现代资本主义社会的生产方式、经济基础及其所需要的架构的揭示,而这种架构本身就包括上层建筑架构,是历史性原则和历史性批判必然展开和应该具有的内

---

[1] 马克思、恩格斯:《马克思恩格斯选集》第2卷,第3页。

第六章　马克思的现代性批判理论与中国式现代化新道路

容，其中不存在马克思早期不重视上层建筑反作用的问题。

从这里我们也可以发现，依据当代资本主义社会所谓"事实或经验的反证据"来指责马克思的现代性批判理论，认为马克思主义已经过时了、没有生命力了的种种思潮和观点，是不能成立的，是一种现代资产阶级的意识形态。这是因为，诸如"阶级对立的消失""工人的贫困的消失""福利国家""资本主义社会的社会主义革命的消失""晚期资本主义国家的干预"等所谓"事实或经验的反证据"，从马克思的现代性批判的历史唯物主义基础和历史性原则的意义上说，都是资本的躯体的变化。这些情况的变化只能说明资本主义生产方式和资本本质的变化形式的调整，这是在"它所能容纳的全部生产力发挥出来以前，是决不会灭亡的"范围内的调整和变化，但是并不能够改变资本主义生产方式和资本的本质，不会改变它们的历史的过渡阶段的性质。这只能说明，资本主义生产方式和资本的运动规律发生作用的历史性实情和条件有变化。但是，这种形式的变化不会改变它的根本性质，因为马克思所说的资本主义生产方式和资本运动的规律本身就不是形式规律，而是有其客观的历史性内容的。

第三，历史的本质性或历史性的揭示中包含着辩证法。马克思的辩证法强调，在对现存事物进行肯定性理解的同时也包含着对它的否定性理解，即包含着对现存事物必然灭亡的理解。辩证法是从运动的永恒性即现存事物本身的暂时性方面来理解事物的，辩证法就其本质来说是批判的和革命的，它不会崇拜任何东西。[1] 对于马克思的辩证法，卢卡奇说："历史是辩证方法的自然的、唯一可能的生存因素。"[2] 卢卡奇的这个评价对于黑格尔、马克思的辩证法来说，尤其正确。在黑格尔那里，历史性

---

[1] 参见马克思：《资本论》第1卷，第12—13、22页。
[2] 卢卡奇：《历史与阶级意识》，第225页。

或历史原则和辩证法是一致的,甚至历史性或历史原则就是辩证法。这是因为,在黑格尔那里,历史的运动和展开就是理念从自身出发返回到自身的过程,是理念在其各个发展环节揭示自身为辩证运动,是把作为哲学内容的现实本身理解为自我活动。因此,历史原则就是思辨辩证法。对此,马克思、恩格斯在许多地方都把这一点指证出来了。比如,恩格斯说,"黑格尔的思维方式不同于所有其他哲学家的地方,就是他的思维方式有巨大的历史感做基础。形式尽管是那么抽象和唯心,他的思想发展却总是与世界历史的发展平行着……真正的关系因此颠倒了,头脚倒置了,可是实在的内容却到处渗透到哲学中"[1];同黑格尔比较起来,"费尔巴哈的惊人的贫乏又使我们诧异",法、经济、政治等社会历史的实存"对费尔巴哈是一个不可通过的区域"[2]。

马克思批判和颠覆了黑格尔的思辨辩证法的存在论基础,把辩证法的基础定向于社会存在,即人们的现实生活过程,从而拯救了辩证法,同时也拯救和保留了历史原则或历史性。在马克思看来,历史原则不是抽象的思辨,不是像黑格尔那样只是为历史运动找到抽象的、逻辑的、思辨的表达;相反,历史原则就是在人们的现实生活过程中发源的,是现实的人的现实的历史。因而,必须始终将人类的历史与工业及交换的历史放在一起进行研究和探讨;必须通过直接生活的物质生产来阐释现实的生产过程,即是说,将由特定生产方式所产生的并且与之紧密相连的交往形式——即各个不同阶段上的市民社会——理解为整个历史的基础。因此,"这种历史观和唯心主义历史观不同,它不是在每个时代中寻找某种范畴,而是始终站在现实历史的基础上,不是从观念出发来解释

---

[1] 参见马克思、恩格斯:《马克思恩格斯选集》第2卷,第42页。
[2] 参见马克思、恩格斯:《马克思恩格斯选集》第4卷,第236—237页。

第六章 马克思的现代性批判理论与中国式现代化新道路

实践,而是从物质实践出发来解释各种观念形态"[①]。

由此可见,在马克思那里,现实的历史与辩证法是一体的,历史的原则或历史性就是人的感性的活动的发展和展开过程,是人们的现实生活的生成过程。因而,"生成表现为存在的真理,过程表现事物的真理。这就意味着,历史发展的倾向构成比经验事实更高的现实"[②]。马克思依据历史原则及其辩证法,揭示了资本主义社会的历史前提、本质真相和来历,也划定了现代性批判理论的原则界限。

在一定意义上可以说,马克思的现代性批判的主要目的就是澄清前提、划定界限。所谓"澄清前提",就是澄清资本主义社会的历史前提,揭示现代社会的本质真相和来历,指证资本主义社会的历史性、暂时性和过渡性,阐明资本主义社会被未来社会超越的必然性,破除把资本主义社会和资本主义文明当作自然的、超历史的、永恒的神话的倾向。在此基础上,马克思展开了对各种现代性意识或现代性意识形态的批判。这些现代性意识有多种多样的表现形式。但是,它们本质上都忽视了资本主义社会的历史性,把现代社会当作超历史的、永恒的神话;它们都把资本主义生产方式和资产阶级生产关系社会当作自然的前提,而从未批判地考察这种前提和基础,更没有否定和动摇这种前提和基础,进而把资本主义社会和资本主义文明看成超历史的、永恒的、普遍的,最终陷入现代性的意识形态。所谓"划定界限",就是指马克思在对现代性或资本主义社会进行历史的批判的同时,既划定了与无批判的实证主义之间的界限,又划定了与伦理批判主义、浪漫主义或空想社会主义之间的原则界限,从而坚持了对资本主义社会或资本主义文明的辩证立场。

[①] 马克思、恩格斯:《马克思恩格斯选集》第1卷,第172页。
[②] 卢卡奇:《历史与阶级意识》,第268—269页。

从范围来看，从《德法年鉴》时期开始，一直到《哥达纲领批判》，马克思的现代性批判都坚持了辩证法立场。从大致内容来看，马克思在进行现代性政治即政治解放或现代解放批判的时候，既揭示了现代解放及其自由、平等权利的抽象性和形式性，认为政治解放仍然是市民社会范围内的解放，导致人的社会生活的二重性，又承认政治解放是一个巨大的进步，是人类解放的必需阶段。在批判抽象劳动或异化劳动的时候，马克思既批判了异化劳动给人造成的抽象性和自我异化境况，导致了资本和劳动之间的对立，产生了私有制和人与人之间的对立，又承认"自我异化的扬弃和自我异化是同一条路"。在批判资本主义生产方式和资本主义文明的时候，马克思批判了它们的对抗性质和必然灭亡的命运，指证了它们是造成一切现代社会的冲突、矛盾和人的存在的异化状况的根源，同时又承认它们的历史作用和伟大的文明作用，认为它们创造了高度发展的生产力和开辟了世界历史，从而为未来共产主义社会提供了前提和基础，为人的全面自由发展创造了条件。在批判资本现代性的时候，马克思既揭示了资本的本质及其给现代社会和人的生活世界带来的困境，同时又高度评价了资本的伟大文明作用。在对现代技术进行批判时，马克思既揭示了技术的历史性质和社会形式，批判了现代技术造成的异化状况，同时又承认现代技术在发展生产力和改变人的生活方式方面的重要作用。卢卡奇曾经指出，"什么是正统马克思主义"的课题，实际上就是要如何坚持马克思的辩证法的问题。从现代性批判理论的辩证法来看，卢卡奇的这个判断是准确的。卢卡奇指出，"正统马克思主义"并不意味着无批判地接受马克思研究的任何结果，它不是对这个或那个论点的信仰，也不是对某本圣书的注释。恰恰相反，马克思主义所具有的正统性指的是方法上的正统性；即是说，这一正统性是要坚持这样一种信念：必须将辩证的马克思主义理解为正确的研究方法，而这种方法也必

第六章　马克思的现代性批判理论与中国式现代化新道路

须按照马克思所奠定的方向进行发展、扩大与深化,任何想要克服它或者"改善"它的企图已经而且必将导致肤浅化、平庸化和折中主义。[1]坚持马克思的现代性批判理论的辩证法,才能真正划定与各种现代性意识之间的原则界限,与各种伦理批判主义、浪漫主义批判之间的原则界限,从而领会和把握马克思的现代性批判理论的实质和目的。坚持现代性批判问题上的辩证法,是马克思的现代性批判理论区别于其他现代性话语的重要标志。伊格尔顿认为,在赞美现代的巨大成就方面,马克思主义大大超越了未来主义;但与此同时,马克思主义又在其对这一时代的无情谴责方面大大超过了"反资本主义的浪漫派"。可以说,马克思主义同时是启蒙运动的后裔以及资本主义的内在批判者。因此,以当前西方文化论争中时髦肤浅的对现代主义的赞成或反对的现成说法,来对马克思主义进行轻率的界定,无疑是极其错误的,因为相较于这些肤浅的说法,唯有马克思主义仍然在旗帜鲜明地坚持着辩证法思想。而在马克思本人看来,"现代历史是文明和野蛮不可分割的历史,既与浪漫主义的怀旧思想相对立,也与现代化的自鸣得意相抵触"[2]。

马克思的现代性批判理论及其现代性问题上的历史辩证法,对于我们正在进行的中国式现代化及其实践具有重要的指导意义。

任何一种现代性都有其特定的、仅仅属于自己的历史前提,中国式现代化新道路(即中国特色社会主义道路,或者我们可以称之为"中国道路")注定只能并且必须立足于我国的历史前提,走出具有中国特色的社会主义的现代化新路。这是马克思的现代性批判理论指引和告诫我们的最重要内容。在马克思看来,西方现代性,即资本主义社会的现代性,

---

[1] 参见卢卡奇:《历史与阶级意识》,第47—48页。
[2] 参见伊格尔顿:《历史中的政治、哲学、爱欲》,第108页。

不是自然的，而是历史性的，它有其特定的历史前提；这种历史前提是既定的，不是假定的。西方现代性是以资本主义生产方式和资产阶级私有制生产关系为基础的现代性，这是历史地形成的现代性的性质和道路，不是理性和自由意志的产物。资本主义现代性是在私有制和资本生产基础上展开的现代性，这种现代性有其历史的文明作用，但也有其自身不可克服的历史性限度。显然，中国式现代化的历史前提根本上不同于西方资本主义现代性的历史前提。这一点，自鸦片战争之后中国刚刚开启现代化之路时，就已经是历史既定的事实。历史也已经多次证明了，中国不可能脱离自身的历史前提和条件，走上一条和西方一样的现代化道路。也就是说，中国选择的不是资本主义性质的现代化道路，而是社会主义性质的现代化道路。这是历史的必然选择，不是任何人出于主观意志的任意选择的结果。只有那种偏好事后抽象地假定历史的人，才会无视这种历史前提和历史性实情。

既然中国式现代化的历史前提是既定的，是历史必然的选择，那么，这对于我们的现代化道路意味着什么呢？这意味着我们的现代化道路的历史前提和条件的不可移易性和不可任意选择性，意味着我们的现代化道路面临着和西方资本主义现代化道路根本不同的历史前提。自新中国成立以来，尤其是改革开放以来，我们开启了中国特色社会主义道路。特别是党的十八大以来，我国的现代化事业发生了深层次的、根本性的历史性变革，中国特色社会主义进入了新时代，这是我国现代化事业发展新的历史方位，是中国特色社会主义道路、中国式现代化得以深入展开的"新的历史条件"。我们任何时候都不能有意和无意地遗忘中国式现代化道路尤其是当下新时代中国特色社会主义的历史前提和新的历史条件，这是根本上不同于西方资本主义国家的现代化的历史前提和条件。历史前提和历史性实情不同，必然历史性地形成不同的现代化道路、理论、制度、文化以及现代化的目标、任务和途径。这种选择是历史性的，而不是主观任性的。这意味着我们只能且必须历史性地选择中国特色社会主义道路，走中国式现代化新道路。从根本性质上说，我们的现代化道路是社会主义定向的，而不是资本主义定向的；从立足点上说，是中国的现代化道路定向的，而不是任何其他国家的现代化道路定向的；从路径和目标上说，我们是现代化定向的，而不是任何其他模式的封闭的、倒退的非现代化甚至反现代化定向的。这三个方面的定向的统一，构成对"中国道路"的基本规定。这种规定本身也是历史性的，而不是人的任意、主观的规定。因此，从马克思的现代性批判理论对中国式现代化的意义上说，我国的现代化道路只能是中国特色社会主义道路。这是一条立足于中国既定的历史前提和历史条件的社会主义现代化道路，而不是任何意义上的资本主义现代化道路；这是一条中国特色社会主义道路、理论、制度、文化不断发展，拓展了发展中国家走向现代化的途径的道路，而不是模仿、照搬照抄西方资本主义国家现代化发展模式的道路；这是一条全国各族人民不断创造美好生活、实现中华民族伟大复兴的现代化道路，而不是一条落后、贫困、停滞不前的闭关自守的反现代化道路。我国的现代化的既定历史前提和条件决定了，中国特色社会主义道路、中国式现代化新道路或中国道路，既不能走封闭僵化的老路，也不能走改旗易帜的邪路，而只能走中国特色社会主义道路。

西方的资本主义现代性有其特定的历史前提和条件，有其历史性的文明作用；同时，以资本为基础的现代资本主义文明又有其历史性限度。因此，在对待西方现代性的总体立场上，我们需要采取辩证的立场。在建构中国式现代化道路的同时，我们必须以开放的胸怀学习借鉴西方国家积极的文明成果和发展经验；这些积极的文明成果和发展经验既包括物质、技术层面的，包括优秀文化精神层面的，也包括国家治理体系和治理能力现代化层面的。同时，我们也不可能离开自己的历史前提和条件，一味地照搬照抄西方现代性的道路、模式和经验。资本主义现代性开创了世界历史。并且，自鸦片战争以后，中国的现代化就历史性地、部分地从属于资本主义文明。这也是历史性地形成的，由不得我们自由任意的选择。尽管时代在变化、社会在发展，尽管我国日益走近世界舞台中央，国际影响力、感召力、塑造力进一步提升，但我们要承认，我们仍然没有从根本上摆脱这种对西方资本主义文明历史的、部分的从属地位。也就是说，我们依然处在马克思所指明的历史时代，即资本主义时代，我们至今仍然生活在马克思所阐明的发展规律之中。资本主义现代性和资本主义文明有其历史性的意义和作用。因此，中国式现代化道路不可能退回到自我封闭的孤岛中，而是要持有持续开放的胸怀，不断向发达的西方现代化国家学习，借鉴其先进的技术、文化、国家及社会治理经验，构建人类命运共同体，建设持久和平、普遍安全、共同繁荣、开放包容、清洁美丽的世界，推动经济全球化朝着更加开放、包容、普惠、平衡、共赢的方向发展。就此而言，中国式现代化新道路是一条不能离开世界历史舞台和资本主义文明成就而独立发展和封闭存在之路，是一条坚决摒弃冷战思维和强权政治，走对话而不对抗、结伴而不结盟的国与国间交往的新路，是一条尊重世界文明多样性，以文明交流超越文明隔阂、文明互鉴超越文明冲突、文明共存超越文明优越的现代化之路。我们仍处于并将长期处于社会主义初级阶段，中国特色社会主义进入新时代，我国社会主要矛盾已经转化为人民日益增长的美好生活需要和不平衡不充分的发展之间的矛盾。因此，在新时代，要发展经济、提高生产力、满足人民日益增长的美好生活需要、全面推进中国式现代化事业，学习和吸取资本主义文明的积极成果就显得尤为重要。从这个意义上来说，那种站在保守、复古主义和空想社会主义立场来批评中国式

第六章 马克思的现代性批判理论与中国式现代化新道路

现代化新道路的思潮和观点是错误的。按照这些人的说法，中国式现代化新道路是激进主义，是与西方现代性的共谋和妥协。这种说法没有看到西方现代化和中国式现代化各自的历史前提和条件，没有看到现在的时代仍然是资本主义时代，没有看到中国的现代化历史地、部分地从属于资本主义文明的历史性实情，从而陷入一种假定历史、违背历史潮流的复古主义和空想主义。

同时，马克思的现代性批判理论及其辩证法告诫我们：现代资本主义社会的现代性是以资本主义生产方式和资产阶级生产关系为基础的，是资本主义现代性，这种资本主义现代性和资本主义文明有其历史的暂时性和过渡性，有其历史的限度；资本主义现代性只是现代性道路和模式之一种，而不是现代性道路和模式之一切，资本主义现代性和资本主义文明只是在也仅仅是在世界历史意义上获得了形式上的普遍意义，而不是一种其他意义上的普遍性，不是对其他任何民族和国家都具有普遍性意义的现代性道路和模式；资本主义现代性造成了众多的现代性困境和人的异化状态，现代资本主义文明由于其自身的矛盾必然被未来文明的新类型超越和扬弃。因此，对于中国式现代化新道路即中国道路的建构而言，我们必须有我们自己的道路自信、理论自信、制度自信、文化自信，既不走封闭僵化的老路，也不走改旗易帜的邪路。我们始终要坚持和发展中国特色社会主义道路，这也不是人的自由意志的选择，而是历史的必然选择。

资本主义社会和现代资本当然有其文明的作用。但是，在马克思看来，资本主义生产方式、资产阶级私有制和资本的本性决定了，资本主义现代性是以历史地形成的个人主义或原子个人主义以及资产阶级私有制为基础的现代性，是以自私自利、实际需要、剩余价值、交换价值追求为目的的现代性，是在资本主义制度、资产阶级国家、资产阶级意识形态、资产阶级文化的支持下运行起来的现代性，是以资本生产和抽象劳动即雇佣劳动为基础和动力的现代性，是以资本的原始积累和资本的全球扩张、剥夺为途径的现代性（因而一部资本主义现代性的历史是一部冲突、对抗、战争、血流成河的历史），是资本和劳动对立、人受到资本的支配和统治、财富越来越集中和垄断、两极分化越来越加剧的现代性，是人日益受到抽象的统治和陷于异化状态的现代性。因此，历史的前提、条件和历史性的实情决定了，中国特色社会主义制度决定了，中国不可能也决不会选择资本主义的现代性道路和模式。这早已经被历史和现实所证明。恰恰相反，我们只能也必然选择中国特色社会主义现代化道路。这是一条性质、道路、制度、目标、途径、理念与资本主义现代性有本质区别的中国式现代化新道路：是坚定道路自信、理论自信、制度自信、文化自信的现代化之路；是实现社会主义现代化和中华民族伟大复兴，在全面建成小康社会的基础上，分两步走在 21 世纪中叶建成富强、民主、文明、和谐、美丽的社会主义现代化强国的现代化之路；是坚持以人民为中心的发展思想、不断促进人的全面发展、全体人民共同富裕的现代化之路；是以"五位一体"为总体布局、"四个全面"为战略布局的现代化之路；是完善和发展中国特色社会主义制度、推动国家治理体系和治理能力现代化、建设中国特色社会主义法治体系、建设社会主义法治国家的现代化之路；是推动构建新型国际关系、推动构建人类命运共同体的现代化之路。如此等等，说明了中国式现代化新道路、中国道路与资本主义现代性的根本区别。

因此，我们在现代化的性质、道路、制度、理论、文化等的选择上，不可能完全从属于资本主义现代性。在这个问题上，国内外有另外一些假定历史的、自由主义的错误思潮和观点。这种思潮和观点站在资本主义的立场上，指责中国的现代化是"封建"因素，认为中国的现代化是"保守的""落后的"，甚至是"倒退的"。在这些人看来，中国应该并且可以全面融入到资本主义文明中去，应该并且可以全面接纳资本现代性的一切。这是一种假定历史、主张全盘西化的错误观点。这是一种对现实历史的虚幻的表现，是一种自由主义意识形态。从任何一种意义上说，我们都不可能简单地套用资本主义现代性的道路、模式和标准，来作为建构中国式现代化新道路的根据和标准。以现代化所需要的国家制度和政治制度为例，我们可以明白中国为什么不能也不应该走资本主义现代性的道路。这是因为，国家制度和政治制度，并不像假定历史的自由主义者所认为的那样，是抽象的东西。恰恰相反，国家制度和政治制度根本上不是抽象的建构物不是人的自由意志任意设计的产物，而是在生产方式和生产关系、物质资料的生产方式和经济基础上发展的产物。国家制度和政治制度是有实体性内容的，它内含着特定国家和民族的传统、习俗、经济基础、文化精神。因此，黑格尔说："国家制度不是单纯被制造出来的东西，它是多少世纪以来的作品，它是理念，是理性东西的意识，只要这一意识已在某一民族中获得了发展。因此，没有一种国家制度是单由主体制造出来的……如果要先验地给一个民族以一种国家制度，即使其内容多少是合乎理性的，这种想法恰恰忽视了一个因素，这个因素使国家制度成为不仅仅是一个思想上的事物而已。所以每一个民族都有适合于它本身而属于它的国家制度。"①

马克思的现代性批判理论及其辩证法，揭示了资本主义现代性和资本主义文明的历史性、暂时性、过渡性，阐明了资本主义文明的历史性作用及其历史性限度。因此，对于中国式现代化道路建构的意义而言，对资本现代性和资本主义文明就是要坚持一种辩证法立场，既不能闭关自守、浪漫主义式地完全排斥，也不能完全从属于资本现代性和资本主

---

① 黑格尔：《法哲学原理》，第291页。

义文明，更不能全盘西化，而是要走出一条中国特色社会主义现代化新道路。也就是说，当下我们正在展开的新时代中国特色社会主义及其历史性实践是伟大斗争、伟大工程、伟大事业、伟大梦想紧密联系、相互贯通、相互作用的系统。它没有现成的路可以走，也不能完全从属于和被纳入到资本主义现代性中去，不是简单延续我国历史文化的母版，不是简单套用马克思主义经典作家设想的模板，不是其他国家社会主义实践的再版，也不是国外现代化发展的翻版，不可能找到现成的教科书，只能走中国特色社会主义现代化新道路。

因此，就中国式现代化的建设而言，这就要求在利用资本、发展资本与限制资本之间保持一种必要的张力。就我们仍处于并将长期处于社会主义初级阶段的历史前提而言，我们仍"苦于现代性的不发展"，因而要大力利用资本、发展资本；就我们是中国特色社会主义的现代化而言，我们又"苦于现代性的发展"，因而要限制资本，要防止资本发展的消极后果。这不是在资本的迷信与反资本的浪漫主义之间做出非此即彼的形式逻辑上的抉择；相反，我们完全可以在中国特色社会主义现代化的实践中，通过我国现代化的道路优势、制度优势，通过"五位一体"总体布局、"四个全面"战略布局，贯彻和体现这种辩证法，从而为世界的发展和人类的未来提供中国智慧、中国经验、中国方案。同时，我们要认识到，资本主义现代性只是现代性之一种，而不是现代性之一切。资本主义现代性不是普遍适用的模式，现代性仍是一个"活着的"动态中的存在，其未来前景也存在着"多元现代性"的可能。诚如艾森斯塔特所说，"现代性不等同西方，现代性的西方模式不是唯一'真正的'现代性"，西方现代性实际上只是"多元现代性的一种形式"。[1] 因此，在利用

---

[1] 参见艾森斯塔特：《反思现代性》，第38、105页。

资本、发展资本与限制资本之间保持一种必要的张力，坚持辩证法立场，建构中国式现代化新道路，不仅是必然的，而且是可行的。这已经被 40 多年以来中国特色社会主义现代化的举世瞩目的伟大成就所证明。

二、作为"科学的抽象"的马克思的现代性批判理论及其当代意义

在历史唯物主义和社会存在论基础上，马克思揭示了资本主义现代性的历史前提、本质真相和来历，阐明了资本主义文明的历史性作用和历史性限度，实现了现代性批判理论的根本变革。同时，我们也发现，马克思的现代性批判理论只是历史唯物主义基础上形成的"科学的抽象"，虽然它是必要的、有意义的科学的抽象，是对资本主义社会现代性的一般性的揭示和科学的抽象。因此，要凸显马克思的现代性批判理论的当代意义，凸显其对中国式现代化新道路的意义，还取决于我们对马克思的现代性批判理论本身的理解和阐释。在这个意义上可以说，马克思的现代性批判理论的当代意义不是现成的东西，而是历史性生成的东西；它不是教条，而能够切中活生生的社会历史实情，参与到中国式现代化建设的生机勃勃的实践活动中，从而凸显其当代意义，并且在丰富、完善自身的理论时使之不断具体化。

于是，我们在谈论马克思的现代性批判理论及其当代意义的时候，马上就会涉及两个互为表里、有待澄清的问题：第一，马克思的现代性批判理论是必要的科学的抽象，那么，我们如何理解这种"科学的抽象"？第二，作为科学的抽象的一般原理，它如何对待由差别所规定的特

殊性？实际上，只有澄清这两个互为表里的问题，才能避免马克思的现代性批判理论被教条化地理解，才能避免马克思的现代性批判理论被当作一般历史哲学理论来解读，才能真正凸显马克思的现代性批判理论的当代意义。

对马克思的现代性批判理论进行教条化和一般历史哲学理论的解读，这种情况太常见了。前面已经阐述，在各种现代性意识形态的偏见中流行的就是这类解读方式。在这种现代性意识形态理论家，尤其是自由主义现代性意识形态家看来，当代资本主义社会出现了所谓"新的事实"和"新的经验现象"（比如，"国家对资本主义经济的干预和调控""阶级基础和阶级斗争的淡化""福利制度的推行""资本的替代物为何没有出现""资本主义文明的终结阶段为何没有到来""资本社会告别了革命""共产主义大面积塌方"等等），而这些事实和现象是马克思的理论包括现代性批判理论解释不通的。因此，在他们看来，马克思的现代性批判理论失效了。此外，其他无视马克思的现代性批判理论所揭示的差别的内在发生和特殊性的理解方式的人也认为，马克思的现代性批判理论必然导致把马克思的现代性批判理论当作教条，当作一般历史哲学理论。

这些对马克思的现代性批判理论的教条主义化理解是错误的。实际上，以历史唯物主义为基础的马克思的现代性批判理论并不是教条，而是一种对于资本主义社会所进行的必要的科学的抽象，并且我们知道这种科学的抽象只有在具体的历史性实情和具体化纲要中才有真正的效力。在马克思那里，他强调自身的作为必要的科学的抽象的现代性批判理论与作为具体化展开纲要的现代性批判理论的辩证统一，强调不能把自己的理论当作超历史的一般历史哲学理论。

在马克思那里，现代性批判理论是建立在历史唯物主义原理之上的，它揭示了资本的本质及其运动规律，揭示了资本主义社会的一般运动规律和被未来文明所超越的历史性原则。因而，它只是科学的抽象，尽管是必要的、有意义的科学的抽象。但是，这种科学的抽象不能离开特殊的差别性内容而独立自存。否则，它就只是抽象，就会沦为被马克思所反对的形式化的教条和一般历史哲学理论。

毫无疑问，马克思的现代性批判理论作为一种资本现代性批判的基本原理和概说，总离不开一些抽象，也表现为一些必要的抽象。这里所说的必要的抽象有这几层意思：它是对资本主义社会的实际活动和实际发展过程的一般抽象，而不是任意的、脱离现代资本主义社会的历史性本质的纯粹的抽象和主观杜撰；它并非如抽象的经验主义者那样，仅仅是对现代社会的某些僵死的事实进行简单的汇总，而是在经验观察基础上的思想，是现实对于思想的趋向；它也并非如唯心主义者那样，仅仅是对想象中的主体进行想象的思想活动，而是有关于资本主义社会的实体性内容的，是思想转化为现实。由此可见，在马克思那里，这样的科学的抽象本身就是与历史的实体性内容和差别性的内容联系在一起的。

在《德意志意识形态》中，马克思就指出了这种必要的科学的抽象及其作用所受到的制约条件。在马克思看来，思辨哲学和一切关于意识的空话之所以只是抽象的唯心主义和无实体性内容的空话，是因为它们不是从社会存在和现实生活过程出发，而是从思维、意识、概念、理念本身出发，不知道意识只是被意识到了的存在，而存在就是人的现实生活过程。因此，只要在思辨终止的地方，即只要面对现实生活，意识的空话就会终止；只要对现实进行描述，就会使一切哲学和形而上学失去生存的环境，会使独立的哲学失去生存环境，而取而代之的就是对现实历史和现实生活过程的科学的抽象，即对"人类历史发展的考察中抽象出来的最一般的结果的概括"。这就是科学的抽象及其必要的根据。我们对马克思的现代性批判理论也应该在这个意义上来理解，它是在历史唯物主义基础上，从对资本主义社会的历史发展的考察中抽象出来的最一般的结果的概括。它是一种必要的、意义重大的概括。

但是，这种必要的、意义重大的概括不是教条。马克思一贯坚守的根本原则是："新思潮的优点又恰恰在于我们不想教条地预期未来，而只是想通过批判旧世界发现新世界……我不主张我们树起任何教条主义的旗帜，而是相反，我们应当设法帮助教条主义者认清他们自己的原理。"[1]为什么说马克思的现代性批判理论，即对资本主义社会历史发展的科学的抽象，不是也不可能是教条或主观的、纯形式的抽象呢？因为科学的抽象本来就是对具体的一般抽象的概括，它本身也要被贯彻转化为具体的方法论原则，才能表现其作为科学的抽象的力量，否则就是纯粹的、空疏的、无内容的抽象形式。因此，马克思指出，如果这些科学的抽象离开了现实的历史，那么它们就没有任何价值。这些抽象与以往的哲学不同，"它们绝不提供可以适用于各个历史时代的药方或公式"；相反，仅仅在人们对于不管是有关过去时代的还是有关当代的资料着手进行考察和整理的时候，即是说，在对这些资料进行实际阐述的时候，困难才开始出现。这些困难的排除受到种种前提的制约，即要由"个人的现实生活过程和活动的研究中产生"。[2]

马克思这里表达的意思很清楚。因此，一切把马克思的思想和理论作为抽象的教条主义来理解的做法和观点，都是皮相之见。对于马克思的现代性批判理论，也必须在这个意义上来理解。它是对从对资本主义社会的历史发展规律的考察中所抽象出来的最一般结果的概括，是一般的原理和必要的科学的抽象，它不是超历史的一般历史哲学理论。因此，

---

[1] 马克思、恩格斯：《马克思恩格斯全集》第47卷，第64页。
[2] 参见马克思、恩格斯：《马克思恩格斯选集》第1卷，第153页。

第六章　马克思的现代性批判理论与中国式现代化新道路

马克思强调,他的理论绝不提供适用于各个历史时代的药方或公式,他的理论旨在对资本主义生产方式以及与之相适应的生产关系和交换关系进行研究,从而进行了如下的定位:"到目前为止,这种生产方式的典型地点是英国。"[1] 马克思强调,《资本论》关于"原始积累"的那一章,只是想描述西欧的资本主义经济制度从封建主义经济制度内部产生出来的途径[2];即马克思强调,他在阐释资本主义的起源时,将这一历史概述明确地限定在西欧的范围,强调他的现代性批判理论所批判的对象,即现代资本主义,只是一种历史的产物,它具有历史性、暂时性和过渡性,资本主义文明也不是普遍的、一般的文明,而只是特殊的、具体的文明。一旦把这种历史的、具体的、特殊的资本主义文明化为一般的、普遍的、超历史的文明形态,认为任何民族任何时候只有走上资本主义现代性的道路、全部被纳入资本主义文明,才能产生和发展好现代性道路,这种观点和说法是一种意识形态幻觉。沃勒斯坦倒是指证了这种意识形态幻觉的错误,并证明了马克思的观点。他指出,"现代化"的理论范式本身就遮蔽了现代世界的根本性质、掩盖了世界的实际冲突;实际上,"我们并非生活在一个现代化的世界,而是生活在一个资本主义世界"。[3] 在这个层面上,詹姆逊与马克思保持一致,指出了现代性的起源是与资本主义联系在一起的,资本主义现代性只是现代性之一种,而不是现代性之一切。詹姆逊认为:"现代性惟一令人满意的语义学意义在于它与资本主义的联系。"[4] 在这个意义上,伊格尔顿也正确地指出,马克思所做出的众

---

[1] 马克思:《资本论》第1卷,第8页。
[2] 参见马克思、恩格斯:《马克思恩格斯选集》第3卷,第340—341页。
[3] 参见沃勒斯坦:《沃勒斯坦精粹》,黄光耀、洪霞译,南京大学出版社,2003年,第138页。
[4] 詹姆逊:《单一的现代性》,第24页。

多的贡献，其中最为重要的一点是，正是他第一个提出了资本主义这一历史现象。在伊格尔顿看来，马克思为我们展示出了"资本主义如何兴起，如何运行，以及它可能的结局"；在这一点上，与牛顿对于万有引力定律以及弗洛伊德对于潜意识的发现一样，马克思为日常生活揭示出了一个一直以来为人所忽略的事实，即资本主义生产方式。①

在《〈政治经济学批判〉导言》中，马克思在分析生产时，也阐释了生产一般与具体的生产的关系，认为科学的抽象不能离开具体的差异和特殊性，否则就是主观思想或外部的、抽象的、形式的反思。马克思说，说到生产，人们总是指在一定的社会发展阶段上的具体生产（比如现代资本主义生产），因此，生产一般只是一个抽象；但是，只要它真正地把共同点提出来，它就是一个合理的抽象。这个一般本身就是有许多组成部分的、分为不同规定的、共同拥有的东西；否则，任何生产都是无从设想的。构成事物的发展，包括对生产、语言等的发展的关键的东西不是这个一般、共同具有的规律和规定，而是有别于这个一般和共同点的差别。对生产一般适用的种种规定之所以要被抽象出来，正是为了不致因为有了统一而忘记本质的差别，这些现代经济学家的全部智慧就在于忘记了这种差别。②在生产一般和生产的具体性、差别性的关系问题上，也可以说在科学的抽象和一般的具体化、特殊性之间的关系问题上，马克思得出的结论是：科学的抽象，即一切生产阶段所共有的、被思维当作一般规定确定下来的规定，是存在的；但是所谓"一切生产的一般条件"，不过是这些抽象要素，用这些要素不可能理解任何一个"现实的历史的生产阶段"。③

---

① 参见伊格尔顿：《马克思为什么是对的》，第 3 页。
② 参见马克思、恩格斯：《马克思恩格斯全集》第 30 卷，第 26 页。
③ 参见同上书，第 29 页。

第六章　马克思的现代性批判理论与中国式现代化新道路

恩格斯对《共产党宣言》所具有的历史意义曾有这样一个评论:"《宣言》中所阐述的一般原理整个说来直到现在还是完全正确的。……这些原理的实际运用……随时随地都要以当时的历史条件为转移。"[1]这就是说,马克思的思想包括现代性批判理论不是僵化的教条,而是行动的指南,它必须随着现代社会的时代变化而不断具体化,并由此得到发展和完善。上面所述的马克思的结论再明白不过地告诉我们:现代性批判理论揭示了现代资本主义社会的一般规律,这是科学的抽象;但是,仅用这些抽象要素是不可能对于资本主义社会尤其是当代资本主义社会进行正确地理解的;而只有将在资本主义社会发展中所产生的具体要素联系起来,才能真正地对于资本主义社会的认识进行具体化。同样,仅用作为科学的抽象的马克思的现代性批判理论,也不能准确理解中国式现代化,而必须结合中国社会历史的实情和具体的实践,才能准确理解中国式现代化,并由此推进马克思的现代性批判理论本身的时代化,避免把它教条主义化和抽象化。

众所周知,1877年,在关于"俄国的道路"问题的那封给《祖国纪事》杂志的著名信件中,马克思十分明确地认为科学的抽象必须在本质的差异中得到具体化,反对任何人把他的现代性批判理论抽象化,反对任何人把他的现代性批判理论当作一般历史哲学理论。在那里,马克思谈到并批评了俄国批评家米海洛夫斯基的说法。米海洛夫斯基一定要把马克思"关于西欧资本主义起源的历史概述"彻底变成"一般发展道路的历史哲学理论",认为一切民族,不管它们所处的历史环境如何,都注定要走西欧资本主义这条道路,以便最后都达到这样一种资本主义经济形态,即西欧资本主义经济形态,这种经济形态在保证社会劳动生产力极高度发展的同时又保证每个生产者个人最全面的发展。马克思说:"他

---

[1] 马克思、恩格斯:《马克思恩格斯选集》第1卷,第376页。

这样做，会给我过多的荣誉，同时也会给我过多的侮辱。"①马克思为什么会这么说呢？因为米海洛夫斯基把马克思只是关于西欧资本主义历史起源的历史概述变成了关于一般发展道路的历史哲学理论。马克思坚决拒绝把自己的现代性批判理论当作"一般历史哲学理论这一把万能钥匙"，乃是因为，后者永远达不到对特定的"历史环境"的理解，达不到对特定的、具体的、活生生的历史现象的理解，毕竟，"这种历史哲学理论的最大长处就在于它是超历史的"。②马克思这里的意思是明确的：对资本主义起源的历史概括是针对西欧资本主义起源的历史概括，因此，作为科学的抽象的现代性批判理论不是一般历史哲学理论；科学的抽象必须根据具体的历史环境和历史现象的本质的差别来理解和把握，我们不能把它当作"一般历史哲学理论的万能钥匙"；必须深入到具体的历史环境和历史的现象中去，我们才能把握和理解历史的本质性和真实的历史，因为"极为相似的事变发生在不同的历史环境中就引起了完全不同的结果"，必须把这些演变中的每一个都分别加以研究并加以比较，我们才可以找到理解这种历史现象的钥匙。

由此可见，马克思一直重视如何避免把他的作为科学的抽象的现代性批判理论教条主义化，避免把它当作一般历史哲学理论。因此，马克思强调：作为科学的抽象的现代性批判理论必须与具体的、特殊的差别性结合起来；必须深入到资本主义的具体的历史性实情、历史现象和历史环境中，才能真正把握资本主义社会的历史的本质性，才能把现代性批判理论具体化，使其获得实体性内容；必须深入到其他民族和国家的现代性的具体实情和本质的差异中，才能真正把握和理解现代性的具体道路。因此，

---

① 马克思、恩格斯：《马克思恩格斯选集》第3卷，第341—342页。
② 参见同上书，第342页。

第六章　马克思的现代性批判理论与中国式现代化新道路

我们也不能离开资本主义社会在当代的具体情况和现实的处境,来抽象地肯定和否定马克思的现代性批判理论的意义。只要资本主义社会的历史的本质性不变,只要当代社会仍然处在马克思所阐明的历史性时代,那么马克思的现代性理论就不会过时。熊彼特曾经说过:"马克思断定资本主义崩溃的方式是错误的;但他预言资本主义最终必将崩溃并没有错。"[①] 熊彼特的后面一句话是准确的,前面一句话则是有问题的。马克思断定资本主义崩溃应该是属于科学的抽象,而具体的崩溃方式取决于科学的抽象的具体化和本质的差别性,取决于现实的历史的实情,而不是取决于马克思的预测。这里不能说马克思的预测错了。因此,一些所谓的新情况、新经验的出现,本来就不能驳倒马克思的理论。恰恰相反,这是对马克思的现代性批判理论的证明,因为在马克思那里,现代性批判理论本来就是科学的抽象和具体化的展开之间的有机的、辩证的统一。

同样,理解马克思的现代性批判理论对于中国式现代化新道路的意义,我们也应该在科学的抽象和具体的、特殊的差异的辩证关系中去理解这种当代意义。马克思的现代性批判理论揭示并概括了现代社会历史发展的一般规律,它是一种必要的、有意义的科学的抽象。只要当代世界仍然处在马克思所指证的社会历史时代,那么,它对中国式现代化道路就具有引导意义。同样,我们也应该看到,作为科学的抽象的马克思的现代性批判理论本身就包含着具体化、特殊性的差异性的展开、补充和完善,否则就是把它教条主义化了。因此,中国式现代化新道路以及中国特色社会主义的生机勃勃的历史性实践,恰恰是在推进马克思的现代性批判理论的发展,而不是对马克思的现代性批判理论的偏离。在这里,我们不能把马克思的现代性批判理论当作教条,从而生搬硬套把它

[①] 熊彼特:《资本主义、社会主义与民主》,吴良健译,商务印书馆,1999年,第38—39页。

运用到中国式现代化道路的建构中。一切都必须从当下中国的历史性实情和具体的实践出发,只有这样才是真正体现了马克思的现代性批判理论的意义和作用。同样,我们也不能以所谓"纯粹的事实"、变化了的特殊性和差异性的所谓"经验事实"为借口,否定马克思的现代性批判理论作为科学的抽象和一般原理的指导意义。

三、"社会现实"的发现与中国式现代化新道路

在历史唯物主义和社会存在论基础上,马克思揭示了现代社会的历史的本质性,把握到了社会现实,实现了对资本主义社会的历史性批判,阐明了对待现代性问题的辩证法。只有深入到中国社会的具体的社会现实中,把握当下中国的具体的历史性实情,才能拓展和深化中国式现代化新道路,这是马克思的现代性批判理论给我们提供的重要启示。

对于马克思而言,社会历史的本质性不是人的思维和自由意志可以任意摆脱的领域;恰恰相反,它是人的思维、自我意识、自由意志得以可能的前反思、前概念、前逻辑的现实世界领域,社会历史的本质性和必然性是在感性的活动中生成的领域,是现实的人及其感性的活动的展开和历史性的生成领域。资本主义生产方式、资产阶级生产关系和经济基础,对于现代社会来说才具有普遍者的决定意义。总之,在马克思那里,历史的本质性和社会现实就是感性的活动基础上生成的社会历史及其变动结构,就是人们的现实生活过程。资本主义社会的历史的本质性和社会现实可以具体化为生产方式、社会关系、生产关系、经济关系,可以具体化为现代社会的历史性实践中不断生成的社会变动结构。那么,

第六章 马克思的现代性批判理论与中国式现代化新道路

从历史的本质性和社会现实的维度来说，马克思的现代性批判理论对于中国式现代化新道路的建构有什么意义呢？

马克思的现代性批判理论可以帮助我们深入到现代社会的历史性的本质和社会现实中，认识到资本主义生产方式和资本主义文明的特殊性质，把握中国特定的历史性实情和社会现实，增强走中国特色社会主义现代化新道路的自信，从而推进中国式现代化事业的发展。

对于历史的本质性和社会现实的揭示，意味着现代社会历史观上的唯心主义已经不再有立足之地了，意味着关于资本主义社会的一切神话学和意识形态幻觉的破灭。马克思的现代性批判理论把握到了资本主义社会的"现实的生活过程""一定条件的生活方式"，切中了资本主义社会的社会现实，澄清了资本主义社会的历史前提，划定了其原则界限：资本主义社会是特定历史阶段的产物，是历史长期发展的结果，是历史性的、暂时性的、过渡性的存在，而不是自然的、超历史的、永恒的存在。这意味着，资本主义文明是一种建立在资本主义生产方式和生产关系基础上的特定历史形态的文明，是一种适用于和反映资本主义经济基础的特定历史阶段的文明形态，而不是适用于一切民族和国家的具有普遍性的文明形态；意味着资本主义社会的兴起、发展有其特定的历史条件、历史性实情和文化精神传统，有其特定的"实存着的个体"和"本质性的差异"，这种条件、传统、差异是历史的、既定的，它是不具有普遍性的东西，是不可能被照搬照抄到其他民族和国家的差异性中去的东西。

无论是黑格尔，还是马克思，抑或是后来的尼采、胡塞尔、海德格尔等思想家，都把西方现代文明指认为资本主义文明，并指证了资本主义现代性和资本主义文明的特殊性质和地域性本质，都反对把它们看作具有普遍性的现代性模式和文明形态。马克思关于资本主义社会的历史起源的描述只限于欧洲，不能把它当作一般历史哲学理论。他当年谈到

"德国的发展道路"时,甚至指出德国道路的可能性恰恰取决于德国走英国、法国道路的不可能性。他认为,资本主义社会的现代性有特定的历史前提,是资本主义生产方式和经济发展以及社会生活结构变动的结果,而这种资本主义生产方式、经济发展以及社会生活结构是以个人主义或原子个人为前提的。在马克思看来,这种作为西方现代性本质根据之基本前提的原子个人,就是唯利是图或犹太精神,就是市民社会的精神;而原子个人或个人主义不是自然的,而是西方特定的历史条件和精神文化(基督教)长期发展的产物。马克思说,这种18世纪的个人,即个人主义,是封建社会形式解体的产物,是16世纪以来生产力发展的产物,只有那种18世纪的预言家的错觉才会把个人看作由自然造成的,而不是从历史中产生的。[1] 只有在基督教世界中才能完成这种市民社会及其个人主义。其原因在于,在基督教那里,一切民族的、自然的、伦理的、理论的关系对于人来说才成为纯粹外在的东西。因此,只有在基督教的统治之下,才能完成市民社会与国家生活的完全分离,"扯断人的一切类联系",以利己主义或自私自利的需要而取代之,使人的生活世界彻底瓦解为"原子式的相互敌对的个人的世界"。[2]

只有真正把握到社会现实,我们才能切近地理解中国式现代化新道路,即中国道路。这就是说,中国道路或中国特色社会主义现代化道路实乃是对独特的社会历史性实情和社会现实定向的具体化,是对中国社会的现实内容、历史实情、历史性实践及其具体化过程的把握,是对马克思所说的"本质的差别""实存着的个体""特定的实体性内容"的把握。这种把握和理解是极其重要和关乎本质的东西。这就意味着,中国

---

[1] 参见马克思、恩格斯:《马克思恩格斯全集》第30卷,第25页。
[2] 参见马克思、恩格斯:《马克思恩格斯全集》第3卷,第196页。

第六章　马克思的现代性批判理论与中国式现代化新道路

特色社会主义现代化道路是中国特定的历史条件、社会生活过程、社会经济结构的历史必然结果,是历史的必然选择,而不是自由的意志的结果;意味着我们必须也只能立足于中国,立足于中国具体的历史性实情、传统、国情和社会生活的具体的实体性内容,建构和发展有中国特色的社会主义现代化;意味着中国式现代化新道路的可能性恰恰在于走西方现代化道路的不可能性,即中国式现代化只能走中国特色社会主义道路,走出我们的特色,而不是走其他任何民族和国家的道路,不是走西方资本主义现代化的道路——这是中国的社会现实和历史性实情决定的,是历史既定的,而不是可以任由任何人通过假定的历史来提供这种前提和实体性内容;意味着中国式现代化新道路必然是社会主义性质的,而不是也不可能是资本主义性质的。因此,我们只能从中国的实际、国情、传统、特定的历史阶段等社会现实的实体性内容出发,只能借鉴学习西方现代性、资本主义文明的积极成果和成功经验,但是不能也不可能完全照搬和套用资本主义现代性的模式,更不可能被纳入资本主义现代化的道路和模式,不可能让中国式现代化完全从属于资本主义文明。

由此可见,中国式现代化必须根源于中国自身的基本经验,根源于中国自身的社会现实,根源于中国文明本身根基上的特殊性。因此,那种认为中国式现代化道路可以完全被纳入资本主义文明、可以全盘西化的想法,纯然是一种假定历史的意识形态幻觉。帕森斯对这种假定历史的意识形态幻觉有很精当的批判。他说:"如果像人们经常设想的那样,对环境不加限制就足以引起一个现代资本主义的发展,那么肯定远在近代以前,现代资本主义就在中国产生了。"[①] 这种脱离社会现实的虚幻想法

[①] 帕森斯:《社会行动的结构》,载何兆武、柳卸林主编:《中国印象——世界名人论中国文化》,广西师范大学出版社,2001年,第251页。

实际上就是一种教条主义,也就是一种主观思想。它的要害是:思想与事物自身被设定为无限的分离,"应当"与"现有"被设定为外在性的无限对立,事物的实体性内容被彻底疏离和掏空[①];它遮蔽了中国的社会现实和具体的历史性实情,抹杀了中国特定的、特殊的、具体的社会历史的实体性内容,抹杀了中国社会历史的本质的差别和实存着的个体;它只是停留在所谓的"现代性道路"的一般原则的抽象阶段,而始终无法进入和把握到中国社会的真正的社会现实、历史的本质性以及实体性内容。马克思一以贯之地对这种教条主义和主观思想进行了批判,认为这种教条主义会给他过多的荣誉,同时也会给他过多的侮辱。因此,他坚决拒斥那种主观思想所认为的一般发展道路的历史哲学理论。黑格尔、伽达默尔等人对未进入社会现实的主观思想或外部反思也有深刻的批判。伽达默尔论述道:黑格尔的思辨唯心主义最有特色之处是对主观意识、主观思想或外部反思的批判,他把主观思想看作浪漫主义思想及其虚弱本质的病态表现,看作诡辩论的现代形式;黑格尔哲学通过对主观意识观点进行清晰的批判,开辟了一条理解人类的社会现实的道路,而我们今天仍然生活在这种社会现实中;所谓"主观思想"或"外部反思",就是"忽此忽彼地活动着的推理能力",它不知道停留在特定的内容上,但是知道如何把一般原则运用到任何内容上,它会任意地把给定的事物纳入一般原则之下。[②]马克思、黑格尔、伽达默尔等人对主观思想的危害性所做的深刻批判,必然会破除那些仅从"主观思想""外部反思"的形式来观察、思考中国式现代化新道路的人的幻想。

这就是说,对于中国式现代化道路的建构而言,我们必须破除这种

---

① 参见黑格尔:《小逻辑》,第27、43、77页。
② 参见伽达默尔:《哲学解释学》,第113—114页。

第六章　马克思的现代性批判理论与中国式现代化新道路

主观思想，从而实现真正的思想，即客观思想。所谓"客观思想"，就是真正把握中国社会的历史的本质性，切中中国的社会现实的思想，也就是与中国的现实和实践相一致的思想。只有具有这种客观的思想，我们才能保证马克思所说的现实本身趋向于思想的同时，思想也转变成现实。毫无疑问，客观思想之所以不同于主观思想，是因为客观思想的根源和动力在本质上永远要由我们自己的历史性实情、历史性实践、独特的现代化道路和中华民族伟大复兴的未来筹划的实践来提供，而不可能完全依傍于外部的资源和单纯的模仿套用。也就是说，中国式现代化的实践并非我们对于自身历史的全部中断，好像说，为了实现现代化就可以将中华几千年文明的积累和整个中华文化传统一笔勾销似的。而是说，当今中国式现代化的历史性实践的现代化任务既建立在对于相当独特的历史和文明的根基的开启上，也建立在对于中国自近代以来尤其是新中国成立以来各个现代化发展阶段之多重经验的汇合与实践探索的聚集上。这就是说，中国特色社会主义现代化是中国社会历史发展的必然结果，也必须有当代中国的社会现实及其实体性内容作为基础。正如习近平总书记所说："实现中国梦必须走中国道路。这就是中国特色社会主义道路。这条道路来之不易，它是在改革开放30多年的伟大实践中走出来的，是在中华人民共和国成立60多年的持续探索中走出来的，是在对近代以来170多年中华民族发展历程的深刻总结中走出来的，是在对中华民族5000多年悠久文明的传承中走出来的，具有深厚的历史渊源和广泛的现实基础。"[1]因此，我们必须始终立足于中国大地，坚持、弘扬并进一步开拓和创造中华民族优秀传统文化和民族精神。

---

[1] 习近平：《在第十二届全国人民代表大会第一次会议上的讲话》，载《人民日报》2013年3月18日。

同时，我们也应该看到，真正的社会现实本身就不是内部与外部的抽象分离，而是这二者的有机的、辩证的、具体的统一；社会现实本身就是所有社会关系的总和。社会现实本身就不是孤立的、自我封闭的，而是开放的、内外包容的。因此，我们现阶段的社会现实是与世界历史和世界文明连成一体的。中国式现代化的历史性实践和社会现实的实体性内容无疑是处在当代世界之中的，是与当代世界的整个发展过程密切相关的，是与现代文明所开辟的世界历史进程不可避免地共属一体的。这就决定了中国式现代化与世界上其他国家尤其是西方国家的现代化有共同特征，我们的文明与世界文明是联系在一起的，中国式现代化离不开和平的国际环境和稳定的国际秩序。因此，中国式现代化不是闭关自守，而是将越来越开放创新、包容互惠；文化和精神上不是保守主义和复古主义，而是交流互鉴、结合锻炼，必须占有资本主义文明的一切积极成果。总之，对待中国式现代化新道路的建构，从精神文化层面上说，我们既不可能全盘西化，被纳入自由主义，也不可能持保守主义和复古主义立场；而是坚持和发展中国特色社会主义文化，即以马克思主义为指导，坚守中华文化立场，始终立足于当代中国的社会现实，结合当今世界的时代条件，发展面向现代化、面向世界、面向未来的民族的、科学的、大众的社会主义文化。

四、中国式现代化新道路与文明新类型可能性的生成

马克思的现代性批判理论揭示了资本主义社会的历史前提、本质真相和来历，把握到了现代社会的社会现实，揭示了现代资本主义文明的

第六章　马克思的现代性批判理论与中国式现代化新道路

历史性限度，阐明了未来社会文明新类型生成的可能性。在这个意义上，中国式现代化可以被理解为一种人类文明新类型的生成。

资本主义社会是历史性的存在，它有自身的历史前提，它不是自然的、超历史的、永恒的存在，它具有历史的暂时性和过渡性。任何一种把资本主义社会和资本主义文明当作永恒存在的观念，都是现代性意识的虚幻和现代性意识形态幻觉。马克思的现代性批判理论的实质和目的就是揭示资本主义社会的历史原则和历史性限度，阐明资本主义文明被人类未来文明取代的历史必然性。对于这一点，伊格尔顿的判断是准确的。伊格尔顿说："资本主义内在逻辑的稳定性，决定了马克思主义对资本主义体制的多数批判时至今日仍有其道理。只有当资本主义体制可以冲破自身的边界，开创一个崭新局面的时候，才能改变这样的状况。但资本主义恰恰没有能力创造一个与现实完全不同的未来。"[1]

马克思对西方现代性的批判意味着对资本主义文明的批判性脱离，意味着以人类未来文明新类型超越和取代现代资本主义文明类型，意味着未来社会文明新类型的开启。在马克思看来，在世界历史的意义上，现代资本主义文明具有重要意义和伟大文明作用；也仅仅在世界历史的意义上，资本主义文明获得了它在现代历史阶段的绝对权利，它"按照自己的面貌为自己创造出一个世界"，它"使未开化和半开化的国家从属于文明的国家，使农民的民族从属于资产阶级的民族，使东方从属于西方"[2]；也仅仅在这个意义上，这个历史阶段上其他民族和国家的现代性就部分地从属于西方文明，并要占有它的积极成果。但是，资本主义文明毕竟是一种历史性的、地域性的、特殊性的文明，而不是普遍性的文明，

---

[1]　伊格尔顿：《马克思为什么是对的》，第15页。
[2]　参见马克思、恩格斯：《马克思恩格斯选集》第1卷，第404—405页。

不像一般历史哲学理论所认为的那样：一切民族，不管它们所处的历史环境如何，都注定要走这条道路。

众所周知，从《德法年鉴》时期开始，马克思就开启了对资本主义社会的批判，尤其是通过历史唯物主义的创立和政治经济学的批判，马克思对资本主义社会的批判取得了历史唯物主义基础和社会存在论根据。这里所谓"批判"，就是要澄清资本主义社会的历史前提、本质真相和来历；划定资本主义社会和资本主义文明的历史性界限；指证资本主义社会和资本主义文明被未来文明新类型取代的必然性和历史趋势。马克思认为，资本主义文明的历史性限度根源于资本主义文明本身的根基处，根源于资本主义生产方式、生产力和资产阶级生产关系的矛盾运动。正像资本主义社会是生产方式、生产力、生产关系历史发展的产物一样，它们的历史发展必然导致资本主义社会被未来社会超越。资本生产的本性决定了，资本主义文明必然有其历史性的限度，它无法克服自身的限制。只有克服资本主义生产方式，消灭资产阶级生产关系基础，利用资本来消灭资本，开启新的社会形式和文明新类型，才能真正克服资本主义社会和资本主义文明的一切弊端。资本生产和资本主义文明是一种"文明过度"的文明，它必然面临它自身无法解决的人与自然界之间的限制、人与人的社会生活的限制。因此，只有新社会和文明新类型的开启，才能突破这种限制。资本主义社会是一种历史性的、过渡性的社会，资本主义文明是一种地域性的、特殊性的文明形态，它为未来社会和未来文明新类型的开启创造了历史性的基础和条件。因此，这种未来文明新类型的基础本身就存在于现代资本主义社会之中。

中国式现代化道路是基于新中国成立以来尤其是改革开放40多年以来的社会现实和历史性实践而开启出来的。一方面，它固然历史性地、部分地从属于现代文明，因为它本来就是世界历史的重要组成部分，只

第六章　马克思的现代性批判理论与中国式现代化新道路

有部分地从属于这种文明，才能充分地占有它的积极成果；另一方面，它的深厚基础和根基在中国的社会现实和历史性实情中，它有自身的本质的差别和特殊的实体性内容，它不但不可能被完全纳入西方文明之中，而且它的开启以及实践领域中所发生的生机勃勃的景象本身就意味着它是对资本主义现代性的批判性脱离，是对资本主义文明无法打破其自身限度的根本性的反拨，是对资本主义现代化道路的改弦更张，是一种文明新类型的生成。这就是说，中国特色社会主义现代化道路即中国道路本身就构成了对资本主义文明限度的批判，中国式现代化所展开的一系列历史性实践，尤其是改革开放 40 多年以来的历史性实践本身就意味着对西方文明的历史性批判和超越。

资本主义现代性、资本主义文明由于其无法根除的本质性矛盾和历史性限度，正在日益暴露出自身无法解决的困境，在日益耗尽其本质性的力量和生命。这是历史的必然趋势。而中国式现代化道路是对资本主义现代性的改弦更张和批判性脱离，是一种文明新类型的生成和开启。这就表明，中国式现代化道路本质上只能依照中国的社会现实和历史性实情，尤其是只能依照当下中国的社会现实和历史性实践来定向。因此，它只能是也必然是中国特色社会主义的现代化道路，而不是任何其他性质的现代化道路。这是对中国式现代化道路的根本性质的理解和把握。同时，我们也应该理解和把握中国式现代化新道路，即中国道路，它也是一种未来文明新类型的生成。就是说，中国式现代化新道路，尤其是中国特色社会主义进入新时代以来，所开展出来的一系列道路、理论、制度、文化等领域的建设和历史性实践，是具有原则高度的事业和历史性实践。它不但对中国人民和中华民族具有史无前例的重大意义，而且也具有世界历史意义和人类文明史意义；它不仅是中国的事业和实践，而且也是 21 世纪世界社会主义最重要的组成部分。这两个方面是有机、辩证地统一的。诚如习近平总书记所说:"解决好民族性问题,就有更强能力去解决世界性问题;把中国实践总结好,就有更强能力为解决世界性问题提供思路和办法。"①由此可见,中国式现代化新道路既立足于中国的社会现实和历史性实情,着眼于解决中国问题,实现中华民族的伟大复兴,又把握历史大势和当今世界的时代实情,面向世界,将中国式现代化发展和世界各国的现代化发展结合起来,遵循人类社会发展规律,推动构建"人类命运共同体",向未来人类世界提供中国智慧、中国经验、中国方案,以中国式现代化的发展理念和历史性实践的经验,引领和塑造人类社会发展的未来,开启未来人类文明新类型。

马克思说:"理论在一个国家实现的程度,总是取决于理论满足这个国家的需要的程度。"②中国特色社会主义进入新时代,中国式现代化新道路是一种具有原则高度的历史性实践,它在中华民族发展史和人类发展史上都具有重大意义。它既关系到中华民族的伟大复兴事业,也关系到人类的未来,是人类文明新类型的创造和开启。马克思的现代性批判理论可以为中国式现代化这场具有原则高度的历史性实践提供不竭的思想动力。

---

① 习近平:《在哲学社会科学工作座谈会上的讲话》,载人民网 2016 年 5 月 19 日。
② 马克思、恩格斯:《马克思恩格斯选集》第 1 卷,第 11 页。

主要参考文献

1. 阿尔布劳，马丁：《全球时代——超越现代性之外的国家和社会》，高湘泽、冯玲译，商务印书馆，2004年。

2. 阿隆，雷蒙：《阶级斗争——工业社会新讲》，周以光译，译林出版社，2003年。

3. 阿明，萨米尔：《自由主义病毒／欧洲中心论批判》，王麟进译，社会科学文献出版社，2007年。

4. 阿瑞吉等：《现代世界体系的混沌与治理》，王宇洁译，生活·读书·新知三联书店，2003年。

5. 艾森斯塔特：《反思现代性》，旷新年、王爱松译，生活·读书·新知三联书店，2006年。

6. 鲍曼：《全球化——人类的后果》，郭国良、徐建华译，商务印书馆，2001年。

7. 鲍曼：《流动的现代性》，欧阳景根译，上海三联书店，2002年。

8. 鲍曼：《现代性与大屠杀》，杨渝东、史建华译，彭刚校，译林出版社，2002年。

9. 鲍曼：《现代性与矛盾性》，邵迎生译，商务印书馆，2003年。

10. 贝尔，丹尼尔：《资本主义的文化矛盾》，赵一凡等译，生活·读书·新知三联书店，1989年。

11. 贝斯特、科尔纳：《后现代转向》，陈刚等译，南京大学出版社，2002年。

12. 柄谷行人：《马克思，其可能性的中心》，中田友美译，中央编译出版社，2006年。

13. 伯尔基：《马克思主义的起源》，伍庆、王文扬译，华东师范大学出版社，2007年。

14. 伯曼：《一切坚固的东西都烟消云散了——现代性体验》，徐大建、张辑译，商务印书馆，2003年。

15. 布罗代尔：《资本主义论丛》，顾良、张慧君译，中央编译出版社，1997年。

16. 陈学明、马拥军：《走近马克思》，东方出版社，2002年。

17. 陈志刚：《现代性批判及其对话》，社会科学文献出版社，2012年。

18. 城塚登：《青年马克思的思想：社会主义思想的创立》，尚晶晶、李成鼎等译校，求实出版社，1988年。

19. 德里达：《马克思的幽灵——债务国家、哀悼活动和新国际》，何一译，中国人民大学出版社，1999年。

20. 多德，尼格尔：《社会理论与现代性》，陶传进译，社会科学文献出版社，2002年。

21. 费尔巴哈：《费尔巴哈哲学著作选集》上、下卷，荣震华、李金山等译，商务印书馆，1984年。

22. 芬博格，安德鲁：《技术批判理论》，韩连庆、曹观法译，北京大学出版社，2005年。

23. 丰子义：《马克思现代性思想的当代解读》，载《中国社会科学》2005年第4期。

24. 丰子义、杨学功：《马克思"世界历史"理论与全球化》，人民出版社，2002年。

25. 弗莱切：《记忆的承诺：马克思、本雅明、德里达的历史与政治》，田明译，华东师范大学出版社，2009年。

26. 福山：《历史的终结及最后之人》，黄胜强、许铭原译，中国社会科学出版社，2003年。

27. 哈贝马斯：《作为"意识形态"的技术与科学》，李黎、郭官义译，学林出版社，1999年。

28. 哈贝马斯：《后形而上学思想》，曹卫东、付德根译，译林出版社，2001年。

29. 哈贝马斯：《现代性的哲学话语》，曹卫东译，译林出版社，2004年。

30. 哈维，戴维：《后现代的状况——对文化变迁之缘起的探究》，阎嘉译，商务印书馆，2003年。

31. 哈贝马斯：《现代性的地平线：哈贝马斯访谈录》，李安东、段怀清译，严峰校，上海人民出版社，1997年。

32. 海德格尔：《海德格尔选集》上、下卷，孙周兴选编，上海三联书店，1996年。

33. 海德格尔：《路标》，孙周兴译，商务印书馆，2000年。

34. 费迪耶等辑录：《晚期海德格尔的三天讨论班纪要》，丁耘摘译，载《哲学译丛》2001年第3期。

35. 海德格尔：《林中路》，孙周兴译，上海译文出版社，2004年。

36. 海德格尔：《演讲与论文集》，孙周兴译，商务印书馆，2018年。

37. 赫拉利：《人类简史：从动物到上帝》，林俊宏译，中信出版集团，2017年。

38. 赫拉利：《未来简史：从智人到智神》，林俊宏译，中信出版集团，2017年。

39. 赫勒，阿格尼丝：《现代性理论》，李瑞华译，商务印书馆，2005年。

40. 贺照田主编：《西方现代性的曲折与展开》，吉林人民出版社，2002年。

41. 黑格尔：《小逻辑》，贺麟译，商务印书馆，1980年。

42. 黑格尔：《法哲学原理》，范扬、张企泰译，商务印书馆，1961年。

43. 黑格尔：《历史哲学》，王造时译，上海书店出版社，1999年。

44. 黑格尔：《哲学史讲演录》第4卷，贺麟、王太庆译，商务印书馆，1978年。

45. 黑格尔：《精神现象学》上卷，贺麟、王玖兴译，商务印书馆，1979年。

46. 霍布斯鲍姆：《极端的年代：1914—1991》，郑明萱译，江苏人民出版社，1999年。

47. 霍克海默、阿道尔诺：《启蒙辩证法：哲学断片》，渠敬东、曹卫东译，上海人民出版社，2006年。

48. 吉登斯：《现代性与自我认同》，赵旭东等译，生活·读书·新知三联书店，1998年。

49. 吉登斯：《现代性的后果》，田禾译，译林出版社，2000年。

50. 吉登斯、皮尔森：《现代性：吉登斯访谈录》，尹宏毅译，新华出版社，2001年。

51. 吉登斯：《自反性现代化——现代社会秩序中的政治、传统与美学》，赵文书译，商务印书馆，2004年。

52. 吉登斯：《资本主义与现代社会理论——对马克思、涂尔干和韦伯著作的分析》，郭忠华、潘华凌译，上海译文出版社，2007年。

53. 吉登斯：《批判的社会学导论》，郭忠华译，上海译文出版社，2007年。

54. 伽达默尔：《哲学解释学》，夏镇平、宋建平译，上海译文出版社，2004年。

55. 卡弗：《政治性写作：后现代视野中的马克思形象》，张秀琴译，北京师范大学出版社，2009年。

56. 卡洪：《现代性的困境》，王志宏译，商务印书馆，2008年。

57. 卡林内斯库：《现代性的五副面孔》，顾爱彬、李瑞华译，商务印书馆，2002年。

58. 卡斯卡迪：《启蒙的结果》，严忠志译，商务印书馆，2006年。

59. 卡西尔：《启蒙哲学》，顾伟铭等译，山东人民出版社，1988年。

60. 凯尔纳、贝斯特：《后现代理论：批判性的质疑》，张志斌译，中央编译出版社，2002年。

61. 康德：《历史理性批判文集》，何兆武译，商务印书馆，1990年。

62. 库尔珀：《纯粹现代性批判——黑格尔、海德格尔及其以后》，臧佩洪译，商务印书馆，2004年。

63. 拉宾：《马克思的青年时代》，南京大学外文系俄罗斯语言文学教研室翻译组译，生活·读书·新知三联书店，1982年。

64. 莱昂，大卫：《后现代性》，郭为桂译，吉林人民出版社，2004年。

65. 莱姆克：《马克思与福柯》，陈元等译，华东师范大学出版社，2007年。

66. 利奥波德：《青年马克思——德国哲学、当代政治与人类繁荣》，刘同舫、万小磊译，中山大学出版社，2017年。

67. 李慧斌主编：《全球化与现代性批判》，广西师范大学出版社，2003年。

68. 刘日明：《马克思法哲学理论的当代意义》，同济大学出版社，2016年。

69. 卢梭：《论人类不平等的起源和基础》，李常山译，东林校，商务印书馆，1962 年。

70. 卢卡奇：《历史与阶级意识》，杜章智、任立、燕宏远译，商务印书馆，1992 年。

71. 洛克曼：《马克思主义之后的马克思：卡尔·马克思的哲学》，杨学功、徐素华译，东方出版社，2008 年。

72. 罗骞：《论马克思的现代性批判及其当代意义》，上海人民出版社，2007 年。

73. 洛维特：《从黑格尔到尼采——19 世纪思维中的革命性决裂》，李秋零译，生活·读书·新知三联书店，2006 年。

74. 马尔库塞：《现代文明与人的困境——马尔库塞文选》，李小兵译，上海三联书店，1989 年。

75. 马尔库塞：《单向度的人：发达工业社会意识形态研究》，刘继译，上海译文出版社，2006 年。

76. 马尔库塞：《理性和革命：黑格尔和社会理论的兴起》，程志民译，上海人民出版社，2007 年。

77. 马克思、恩格斯：《马克思恩格斯选集》第 1、2、3、4 卷，人民出版社，1995 年。

78. 马克思、恩格斯：《马克思恩格斯选集》第 1、2、3、4 卷，人民出版社，2012 年。

79. 马克思、恩格斯：《马克思恩格斯全集》第 1、2、3、16、42、46 卷，人民出版社，中文第 1 版。

80. 马克思、恩格斯：《马克思恩格斯全集》第 1、3、30、31、40、47 卷，人民出版社，中文第 2 版。

81. 马克思：《资本论》第 1、3 卷，人民出版社，2004 年。

82. 马新颖：《异化与解放——西方马克思主义的现代性批判理论研

究》，中央编译出版社，2015年。

83. 麦克莱伦：《卡尔·马克思传》，王珍译，中国人民大学出版社，2005年。

84. 曼海姆：《意识形态与乌托邦》，黎鸣、李书崇译，商务印书馆，2000年。

85. 梅扎罗斯：《超越资本》，郑一明等译，中国人民大学出版社，2003年。

86. 潘琳，赛瑞娜：《阿伦特与现代性的挑战》，张云龙译，江苏人民出版社，2012年。

87. 斯蒂格勒：《技术与时间1：爱比米修斯的过失》，裴程译，译林出版社，2012年。

88. 施韦卡特：《超越资本主义》，宋萌荣译，社会科学文献出版社，2006年。

89. 孙周兴：《人类世的哲学》，商务印书馆，2020年。

90. 泰勒，查尔斯：《现代性之隐忧》，程炼译，中央编译出版社，2001年。

91. 泰勒，查尔斯：《自我的根源：现代认同的形成》，韩震译，译林出版社，2001年。

92. 汪行福：《走出时代的困境——哈贝马斯对现代性的反思》，上海社会科学院出版社，2000年。

93. 沃林，理查德：《文化批评的观念》，张国清译，商务印书馆，2000年。

94. 吴晓明：《马克思早期思想的逻辑发展》，云南人民出版社，1993年。

95. 吴晓明：《论中国学术话语体系的当代建构》，载《中国社会科学》2011年第2期。

96. 吴晓明：《当代中国的精神建设及其思想资源》，载《中国社会科学》2012 年第 5 期。

97. 吴晓明：《马克思的历史道路理论及其具体化承诺》，载《哲学研究》2013 年第 7 期。

98. 吴晓明：《马克思的现实观与中国道路》，载《中国社会科学》2014 年第 10 期。

99. 吴晓明：《黑格尔的哲学遗产》，商务印书馆，2020 年。

100. 吴晓明、刘日明：《近代法哲学与马克思的社会存在理论》，文汇出版社，2004 年。

101. 吴晓明、王德峰：《马克思的哲学革命及其当代意义》，人民出版社，2005 年。

102. 吴晓明、邹诗鹏主编：《全球化背景下的现代性问题》，重庆出版社，2009 年。

103. 熊彼特：《资本主义、社会主义与民主》，吴良健译，商务印书馆，1999 年。

104. 伊格尔顿：《历史中的政治、哲学、爱欲》，马海良译，中国社会科学出版社，1999 年。

105. 伊格尔顿：《后现代主义的幻想》，华明译，商务印书馆，2000 年。

106. 伊格尔顿：《马克思为什么是对的》，李杨、任文科、郑义译，新星出版社，2011 年。

107. 俞可平主编：《全球化时代的"马克思主义"》，中央编译出版社，1998 年。

108. 俞吾金：《现代性现象学——与西方马克思主义者对话》，上海社会科学院出版社，2002 年。

109. 詹明信：《晚期资本主义的文化逻辑：詹明信批评理论文选》，

陈清侨、严峰等译，生活·读书·新知三联书店，1997年。

110. 詹姆逊：《现代性、后现代性和全球化》，王逢振主编，中国人民大学出版社，2004年。

111. 詹姆逊：《单一的现代性》，王逢振、王丽亚译，天津人民出版社，2005年。

112. Antonio, Robert J., *Marx and Modernity*, Blackwell, 2003.

113. Colletti, L., "A Political and Philosophical Interview", *New Left Review* No. 86, 1974.

114. Habermas, Jürgen, *The Philosophical Discourse of Modernity*, Polity, 1987.

115. Lobkowicz, Nicholas, *Marx and the Western World*, University of Notre Dame Press, 1967.

图书在版编目（CIP）数据

马克思的现代性批判理论与中国式现代化新道路/刘日明著.—北京：商务印书馆，2023
ISBN 978-7-100-22498-7

Ⅰ.①马… Ⅱ.①刘… Ⅲ.①马克思主义-政治哲学-研究②现代化建设-研究-中国 Ⅳ.①A811.64

中国国家版本馆 CIP 数据核字（2023）第091796号

权利保留，侵权必究。

马克思的现代性批判理论
与中国式现代化新道路
刘日明 著

商 务 印 书 馆 出 版
（北京王府井大街36号 邮政编码 100710）
商 务 印 书 馆 发 行
山东韵杰文化科技有限公司印刷
ISBN 978-7-100-22498-7

2023年11月第1版　　开本 670×970　1/16
2023年11月第1次印刷　印张 22½　插页 2

定价：118.00元